KB234160

대한민국은 자유롭고 정의로운가

초판 1쇄 인쇄 | 2011년 2월 21일
초판 1쇄 발행 | 2011년 2월 28일
지은이 | 손진현
발행인 | 황인욱
발행처 | 도서출판 오래

디자인 | 피앤피디자인(www.ibook4u.co.kr)
주   소 | 서울특별시 용산구 한강로2가 156-13
이메일 | ore@orebook.com
전   화 | (02)797-8786~7, 070-4109-9966
팩   스 | (02)797-9911
홈페이지 | www.orebook.com
출판신고번호 | 제302-2010-000029호

ISBN 978-89-94707-25-9 (03330)

대한민국은 자유롭고 정의로운가

손진현 지음

圖書出版 오래

들어가는 말

자유롭고 정의로운 대한민국을 만들기 위한 제언

지난 2007년 7월 27일부터 새롭게 바뀐 국기에 대한 맹세문에는 "자유롭고 정의로운 대한민국의 무궁한 영광을 위하여"라는 구절이 나온다. 그런데 대한민국은 과연 자유롭고 정의로운 나라인가? 이 책은 이와 같은 의문에서 시작되었다.

지난 2010년 9월에 코리아리서치센터에서 전국의 성인남녀 800명을 대상으로 전화 여론조사를 한 결과에 의하면 한국인의 70.4%가 "우리사회가 불공정하다"고 생각하는 것으로 나타났다. 또한 한국청소년정책연구원이 2010년 11월에 전국의 중·고등학교 재학생 6160명을 대상으로 가치관 조사를 실시한 결과 79.1%가 "우리사회가 공정하지 못하다"고 생각하는 것으로 나타났다. 공정과 정의가 동일한 의미는 아니지만, 적어도 공정하지 못한 사회를 정의롭다고 할 수는 없으니 앞의 여론조사 결과를 "한국인의 대다수가 대한민국을 정의롭지 못한 나라로 생각하고 있다"고 해석해도 큰 무리가 없을 것이다.

"어떻게 대한민국을 자유롭고 정의로운 이상적인 나라로 만들 것인가"에 대한 궁극적인 해답을 이 책에서 제시하지는 못한다. 다만, 이 책에서는 지금보다 좀 더 자유롭고 좀 더 정의로운 대한민국을 만들기 위한 몇 가지 현실적인 실천방안들을 제시하고, 공직자들과 시민들의 의식변화를 요구할 것이다.

그들이 마땅히 받아야 할 것을 주어야 한다

아리스토텔레스에게 정의란 사람들에게 그들이 마땅히 받아야 할 것을 주는 것이라고 한다. 그렇다면 대한민국은 국민들에게 그들이 마땅히 받아야 할 것을 주는 나라인가? 이러한 의문이 이 책을 쓰게 된 첫 번째 동기이다.

먼저 대한민국을 지키기 위해 자신의 젊음을 바치고 있는 청년들에게 우리는 어떠한 보상을 해주고 있는지 생각해보자. 사병들에게 최저임금으로 24시간 일한 값도 안 되는 월급을 주고 있는 대한민국이 정의로운 나라인가?

남학생들에게 "군대를 마치면 국가에서 1년간 등록금을 지원해 주도록 하면 어떨까?" 하고 물으면 대부분 이렇게 대답한다. "좋죠. 하지만 그게 가능할까요?" 왜 불가능하다고 생각할까? 이 책에서는 그것이 가능하다는 것을 보여주고 있다.

다음으로 세금부담과 세금납부에 대한 보상이 공평한지에 대한 의문을 던지고 있다. 세금을 많이 내는 사람은 대한민국 국민이 아닌가?

소득세율을 낮추려고 하면 일부에서는 부자감세라고 비난을 한다. 마치 부자들을 서민의 적으로 보는 느낌이다. 부자들도 이 나라 국민이다. 그리고 세금을 많이 낸다고 부자인 것도 아니다. 다만 법을 지키는 성실한 시민일 뿐이다. 이 나라에서는 세금을 많이 내는 사람일수록 피해를 입는다. 이것이 정의로운 사회일까?

'2011년 여성 신년 인사회'에 참석한 이명박 대통령이 "재벌들의 손자, 손녀들에게 식비를 공짜로 준다고 하면 오히려 화나지 않겠느냐?"고 반문했다고 한다. 그런데 재벌의 손자, 손녀들을 왜 차별해야 하는가? 그들도 대한민국의 사랑스러운 아이들이다. 그들을 그렇게 차별하고 어떻게 나중에 그들에게 '가진 자의 의무'를 요구하겠는가? 줄 건 주고, 받을 건 받자. 그들에게 무상급식도 주고 군대도 똑같이 보내자. 그리고 무엇보다도 '진짜 부자'들에게 무상급식보다 더 많은 특혜를 주는 제도를 없애자.

대한민국의 주인은 국민이다

대한민국헌법 제1조 1항은 "대한민국은 민주공화국이다."로 되어 있다. 민주(民主)란 의미는 국민이 주인이라는 뜻이니 민주공화국은 국민이 주인인 나라라는 것이다. 그런데 우리나라에서 과연 국민은 주인 대접을 받고 있는가? 국민을 주인이라고 생각하기는 하는가? 국민을 통제 대상으로 여기고 있지는 않은가? 혹시 우리나라는 규제공화국이 아닐까? 이러한 의문이 이 책을 쓰게 된 두 번째 동기이다.

국민을 통제 대상으로 여기는 규제들을 보면 대한민국은 관료공화국이거나 규제공화국이라고 해야 맞을 것 같다. 수많은 규제 속에서 편법을 유도하는 사회가 과연 자유롭고 정의로운 사회인가? 법을 지키는 사람들만 손해를 보는 불합리한 규제들과 오히려 서민들에게 피해가 돌아가는 시장에 대한 규제들을 폐지해야 한다.

근현대 정치철학자들에게 정의란 선택의 자유를 존중하는 것이라고 한다. 그렇다면 자신의 성씨를 선택할 권리조차 주지 않는 대한민국이 자유롭고 정의로운 나라인가? 이 책에서는 개인의 이름을 결정할 권리는 그 이름을 사용할 주인이 가져야 한다고 말하고 있다.

이 책은 사회 비평서는 아니다. 오히려 좀 더 나은 대한민국을 만들기 위한 제안서라고 보는 것이 맞다. 다만 좀 더 자유롭고 정의로운 대한민국을 만들기 위한 실천방안들을 제시하는 과정에서 현실에 대한 비평이 들어 있을 뿐이다.

　이 책에서는 앞에서 얘기한 네 가지 주제 외에 교육에 대한 몇 가지 제안과 거부감 없이 화폐의 액면단위를 변경할 수 있는 방안에 대하여도 얘기하고 있다. 앞의 주제들에 비해 간단하게 기술하였지만 사회적으로 동의를 얻어야 실행할 수 있는 것들이다. 교육에 대한 것은 1부(정의로운 사회)에 넣었고, 화폐에 대한 것은 생각의 자유라는 의미에서 2부(자유로운 사회)에 넣었다.

　세상은 변하고 있다. 일시적으로는 (그것이 진보적이건 보수적이건) 편향된 이념에 의해 부정적인 형태로 변하기도 하지만 변화의 방향은 인간의 이성에 의해 자유롭고 정의로운 세상을 지향하고 있다. 그런데 이러한 사회의 변화는 한 사람의 말로는 이루어지지 않는다. 많은 사람들이 새로운 변화에 공감하고 그러한 변화를 요구해야 한다.

　많은 독자들이 이 책의 내용에 공감하고 사회의 변화를 위해 자신의 목소리를 내기를 희망한다.

차 례

제1부

정의로운 사회

: 정당한 보상

정의(Justice)란 사람들에게 그들이 마땅히 받아야 할 것을 주는 것이다.

– 아리스토텔레스(Aristotle)

사병에게 최소한의 경제적
보상은 해 주어야 한다

대한민국헌법 제39조 2항: 누구든지 병역의무의 이행으로 인하여 불이익한 처우를 받지 아니한다.

지난 1997년 후반기에 아시아 외환 위기로 IMF사태가 초래된 이후 집안의 경제적 어려움을 일시적으로나마 모면하고자 많은 대학생들이 휴학을 하고 군에 입대하는 것을 보면서 과연 그들이 제대한 뒤에는 경제여건이 좋아져 다시 대학을 마음 편히 다닐 수 있을지 걱정했던 기억이 난다. 다행히 그 뒤 국내 경제 상황이 좋아지긴 했지만 지금도 여전히 경제적인 이유로 휴학을 하고 군에 입대하는 학생들이 있다.

대한민국 남자로서 젊은 시절에 국방의 의무를 이행하는 것은 당연한 것이지만 그에 대한 국가의 보상이 거의 없는 것은 문제라 할 것이다.

　한국의 청년층이 노동시장에 진입하는 '첫 취업연령'이 2006년 평균 25.0세로 OECD 국가의 평균 22.9세(2000년 기준)보다 2년 정도 늦다고 한다. 이것의 원인은 여러 가지가 있겠지만 가장 큰 이유 중에 하나가 우리나라의 청년(남자)들이 2년 정도 군대를 다녀와야 하기 때문일 것이다. 청년들이 젊은 시절에 좀 더 다양한 경험을 체험할 수 있는 기회를 대부분 군복무로 대신해야만 하는 것이 안타깝다. 이러한 현실에서 병역의 의무를 성실하게 수행하는 사병들에게 실질적인 도움이 될 수 있는 방법을 찾아야 한다.

　한편, 국방부는 취업시험에서 군필자를 대상으로 가산점을 새롭게 부여하는 방안을 추진 중에 있다(이미 1999년 12월에 헌법재판소는 공무원 채용시험에서 군필자에게 일정한 가산점을 부여하는 것은 여성과 장애인에 대한 차별이라며 위헌 결정을 내린 바 있다). 가산점제도는 군복무를 장려(사실 이러한 표현도 잘못됐다. 군복무가 의무화되어 있는데 무슨 장려인가? 그러나 힘 있는 사람들의 자녀들이 군대를 회피하기 때문에 이러한 표현이 필요한 건지도 모르겠다)한다는 면에서 의미가 있을 수 있으나, 대부분의 대한민국 남성이 군대를 다녀와야 한다는 점에서 남녀 차별이라는 여성계의 반발은 당연한 것이다. 또한, 가산점제도라는 것이 모든 군필자에게 동일한 혜택이 되는 것도 아니다. 굳이 가산점제도가 필요하다면, 여성계가 반발하지 않을 새로운 방안을 뒤에 제시하겠다.

　그러면 군대를 다녀오지 않은 사람에 비해 2년 정도의 세월을 국가를 위해 헌신한 사람들에게 어떠한 보상을 해주어야 할까? 다양한 방법들이 강구되어야 하겠지만 무엇보다 먼저 경제적 보상을 제안하고자 한다.

최저임금으로 24시간 일한 값도 안 되는 대한민국 사병의 월급

2011년 현재 대한민국 사병의 한 달간 봉급은 이등병 7만 8300원에서 병장 10만 3800원 사이이다. 그나마 이것도 2004년 47%, 2005년 30%, 2006년 40%, 2007년에 23%씩 .대폭 인상한 결과다. 이명박 정부에 들어와서는 공무원 봉급인상 수준 정도로만 올랐다.

이는 2011년 현재 정부가 정해놓은 시간당 최저임금 4320원으로 계산해보았을 때 24시간을 일한 값도 안 되는 금액이다. 병장의 경우에만 24시간 일한 값보다 120원 많다. 이것도 2011년의 봉급인상률이 최저임금 인상률보다 높아 겨우 달성된 것이다. 이러한 사병의 봉급은 개인의 용돈이나 휴가 때 집에 다녀오는 교통비와 식비 정도밖에는 되지 않는다. 심지어 군복무 기간 동안 집에서 경제적 지원을 받는 사병도 많다고 한다.

과거 우리나라가 경제적으로 어려운 시기에 정부가 사병들에게 적절한 보상을 해줄 수 없었던 것은 이해가 간다. 보릿고개 시절에는 군대에 가서 하루 세끼 굶지 않을 수 있다는 것만으로도 충분한 보상이었을 수도 있다. 그러나 지금의 대한민국정부는 돈이 없는 것도 아닌데 사병들에게 적절한 보상을 해주지 않는 이유를 알 수가 없다.

어쩌면 '군복무는 국가에 대한 의무를 수행하는 것인데 정부가 보상을 해주어야 하는가?' 라는 의문을 갖는 사람들이 있을지도 모른다. 그러나 아무리 징병제라 하여도 북한과 같은 몇몇 사회주의 국가를 제외하고 국가가 정당한 보상을 하지 않는 나라는 없다(2002년도를 기준으로 대만과 독일은 월 40만 원 정도를 지급).

더욱이 실제로는 모든 국민이 군대에 가는 것도 아니다. 여성은 군대를 의무적으로 가는 것은 아니고 남성 일부도 대체복무 제도 등으로 병역의 의무를 대신한다. 따라서 군복무를 이행하는 사람들에 대한 국가의 보상은 당연히 있어야 한다.

한편으로는 군복무를 사병이 아닌 장교나 부사관 등으로 이행하는 사람들에게는 의무 복무기간동안에도 봉급을 통해 적절한 보상을 해주는데 사병의 경우만 보상이 미미하다는 것은 정당화되기 어렵다. 이러니 속된 말로 "사병은 사람도 아니다"라는 자조 섞인 말이 나오는 것이다. 또한, 산업기능요원으로 가면 일 년에 수천만 원의 급여를 받고 사병으로 가면 일 년에 100여 만 원의 봉급을 받는다.

이러한 것들이 대한민국헌법에 명시되어 있는 "누구든지 병역의무의 이행으로 인하여 불이익한 처우를 받지 아니한다."는 조항에 합당한 것인지 묻고 싶다.

사병 제대 시 적어도 1년간의
대학 등록금에 해당하는 금액을 주자

　제안하고자 하는 사병에 대한 경제적 보상에 대한 구체적인 방안은 다음과 같다.

　먼저 사병에게 매월 지급하는 봉급은 지금의 수준으로 지급한다. 그 액수는 군복무에 대한 보상으로 보기엔 미미한 것이지만 숙식이 해결되는 군인의 입장에서 대부분의 경우 더 큰 금액이 군복무 기간 동안의 생활에 절실하게 필요하지는 않을 것이다.

　그러나 여기에서 간과하고 있는 것은 2년간의 군복무 기간에 대한 기회비용을 고려하지 않고 있다는 것이다. 적어도 그 기간 동안 젊은이들이 아르바이트를 통해서라도 벌 수 있는 금액 정도의 보상을 해줘야 한다.

　그 액수야 사병의 입장에서는 많으면 많을수록 좋겠지만 일단은 정부의 재정적 부담을 고려해서 봉급 외에 매월 45만 원 정도를 따로 적립해두었다가 제대 시에 일시불로 지급해줄 것을 제안한다. 물론 제대 전이라도 집안의 경제사정이 일시적으로 어려운 경우 직속 상관을 통해 담당부서의 허가를 받아 적립된 금액 또는 매월 45만 원을 집에서 수령할 수 있는 제도도 보강되어야 할 것이다.

　이 경우 복무기간에 따라 보상액이 달라지겠지만 육군의 경우 21개월 복무를 기준으로 적립된 금액에 부가되는 이자를 고려하면 제대 시 1천만 원 정도를 수령하게 될 것이다. 이 금액은 현재 사립대학의 연간 등록금이 700만 원에서 1천만 원에 이르는 것을 감안할 때 군복무를 위해 휴학했던 학생들이 복학 후 부모님의 도움을 받지 않고 1년 정도 대학 등록금을 낼 수 있는 액수가 된다.

대학 등록금을 자신이 부담하지 않아도 되는 경제적으로 여유가 있는 집의 자녀라면 자신이 필요한 곳에 그 돈을 사용하면 내수경제에 도움이 될 것이다. 물론 위의 금액은 대학생이 아닌 젊은이들에게도 대학 이외에 자신의 개발을 위한 비용이나 창업의 기초자금 등으로 유용하게 사용될 것이다. 한편으로는 경제적으로 부모님들의 도움을 받는 젊은이들이 많은데 의무복무에 대한 최소한의 보상은 경제적으로 독립적인 사고를 갖게 하는 데도 도움이 될 것이다(정부 재정을 고려하여 일단 매월 45만 원씩을 적립해줄 것을 제안했지만, 언젠가는 근로기준법 상의 최저임금 정도는 보상해주어야 한다).

이제 이러한 제도를 시행하고자 할 때 예상되는 현실적인 문제를 생각해보자.

먼저 국민의 의무를 이행하는데 대한 보상을 하게 되면 징병제의 개념이 아니라 모병제의 개념이 아니냐고 반박할 사람들이 있을지도 모르겠다. 그러나 앞에서 애기한 바와 같이 현실적으로 모든 징병대상자가 사병으로 입대하는 것도 아닌 이상 사병에게도 보상을 해주는 것이 형평의 개념에도 맞고, 재정적 여건이 도저히 부담할 수 없지 않는 한 국가의 의무를 이행하는 사람들에 대한 경제적 보상은 당연한 것이다. 또한 희망해서 자원하는 사람에 대한 봉급이 아니라 모든 징집자에 대한 보상이므로 모병제의 개념은 아니다. 모병제라면 실제로 월 급여 55만 원 정도의 사병 모집에 지원할 사람이 얼마나 되겠는가?

실질적인 문제는 아마 정부의 재정적 부담에서 발생할 것이다. 그러나 정부가 재정을 효율적으로 운용할 수만 있다면 앞에서 제안한 제도의 시행에 따른 부담은 생각보다 크지 않다. 현재의 예산을 가지고도 추가적인 국민의 부담 없이 충분히 정부가 부담할 수 있는 금액이다.

재정적인 부담을 대략적으로 가늠해보자. 우선 2010년 11월 기준, 우리의 육·해·공군을 합한 병력이 65만 명이다. 대략 그 77%를 사병으로 보면, 장교와 부사관을 제외한 사병의 인원은 50만 명으로 추정할 수 있다. 50만 명에게 1년에 540만 원(45만 원×12개월)씩을 적립해주려면, 매년 추가적으로 2조 7천억 원의 자금이 필요하다. 공익근무요원 등에 대한 보상과 약간의 여유를 고려해도 3조 원이 넘지는 않을 것이다(공익근무요원의 경우 야간이나 주말에 알바를 할 수도 있으므로 보상금을 적절히 조정할 수 있다).

정부는 정말로 사병에 대한 보상을 감당할 능력이 없는가?

우선 3조 원이 정부가 부담하기 힘든 금액인지 생각해보자. 2011년도 정부의 예산을 보면 총지출이 약 310조 원이고 국방비가 31조 원 정도가 된다. 3조 원이면 총지출금액의 1%, 국방예산의 10% 정도이다.

국방예산을 3조 원 증가시키는 경우 국방비가 갑자기 10% 증액되는 부담이 발생하여 국방예산의 비중이 너무 커진다고 우려하는 사람들이 있을 것이다. 그러나 국방서비스는 국가가 존재하는 가장 기본적인 이유이고 우리나라의 안보상황상 국방예산의 비중이 높아지는 것을 굳이 다른 국가와 같은 의미로 해석할 필요는 없다고 본다. 이명박 정부에 들어와 국방비 증가율이 낮아졌지만, 지난 2005년부터 2008년까지 국방비의 연 평균 증가율은 9% 정도였다.

한편, 그동안 정부가 사병의 병역자원을 거의 무료로 제공받다시피 하면서 국방예산을 다른 국가와 일률적으로 비교함으로써 국방예산의 낭비적 요소를 제대로 파악하지 못한 점도 있을 것이다. 차후에 실질적으로 필요한 사병에 대한 보상비용을 국방예산에 반영함으로써, 군이 좀 더 효율적인 운용을 위해서 불필요한 인원의 감축이나 낭비적 요소의 제거 등에 보다 신경을 쓰게 될 것이다. (해외파병 등의 이유로 다른 국가에 비해 장군비율이 높은 미국조차도 병사 1만 명당 장군 숫자가 5명인데, 우리 군의 경우 병사 1만 명당 장군 인원이 6.3명

이라고 한다. - 자료: 디시엔뉴스, 2009.12.07)

다른 면으로 3조 원의 추가 예산을 단순한 국방예산이 아니라 젊은이들의 소비를 진작시켜 내수를 활성화시키는 경기부양책에 사용되는 예산으로 생각할 수도 있다. 국방을 위해 봉사하는 이들에게 직접적인 경제적 혜택을 주는 것이 경기부양을 위해 그 효과가 확실하지도 않은 곳에 방만하게 예산을 남용하는 것보다 바람직할 것이다.

또한, 일부에서 얘기되듯이 현실적으로 돈 없고 힘없는 사람들이 주로 현역에 입영하는 것이 사실이라면 군복무에 대한 경제적 보상은 서민들에게 지원을 해 주는 복지예산으로 생각할 수도 있다. (의사나 변호사 같이 사회에서 대우 받는 사람들은 군에서도 대우를 받아 군의관이나 법무관과 같이 장교로 근무한다. 사병이야말로 서민이다.)

이제 과연 정부가 3조 원이 없어 사병에 대한 보상을 못해 주고 있는지 살펴보자. 지난 1997년말 IMF 사태가 발생한 후 지금까지 금융구조조정을 위하여 투입된 공적자금(예금보험공사와 자산관리공사가 정부보증을 받아 발행한 채권과 공공자금 등으로 조성된)이 168조 원에 이르고 2010년 3월 현재 회수된 자금이 98조 원으로 나와 있다. 결국 13년이 넘게 지난 뒤에도 회수하지 못한 자금이 70조 원이 되고 이 자금에 대한 이자 부담만 매년 수조 원에 이르고 있다. 회수된 것으로 표현된 자금의 일부는 이미 연간 2조 원 이상씩 국가 재정으로 부담한 것이다.

공적자금관리위원회에서 2010년 8월에 발행한 『공적자금관리백서』에 따르면 2002년 말 현재 상환부담이 있는 공적자금 부채 약 97조 원 중 28조 원은 회수자금으로 상환하고, 나머지 69조 원은 25년 이내에 상환하는데 20조 원은 금융기관으로부터 특별기여금(예금평잔의 0.1%)을 징수하여 충당하며, 나머지 49조 원은 국채를 발행한 후 일반회계에서 매년 2조 원(현재가치 기준)씩 출연하여 상환하도록 하였다. 이와는 별도로 원칙적으로 세계잉여금의 30% 이상을 공적자금 상환에 사용토록 하고 있다.

여기에서 상환부담이 있는 공적자금 부채 97조에는 정부예산 등으로 투입된 공공자금 22조 원은 제외되어 있으므로 결국 2002년 말 기준으로 정부가 예산으로 이미 부담했거나 부담해야 할 자금이 71조 원에 이른다.

이러한 71조 원을 앞에서 제시한 사병의 보상으로 지급할 경우 이자를 계산하지 않아도 23년간 충당할 수 있는 자금이 된다. 연간 이자를 5%씩 잡으면 이자만으로도 연간 3조 5천억 원이 확보된다. 물론, 국가의 금융위기 상황에서 금융시스템의 붕괴를 막기 위해 긴급하게 투입된 자원과 동일한 비중을 둘 수는 없겠지만 재원 조달에 대한 정책입안자들의 충분한 의지만 있다면 매년 3조를 마련하는 것이 어려운 일은 아니다.

이래도 예산이 없어 사병에 대한 보상을 해줄 수 없다고 할 것인가?

　정부예산을 살펴보면 보건·복지·노동 분야의 예산이 2010년도 81조 원, 2011년도에 86조 원으로 연간 5조 원 이상 증가하고 있다. 물론 사회안전망 확충을 위한 복지예산의 증가는 시대적으로 필요한 일이다. 그러나 국가의 존립을 위해 국방의 의무를 수행하는 사병들에 대한 최소한의 보상도 못해 주는 정부가 다양한 분야의 복지까지 신경 쓰는 것처럼 보이는 것은 우스운 일이다. 한편으로는 사병의 의무복무에 대한 최소한의 보상은 사회적 약자에 대한 지원 효과도 거둘 수 있다. 경제적으로 부족한 가정에 태어나 높은 수준의 교육을 받을 기회도 갖지 못한 젊은이들에게 천만 원이라는 금액은 앞으로 자신의 진로를 좀 더 나은 방향으로 변화시킬 수 있는 기초 자금이 될 것이다.

　정부의 자료를 보면 2009년의 기초생활보장 수급자 수가 157만 명이다. 사회적 약자에 대한 최소한의 지원은 있어야 하겠지만, 소득파악이 제대로 안 되는 상황(어느 노인은 아들이 교사인데 기초생활보장 혜택을 받기 위해 아들을 친척에게 입양시켰다고 한다. 생활보호대상자가 13억짜리 토지를 매입한 경우도 있다)에서 그 대상과 지원 금액을 자꾸 늘리는 것보다는 국가에 봉사한 젊은이들에게 어느 정도 사회생활에 필요한 기초 자금을 마련해주는 것이 장기적으로는 국가경쟁력을 강화시키고 미래의 사회적 약자를 감소시킬 수 있는 정책이 될 것이다.

정부가 2002년부터 2007년까지 북한에 지원한 금액이 6조가 넘는다. 물론, 이러한 것이 장기적으로는 통일을 대비한 투자라는 점에서는 긍정적인 면이 있다. 그러나 남북이 대치되어 있는 상황에서 조국의 안위를 위해 봉사하는 젊은이들에 대한 보상보다 그 자금이 목적하는 바대로 사용되는지조차 파악할 수 없는 북한에 대한 지원이 우선순위인지 의심스럽다.

그 밖에 정부의 재정지원에 대하여 언론에 보도된 몇 가지를 살펴보자. 과연 이러한 모든 것들이 젊음을 희생하고 있는 사병에 대한 보상보다 중요한 것인지 독자들에게 묻고 싶다.

2004년부터 2007년까지 4년간 군인연금과 공무원연금에 대한 정부의 적자보전액 6조 원, 2008년부터 투입되어야 할 재정지원이 매년 2조 원 – 매일경제, 2006.10.27, A4면.

노동부 "일자리 창출" 현금성 지원 사업 예산 2003년부터 2007년까지 34조 원 – 동아일보, 2007.10.15, A1면.

중소기업 살리자, 5년간 30조 밑 빠진 독에 돈 붓기 – 동아일보, 2008.01.19, B2면.

논문 – 특허 1건 못 낸 연구에 5조 퍼주기 – 동아일보, 2008.10.06, A4면.

정부 추가경정예산 30조 잠정 결정… '현금–공공근로' 3~4조 지원,

일자리 나누기 5조 – 동아일보, 2009.03.05, A8면.

'4대강 살리기' 8조 늘려 22조 투입 – 동아일보, 2009.06.09, A1면.

국고보조금 지급 '주먹구구' 매년 1조 7800억씩 잠겨 – 동아일보, 2009.12.05, A5면.

농심 달랜다며 정부 보조금 17년간 116조 쏟아부어 – 매일경제, 2010.03.24, A4면.

5년간 20조 쏟은 저출산대책 실패 – 매일경제, 2010.06.08, A1면.

공무원연금과 군인연금에 투입되어야 할 재정 부담이 계속 커지자 정부는 2009년 12월에 공무원연금법을 개정하였고, 2011년 1월에 군인연금법 개정안을 입법예고하였다. 이제라도 재정 부담이 일부라도 감소된 것은 다행이지만, 안정된 생활을 하는 공무원의 노후까지 국민의 세금으로 부담시키면서 사병의 군복무에 대한 보상을 하지 않는 것은 납득할 수가 없다.

그 밖에도 지난 정부의 낭비성 예산이 연간 수조 원에 이른다는 보도들이 많이 있었다. (2006년 쌀 직불금 부정수령자가 17만여 명이고, 수십조 원이 투입된 농어촌구조조정 자금이나 연간 2조 원 이상이 지원되는 유가 보조금 등도 부정수령자가 많을 것으로 추정되고 있다. 아마도 현 정부에서 낭비된 예산은 차기 정부 때 주로 보도될 것이다.) 이러한 낭비성 예산을 줄인다면 국가재정의 추가적인 부담 없이도 사병의 의무복무에 대한 제안된 정도의 보상은 가능하다. (이명박 대통령은 대통령 후보시절에 정부의 방만한 예산을 효율적으로 집행하여 연간 20조 원까지 절약할 수 있다고 했다. 그런데 그렇게 해서 3년 동안 절약한 돈은 다 어디로 갔을까?)

그래도 예산이 없다고 한다면?

이렇게까지 얘기해도 예산이 없어 사병에 대한 경제적 보상을 할 수 없다고 한다면 아마도 반대하는 사람들이 있기 때문일 것이다. 그 사람들이 누군지는 뒤에서 살펴보고 우선은 필요한 예산을 조금이라도 확보할 수 있는 방안을 찾아보자.

먼저 군복무에 갈음하는 대체복무 유형 가운데 산업기능요원과 전문연구요원이라는 것이 있다. 군복무 대신에 기업체에 근무하는 병역특례 제도는 초기에 방위산업체에 근무하는 기능 인력이나 특정 이공대학원 출신의 석·박사 등과 같은 전문연구요원을 지원하기 위해서 만들어졌다. 그러나 정부가 1997년 벤처산업 육성정책을 내놓으면서 정보통신기기의 생산뿐만 아니라 소프트웨어와 프로그래밍 등의 제품을 생산하는 벤처기업에도 병역특례업체 자격을 허용하였다.

이와 같이 병역특례대상이 확대된 결과 2009년 말 현재 2만 2천여 명이 산업기능요원으로 일하고 있다(이것도 2007년 검찰에 의해 수

많은 병역특례 복무비리가 적발되면서 조건이 강화된 결과다. 원래 2007년 2월에 발표한 병역제도 개선안에는 산업기능요원 제도가 2012년에 폐지되도록 되어 있었으나 2010년 10월에 다시 2016년까지 연장되었다).

이러한 병역특례가 학문과 기술의 연구, 산업의 육성 또는 농어촌 보건의료제공 등의 국가이익을 위해 필요한 부분도 있어서 완전히 폐지하는 것은 국가적으로 불이익이 더 클 수도 있으니 제도 자체에 대해 논할 생각은 없다. 다만 특례대상자와 사병복무자 사이의 균형을 생각해보아야 한다.

산업기능요원이나 전문연구요원의 경우 복무기간은 3년 이내로 현역보다는 길지만, 경제적 보상이 거의 없는 사병과 상당한 급여를 받고 근무하는 병역특례자 사이에 형평성 문제가 존재한다.

이러한 차이를 고려하여 병역특례자에게 국방기금을 부담하게 하는 방법을 찾아보자. 그 금액을 매월 급여의 10% 정도로 할 수도 있으나 이렇게 되면 세금과 같은 것이 되니 그냥 평등하게 모두에게 매월 20만 원을 2년에 걸쳐 부담시키자(실제로 시행하기 위해서는 그 금액에 대한 보다 심도 깊은 논의가 필요할 것이다). 물론 그 금액은 특례지정업체가 배정받은 특례요원의 수만큼을 대신 납입하도록 하면 된다.

한편 이러한 산업·전문 요원 말고도 예술체육요원이나 보건의 같은 경우에도 동일한 금액을 부담시킬 수 있다. 올림픽에서 동메달 이상 또는 아시안 경기에서 금메달을 받아야 대체복무가 되는 체육요원의 경우 메달획득에 따른 보상금이 정부나 유관단체에서 주어지니 그곳에서 (일시불 또는 매월) 납입하면 된다. 이러한 것이 이미 국방의 의무를 마치고 메달을 딴 사람들과의 형평성에도 맞는다. 예술요원의 경우도 취업 또는 25세 이후 2년간 동일한 금액을 납입하게 하자.

다른 한편으로 정부가 가정형편이나 다른 이유로 대학 4년간의 학비를 전액 지원해주는 경우가 있다. 이 경우 사병에 대한 적절한 보상이 주어진다면 학비 지원기간을 3년으로 줄일 수 있다. 1년간의 학비는 보상금으로 해결하면 된다. 여학생이나 군대를 가지 않는 경우는 1년간의 학비를 아르바이트로 본인이 마련하거나 학자금 대출을 받으면 된다.

이와 같은 제도를 시행해도 그 금액이 크지는 않다(연간 한 600억 원 정도가 될 것이다). 다만, 사병으로 근무하는 청년과 대체복무를 하는 청년들 사이의 경제적 보상의 차이를 줄여보자는 의미인 것이다. 정부가 정말로 예산이 없어(이 말은 핑계일 뿐이다) 사병에 대한 경제적 보상을 거부한다면, 마지막 수단으로 젊은 여성에게도 국방기금을 부담시키는 방법이 있기는 하다.

개인적으로는 여성에게까지 국방의 의무를 부담시키는 것에는 동의하지 않는다. 그러나 국방의 의무를 남녀 차별 없이 부담해야 된다는 것에 국민 대다수가 동의한다면 고려해볼 방법이기는 하다.

여성의 경우에도 취업 후 2년간 매월 20만 원씩 부담시키면 된다. 부담이 너무 크다고 느끼는가? 사병의 희생이 이보다 작지는 않다. 취업하지 않은 경우는 만 25세 이후 강제 징수하면 된다(아르바이트를 해서라도 충분히 마련할 수 있는 돈이다). 단, 남자들에게도 대체 복무가 있듯이 여성들에게도 출산의 경우 국방기금을 면제시키자. 돈 안 드는 출산 장려방안의 하나가 될 수도 있다.

여성에게까지 남성과 똑같은 형태의 국방의 의무를 지우는 것에는 반대한다. 실제로 여성의 특성을 고려하지 않는다면 국방기금 대신 여성을 위한 현역근무나 공익근무 같은 제도를 만들어야 한다. 이 경우 필요한 예산은 더욱 증가할 것이다.

다만, 여성도 동등하게 병역의 의무를 져야 한다고 주장하는 사람들이 대다수라면 여성에게 국방기금을 부담시키는 방법을 강구할 수도 있다는 것이다. 그리고 실제로는 그 기금을 적립해두었다가 출산하는 여성들에게 국방보상금으로 300만 원 정도를 주자. 이것이 병역의 의무 대신 아이를 낳는다고 주장하는 일부 여성들의 논리에 합당하다. 그러나 여성에게 국방의 의무를 면제시키는 것은 아이 때문만은 아니다.

누가 사병에 대한 보상을 막고 있는가?

사병의 경제적 보상에 대한 생각은 아주 오래 전에 구상한 것이었다. 정치에 관여하고 싶지 않아 직접적으로 전하진 않았지만,

2002년 2학기에 정치권과 연이 닿는 교수에게 사병의 의무복무기간 단축과 경제적 보상에 대한 구상을 이야기한 적이 있다.

그 당시에는 사병의 복무기간이 육·해·공군 각각 26개월, 28개월, 30개월로 대학생이 군대를 가면 적어도 5학기 이상을 휴학했어야 했다. 따라서 군복무 때문에 휴학하는 기간을 4학기 이내로 할 수 있게 하고 군복무를 마친 학생들의 등록금을 지원하자고 한 것이다.

그것이 도움이 됐는지는 모르지만(아마 정치권에도 비슷한 생각을 가진 사람이 있었을 것이다), 고(故) 노무현 대통령의 선거 공약 중 하나로 사병의 의무복무기간 단축이 포함됐고, 실제로 2003년에 각 군의 복무기간이 2개월씩 단축되었다.

그 후 2005년 9월에 발표된 '국방개혁 2020'에 의해 2006년 1월 입대자부터 의무복무기간이 점진적으로 단축되어 2011년 2월 현재 육·해·공군 각각의 복무기간이 21개월, 23개월, 24개월로 단축되었다.

그런데 복무기간의 단축은 이루어졌지만 경제적 보상에 관한 것은 이루어지지 않았다. 봉급은 상당히 높은 비율로 인상되었지만, 이전의 봉급이 워낙 작아 큰 의미는 없었다. 그래서 그 교수에게 물어보니 답변은 간단했다. 예산문제는 각 부처의 이해(利害)관계가 얽혀 있어 쉽지 않다는 것이었다.

이해(理解)는 된다. 각자 자신의 분야에 더 많은 예산을 배정받아 실적을 올리고 싶을 것이다. 그런데 국방부는 사병에 대한 보상을 위해서 뭘 했나 싶다. 다른 부처의 반대가 무서워 조용히 있었을까?

그건 아닌 것 같다. 여성가족부가 반대하고 있는 '군 가산점제도'는 계속해서 시도하고 있는 것을 보면 말이다.

만약, 국방부가 진심으로 나서서 사병에 대한 정당한 보상을 요구했었더라면 다른 부처가 적극적으로 반대했을까?

그렇지는 않았을 것이다. 앞에서 얘기했듯이 예산이 방만하게 운영되고 있다는 것을 대부분 인지하고 있으면서 사병에 대한 보상의 정당성에 대해서 반대할 수는 없을 것이다. 조정이 어려우면 모든 예산을 1%씩만 줄여도 3조는 확보가 된다.

그런데 국방부는 왜 사병에 대한 정당한 보상을 단 한 번도 진지하게 추진하지 않았을까? 그것이 의문이다.

그 이유를 한번 생각해보자.

먼저, 사병을 우습게 여기는 것이다. 다 같은 대한민국의 훌륭한 자녀들인데 설마 그렇기야 하겠느냐마는 봉급만으로 본다면 사병은 하사의 10분의 1의 가치도 안 된다. 수당이나 기타 지원 등을 고려하면 사병의 가치는 훨씬 더 낮아진다.

다음으로 사병에 대한 보상 문제를 거론하면 자신(특히 고위 장교)들에게 불리한 결과가 올까봐 두려운 것이다. 왜 이런 생각을 하게 될까?

2011년의 국방비 예산을 살펴보면 총액 31조 3천억 원 가운데 인건비가 11조 2천억 원으로 인건비가 차지하는 비중이 약 35.7%가 된다. 이 가운데 사병 인건비가 차지하는 금액은 매우 작다. 사병 50만 명에게 연간 120만 원씩 준다고 해도 6천억 원이고 유급지원병의 수당이야 300억 원 정도이다. 나머지 금액의 절반 정도가 장교들의 인건비로 추정된다. 만약 사병의 인건비로 3조 원이 증액되면 국방비에서 인건비가 차지하는 비중이 45.4%가 된다. 이 경우 그렇지 않아도 고위 장교들의 인원이 정원을 초과하여 장교들을 감축해야 된다는 말이 많은데 그러한 압박이 더 강해질까 두려운 것이 아니었을까?

결과적으로 사병에 대한 보상을 막고 있었던 것은 그것을 강력하게 추진하지 않은 국방부이지 않았나 싶다. 이런 오해를 받지 않기 위해서는 지금이라도 국방부가 사병에 대한 정당한 보상을 위해 적극적으로 나서야 한다. (지난 2004년도에 2005년 사병의 월급을 8만 원[상병 기준]으로 올려야 한다고 주장했던 임종인 의원이 국방부의 반대와 소극적인 의원들 때문에 6만 원으로 만족할 수밖에 없었다는 글이 있다. ― 자료: 오마이뉴스, 2004.11.28)

한편, 지금부터 곧바로 제안한 방법을 시행하고자 할 경우 억울한 사람들이 있다. 예를 들어 가칭 '사병지원법'이 통과되어 그 시점 이후로 제대하는 사람들에게 1천만 원씩을 지원해준다고 하자. 그러면 바로 그 전날 제대한 사람은 억울할 것이다(인생이 그렇긴 하다. 간발의 차이로 운명이 바뀐다. 그렇지만 이것이 공정한 것은 아니다).

그래서 그 전날 제대한 사람들이 모여 시위를 해도 할 말이 없다. 그 사람들을 보상해 주면 또 그 전에 제대한 사람들이 억울하다. 어쩌면 이러한 것이 곧바로 큰 액수의 보상금을 주는 것에 대한 가장 큰 장애물일지도 모른다.

그러나 필자는 우리 국민들의 선량함을 믿는다. 나라를 사랑하는 마음으로 군복무를 했고, 그러한 마음으로 자신은 보상을 받지 못했어도 후배는 보상받을 수 있기를 바랄 것이라고.

그렇지만 선량해도 억울한 건 억울한 것이다. 그래서 현실적으로는 보상을 점차적으로 올릴 수밖에 없다. 여러 가지 좋은 방법이 있겠지만 다음과 같은 대안을 제시한다. 이것은 사병에 대한 보상금으로 1년에 3조 원밖에 지원할 수 없다는 것을 전제로 한 것이다.

먼저 올해 지원법이 통과한 시점부터 제대하는 사람은 500만 원씩을 주기로 한다. 그리고 그 시점부터 제대한 지 4년 된 사람에게까지 500만 원에서 100만 원까지를 제대한 기간에 따라 역으로 주는 것이다. 즉, 4년 된 사람은 100만 원, 3년 200만 원, 2년 300만 원, 1년 400만 원, 0.5년 된 사람은 450만 원, 이런 식으로 말이다.

이렇게 하면 첫해에 지급대상이 대략 130만 명이 될 것이다. 결국 이들에게 앞에서 얘기한 보상금을 일괄적으로 지급하려면 필요한 금액이 3조 원이 넘게 되니, 우선 250만 원 한도 내에서 지급하도록 하자. 즉, 보상금액이 250만 원 이하인 경우는 전액을 지급하고 250만 원을 초과하는 경우에는 250만 원만 우선 지급하고 초과한 금액은 내년에 지급하기로 하는 것이다. 그러면 첫해에 정부가 부담해야 할 금액은 3조 원 정도가 된다.

내년부터 제대하는 사병들에게는 보상금을 점차적으로 올리고 올해 보상금을 다 받지 못한 사람들에게 지급하지 못한 차액을 지급하면 된다. 그리고 여유가 있다면 보상금을 받지 못한 제대 5년차까지 50만 원 정도를 지급해주면 좋을 것이다.

꿈 같은 이야기라고?

앞에서 보면 2009년에 정부가 30조 원의 추가경정예산을 편성한 것이 나온다. 그 가운데 공공근로로 지출하는 금액이 3조가 넘는다. 올해 사병에 대한 보상을 위해 3조 원의 추가경정예산을 편성하는 것이 정말 불가능한 것일까?

사병에 대한 정당한 보상은 군의 효율적 운용을 위한 논의에도 도움이 될 것이다

지난 참여정부에 우리 군의 첨단전력강화를 통한 저비용·고효율의 선진강국 육성을 목표로 한 '국방개혁 2020'이 수립되었다. 그 내용을 보면 군의 정예화를 위해 병력규모를 2020년까지 50만 명 수준으로 정비하기로 되어있다. 현역병의 복무기간은 2006년 1월 입대자부터 조금씩 단축되어 2014년 7월 입대자의 경우 육·해·공군 각각 18개월, 20개월, 21개월로 단축되도록 계획되었다. 그 계획에 따라 2011년 2월 현재 육·해·공군 각각의 복무기간이 21개월, 23개월, 24개월로 단축되어 있다.

한편, 지난 2010년 3월 26일 천안함 피격사건(백령도 인근해상에서 임무수행 중이던 해군 2함대 소속 천안함이 북한의 어뢰공격에 의해 침몰되어 병사 46명이 전사한 사건)이 발생하자 정부 일각에서 현역병의 복무기간 단축을 재검토하자는 의견이 제기됐고 그에 따라 국방부에서는 사병의 복무기간을 다시 연장하는 방안을 검토하고 있다고 밝혔다.

더욱이 2010년 11월 23일 북한의 연평도 포격 도발(북한군이 연평도에 170여 발의 무차별 포격을 가해 민간인 2명과 군인 2명이 사망)이 자행되자 국방선진화추진위원회는 대통령에게 현역 병사들의 복무기간을 2008년 이전의 상태(육군 기준 24개월)로 환원할 것을 건의하였다. 그러나 정부에서는 복무기간 환원문제가 정치쟁점화되는 것을 우려하여 2010년 2월을 기준으로 더 이상 추가적인 단축이나 연장을 하지 않는 것으로 결정하였다.

우리나라의 적절한 병력규모에 대해서는 전문가들도 의견이 다르니 전문가가 아닌 입장에서 자세히 논하기는 힘들다. 다만 몇 가지 의문점만을 짚어보자.

먼저 천안함 피격사건과 사병의 복무기간과 무슨 연관성이 있는지 모르겠다. 천안함이 피격당한 것이 사병들 책임인가? 그 책임은 북의 동태를 제대로 파악하지 못한 정보력의 부족과 북한의 잠수함과 어뢰를 탐지하지 못한 장비의 노후화에 있는 것이 아닌가 싶다. 마찬가지로 연평도 사건의 경우에도 그 책임은 북한의 도발 징후를 대수롭지 않게 여긴 군 지휘부와 신속히 대응할 만한 장비가 부족한 것에 있을 것이다.

다음으로 18개월로는 숙련된 전문병사의 확보가 불가능하다는 말이 있는데, 부분적으로는 맞는 말이다. 즉 숙련병과 첨단장비 운용병이 필요한 특수 분야가 당연히 있다. 그러나 보병의 경우 대다수가 소총수이다. 과연 숙달된 소총수를 만들기 위해 필요한 훈련기간은 얼마나 될까? 평상시에 소총수들이 하는 일을 생각해 볼 때 훈련에만 집중한다면 그다지 긴 훈련 기간이 필요하진 않을 것이다.

한편, 2008년부터 숙련병과 첨단장비 운용병을 확보하기 위한 유급지원병제도(의무기간 복무 후 일정기간 보수를 받고 추가 근무 하는 제도)가 시행되어 왔다. 필요하다면 이러한 제도를 확대하면 된다. 그러나 과연 천안함이나 연평도에 숙련된 병사가 좀 더 많았다고 해서 결과가 달라졌을까?

그런데 왜 병력을 강화시켜야 한다는 얘기가 나오면 복무기간 연장에 대한 얘기가 나올까?

아마도 돈이 들지 않기 때문일 것이다. 사병의 봉급이 현재 기준으로 1인당 연간 약 120만 원이니 사병 1만 명을 증원해봤자 추가적으로 필요한 예산은 연간 120억 원으로 전투용 헬기 1대 값도 채 되지 않는다.

바로 이것이 문제다. 사병들의 귀중한 시간에 대한 기회비용을 고려하지 않으니 애꿎은 복무기간 연장만 얘기하고 있는 것이다. (장교들이야 직업군인이니 사병의 입장을 잘 모를 수도 있다. 군 면제자로 고위직에 있는 사람들 또한 군복무기간 동안의 개인적 손실에 대해 이해하지 못하고 있는 건지도 모르겠다. 쉽게 보면 그들이 남들보다 3년 정도 먼저 사회에 진출했기에 그러한 자리에 오른 것은 아닐까? 미국에서 연봉 44억 원을 받게 된 야구선수 추신수를 얘기하면 기회비용이 좀 더 쉽게 이해가 될까?)

이제 사병들의 비용을 좀 더 현실화시키면 무작정 복무기간을 연장하자는 소리는 나오지 않을 것이다. 즉, 사병 1인당 연간 1천만 원이 든다면(실제는 이것도 작다) 사병 1만 명을 증원하는 것과 장비를 현대화시키는 것 가운데 어느 것이 더 효과적인지 비교하게 될 것이다. 또한 일반 사병 두 명 몫을 합쳐 유급지원병 한 명을 늘릴 수 있으니 유급지원병의 수도 필요한 만큼 확대할 수 있을 것이다. 차후에 사병의 봉급이 보다 현실화되면 예산문제가 걸려 있어 자신들의 자리를 확보하기 위하여 병력감축에 반대하던 고급장교들의 입지도 좁아질 것이다. 즉, 일단 사병들의 보상을 현실화해야만 군의 개혁에도 탄력이 붙을 것이다.

고급장교들을 비난할 생각은 없다. 그들은 국가존립의 가장 기본이 되는 국방을 위해 헌신하는 사람들이다. 그러나 군이 방만하게 운용되고 있다는 얘기는 많이 들려온다. 직업군인의 처우 개선과 사회복귀를 위한 지원 프로그램 운영 등에는 적극 지지하나 강한 군대가 되기 위해서는 군이 보다 효율적으로 운용되어야 한다. 오죽하면 사병의 복무기간 연장을 건의했던 국방선진화추진위원회조차도 군 장성의 인원을 10%가량 줄여야 한다고 건의했을까?

군복무 가산점 제도를
만들어야 한다면

2011년 2월 현재 군에서 추진하고 있는 '군복무 가산점' 제도에 대해 다시 생각해보자.

지난 1999년 이전에는 '제대군인지원법'에 제대군인이 공무원채용 시험 등에 응시했을 때 과목별 득점에 만점의 3~5%를 가산하도록 하는 조항이 있었다. 그런데 일부에서 이러한 가산점이 취업의 평등권을 침해한다고 위헌신청을 해서 헌법재판소가 1999년 12월에 위 조항에 대해 군복무의 기회가 없는 여성과 장애인에 대한 차별이라며 위헌 판결을 내려 그 조항이 삭제되었다.

그런데 군에서는 그 이후에도 꾸준히 가산점제도의 부활을 (가산점의 비중을 낮추는 방법으로) 시도해왔다. 제대 군인에 대한 지원제도를 모색하는 것은 국방부로써는 당연한 일이다. 그러나 사병의 경제적 보상에 대한 문제는 별로 신경도 안 쓰면서 사회적으로 논란의 소지가 있는 가산점 문제에만 매달리는 것은 안쓰럽기만 하다. 여성계의 반대뿐만이 아니라 가산점이 제대 군인 모두에게 혜택이 되는 것도 아니다.

그럼에도 불구하고 군복무에 대한 사회적 인센티브가 될 수 있다는 점에서 가산점 제도가 완전히 무의미한 것만은 아니다. 먼저 2011년 2월 현재 국회에 계류 중인 '군복무 가산점'에 대한 제도를 살펴보자. 이것은 지난 2008년 12월 국회 국방위를 통과한 '병역법 개정안'에 들어 있는 내용으로 국가공무원 시험 등에서 자신이 취득한 점수의 2.5%를 추가적으로 부여받고, 가산점을 받아 합격한 인원을 전체 합격자의 20% 이내로 하는 것이다.

그런데 여성가족부가 이 내용을 가지고 2009년 7급 공채 일반행정직 분야에 적용해보았더니 필기 합격자 363명이 가산점을 적용하지 않았을 때는 남성 213명(58.7%), 여성 150명(41.3%)이었던 것이 가산점을 적용하면 남성 260명(71.6%), 여성 103명(28.4%)으로 바뀐다고 한다. 9급 일반행정직의 경우에도 가산점을 적용하면 합격자 가운데 남성의 비율이 19.7% 증가하는 것으로 나왔다. 결국은 군 가산점을 적용할 경우 추가점수의 크기에 관계없이 합격자 가운데 남성의 비중이 20% 가까이 증가하는 것으로 볼 수 있다. 합격자들이 대부분 비슷한 점수일 경우 약간의 가산점에도 당락이 바뀔 수밖에 없는 것이다.

말이 군복무 가산점이지 현역과 보충역 모두에게 2.5%의 가산점을 준다는 것은 여성의 입장에서는 남성에게 가산점을 주겠다는 것과 다를 바가 없다. 이러니 여성계에서는 남녀 차별이라고 반발할 수밖에 없는 것이다. 그러면 여성계가 반대하지 않을 가산점 제도를 만들 수는 없을까?

쉽게는 남성과 여성 합격자를 분리하는 방법을 생각할 수 있다. 예를 들어 100명의 합격자를 뽑을 경우 가산점을 적용하지 않았을 때 남성 60명, 여성 40명이 합격기준에 들었다고 하면, 가산점을 적용했을 경우에도 이 비율을 유지하는 것이다. 즉, 가산점을 적용하여 성별로 순위를 다시 계산해 남성은 60번째까지 여성은 40번째까지 합격시키는 것이다. 물론 군 출신 여성도 가산점을 받는다.

그러면 가산점은 어느 정도 주어야 할까? 위와 같이 취득한 점수의 일정한 비율로 가산점을 줄 수도 있고, 남성의 경우 군복무를 하지 않은 사람이 어느 정도 수준일 때 합격시킬 것인가를 결정하는 기준으로 가산점을 활용할 수도 있다. 즉, (남성의 경우 대다수가 가산점을 받을 것이므로) 군복무를 안 한 사람이 상위 20% 이내에 들 때만 합격시키고자 하면 상위 20% 선에 있는 사람의 점수와 커트라인 점수와의 차이를 가산점으로 주면 된다. 쉽게 생각하면 원하는 범위 이내가 아니면 군미필자는 합격시키지 않겠다는 것이다.

이러한 방법은 남녀 간의 성차별을 두지 않게 되는 점에서 의미가 있다. 장애인의 경우 장애인 할당제 등으로 혜택을 받을 수 있을 것이다.

그러나 대다수 남성이 군복무를 하는 현재의 상황에서 가산점 제도가 군 복무에 대한 사회적 인센티브가 될지는 모르겠다. 차라리 군복무 여부에 따른 고위직 관료의 임용기준을 강화하는 것이 사회적으로는 더 나은 방법일 수도 있다. 한편, 사병의 복무기간이 짧아지는 추세라면 앞으로 군복무 가산점은 장기복무자에게만 부여하는 방안도 여성계의 반발을 완화시키는 방법이 될 수 있을 것이다.

합리적인 방법들을
찾아야 한다

　병무청이 하는 일을 보면 이해가 되지 않는 일들이 참으로 많다. 제도의 허점을 이용한 병역면제가 사회적으로 커다란 문제가 되어야만 제도를 개선한다. 어떤 때는 일부러 징집을 피할 수 있는 방법들을 만들어놓은 것이 아닐까 의심스럽기도 하다.

　과거에는 병무청에서 신체검사를 담당한 의사가 면제 판정을 내리면 그대로 병역이 면제되었다. 이상하지 않은가? 의사 한 명이 마음만 먹으면 아무나 병역을 면제시켜줄 수 있었던 것이다. 실제로 필자가 대학교에 다니던 시절에 같은 하숙집에 살던 선배는 고향인 어느 섬에서 받은 징병검사에서 병역면제 판정을 받았다. 이유는 그날 징병검사장에서 입을 벌리자 턱에서 '딱' 소리가 났다는 것이다. 그래서 '턱관절 이상'으로 면역이 면제되었다고 한다. 물론, 본인 말로는 이전에는 그런 적이 없었다고 하고, 그 이후에도 하숙집에서 그 소리를 들은 사람은 아무도 없었다.

　그러한 방법(의사 한 명이 병역 면제판정을 내릴 수 있는)이 아주 오랫동안 지속되어 왔다. 병무청은 1992년 10월이 돼서야 '이동 징병검사장'을 점진적으로 폐지하고 첨단 의료 장비를 도입하여 군의관의 재량을 축소하겠다고 밝혔다. 병역면제라는 것은 다른 사람에 비해 상당히 큰 혜택을 받는 것이므로 당사자에게 어느 정도의 부담은 주어도 된다고 생각한다. 따라서 면제판정을 받은 사람들은 다수의 의사들로 구성된 2차 심사위원회 같은 곳에서 재심사를 받게 하자. 그러면 부정의 소지가 상당히 줄어들 것이다.

지난 1997년에 병역특례대상이 확대된 경우에도 마찬가지였다. 병역특례제도가 병역회피의 수단으로 악용될 소지가 많은 것이 뻔히 보이는데도 병무청은 그에 대한 대처방안을 만들지 않고 있다가 2007년에 검찰에 의해 수많은 병역특례비리가 적발되고 나서야 비로소 병역특례제도를 보완하기 시작했다. 경제적으로 여유가 있는 일부 부유층이나 권력층의 경우 병역특례 업체에 서류상으로 취업시키고 그 기간 동안 해외연수를 보내는 경우도 있었던 것으로 밝혀졌다. 결국은 병무청이 병역회피를 방조한 것이다.

그 밖에도 수많은 병역회피 방법이 동원되곤 한다. 병무청이 그 모든 것을 제대로 파악할 수 없다면 병역브로커들을 위원으로 초빙해서라도 불법적인 병역회피를 막을 수 있는 방법들을 강구해야 한다(병무청이 병역회피를 막을 의지나 있는지 모르겠다. 공익근무요원 판정 후 4년 동안 소집명령이 없어 병역면제가 된 사람이 2001~2008년 동안 2만 8653명이라고 한다).

한편, 운동선수들의 경우 올림픽 3위 이상, 아시안 게임 1위에 입상할 경우 병역면제(명목상 대체복무)가 주어진다. 그와 같이 국가의 위상과 국민의 긍지를 높인 선수들이 자신의 분야에 전념할 수 있도록 하는 것은 바람직하다고 생각한다.

이러한 특혜에 대해 못마땅하게 생각하는 사람들도 있을 것이다.

그러나 선발기준에 객관적인 근거가 있는 사람들의 대체복무는 문제가 없다고 생각된다. 실제로 이런 혜택을 보는 선수는 많지 않다. 문제는 앞의 특례업체 취업에서와 같이 객관적인 선발기준이 존재하지 않는 경우에서 발생한다.

그런데 병역법 시행령에 명시되지 않은 대회 때문에 운동선수들의 병역면제가 종종 사회적 이슈가 되곤 한다. 최근에 논란이 됐던 것은 월드컵(축구)과 WBC(World Baseball Classic: 야구)이다.

월드컵의 경우 2002년 한·일 월드컵에서 우리 대표팀이 4강 진출이라는 사상 초유의 성적을 거두자 여론의 동의를 받아 월드컵 16강 진출 시 병역면제혜택을 주도록 법령을 개정하였다(물론 한·일 월드컵 대표선수들에게 소급적용하여 박지성, 이영표, 차두리 등이 해외 프로축구팀으로 진출하는 데 커다란 도움이 되었다). WBC의 경우 2006년 1회 대회에서 한국대표팀이 4강에 오르자 병역혜택 대상에 'WBC 4강 이상'이라는 요건이 추가되면서 참가 선수들에게 병역혜택을 주었다.

그러나 그 이후에 비인기 종목과의 형평성 문제가 제기되자 2007년 12월에 병역면제 요건에서 '월드컵 16강'과 'WBC 4강'이라는 조항이 삭제되었다. 그에 따라, 2009년 WBC에서 한국대표 야구팀이 준우승을 하고, 2010년 남아공 월드컵에서 한국대표 축구팀이 16강에 진출했지만 참가한 선수들은 병역혜택을 받지 못했다.

비인기 종목과의 형평성 문제도 있지만 월드컵과 같이 세계적으로 많은 관심을 받고 있는 경기에서 좋은 성적을 거둘 경우 국가 브랜드 가치를 높일 수 있다는 점도 결코 무시할 수 없다. 그렇다고 그때그때마다 여론에 편승해서 법을 개정하는 것도 문제가 있다. 그렇다면 국제경기에서 좋은 결과를 거두기 힘든 종목이나 비인기 종목에도 혜택을 주는 방법은 없을까? (축구 선수들도 현재의 병역법 시행령으로는 앞으로 병역혜택을 받기가 쉽지 않을 것이다.)

올림픽이나 아시안 게임에 국가대표로 출전하기 위해서는 대부분의 선수가 태릉선수촌에서 장기간 합숙훈련을 받는다. 그렇지 않은 (축구 같은) 경우에도 다른 곳에서 체력과 전술 훈련을 받는다. 따라서 입상여부에 관계없이 국가를 위해 대표로 나가는 그들에게 일정기간(3개월 정도) 군복무를 단축시켜주는 방법을 고려할 수 있을 것이다.

이것이 그들에게도 국민의 성원을 더욱 느끼게 하고 국가 대표의 의미를 되새기게 할 것이라고 본다. 이것은 군복무가 의미가 없기 때문에 주는 혜택이 아니라 반대로 군복무를 하는 개개인이 국가대표 선수와 동일한 가치를 지닌 것으로 볼 수도 있는 것이다. 이렇게 한다면 올림픽이나 아시안 게임 말고도 월드컵 또는 정부가 지정한 세계선수권대회 등의 참가 선수들에게도 일정한 기간 군복무를 단축시켜주는 데 큰 반대는 없을 것으로 본다. 물론 선수 선발에 대한 객관적인 기준이 있어야 한다.

이러한 방법을 시행할 경우 개인별로 대표선수로 선발된 횟수가 서로 달라서 병역 자원관리가 어렵다고 할지도 모르겠다. 그러나 업무가 편하자고 바람직한 방향을 모색하지 않는 것은 올바른 것이 아니다. 더욱이 국군체육부대(상무)가 있으므로 개개인의 복무기간을 따로 관리하는 것이 어려운 일은 아닐 것이다.

프로축구나 프로야구 선수들이 병역면제 혜택을 받고 곧바로 해외프로구단에서 거액을 받고 활동하는 것을 생각해보자. 실질적으로는 병역면제와 같지만 명목상으로는 체육요원으로 대체복무를 하고 있는 중이다. 이 경우 법적으로는 병역자원을 국가가 관리할 권한을 가지고 있다. 따라서 해외활동을 막아도 할 말은 없다. 그러나 해외활동을 막아서 개인적으로나 국가적으로 이득이 되는 점은 없다. 그러면 프로 선수들이 병역면제를 받고 고액의 연봉을 받으며 해외활동을 하는 것을 차갑게 보는 시선을 줄일 수 있는 방법은 없을까?

해당선수가 대체복무를 하는 기간 동안 소득의 10%를 국방헌금으로 내게 하는 사회적 분위기를 만들면 어떨까? 프로 선수니 팬들의 이목을 생각해 자발적으로 낼지도 모른다.

그러나 국가소유의 자원(대체복무 요원)이 해외에서 소득을 올리면서 국내에 소득세를 안 내는 셈이니 전체 소득에서 매니지먼트사와의 비용과 체류국가에 낸 세금 등을 차감한 금액에 국방기금을 10% 정도 부과하는 것이 나을 것 같다. 선수입장에서는 차라리 이것이 뒷말이 없고 깨끗할 수 있다. 물론 대체복무 기간을 현재와 같이 34개월로 하지 말고 24개월로 줄여주고 말이다. 실질적으론 면제이면서 명목상으로 34개월로 한 것은 우스운 일이다. 복무기간이 일부만 단축된 선수의 경우는 단축된 기간만큼을 대체복무기간에 산입하면 된다.

　마지막으로 양심적 병역거부자 등 사회적 소수자에 대하여 생각해보자. 지난 2005년 12월 국가인권위원회는 헌법과 국제규약상 양심의 자유를 보호해야 한다며 국방부에 양심적 병역거부자에 대한 대체복무제 도입을 권고한 바 있다. 그에 따라 국방부는 2007년 9월에 2009년부터 사회복무제의 일환으로 종교적 병역거부자들에 대한 대체복무 허용방침을 발표했었다.

　그러나 정권이 바뀌자 국방부는 그 시행 계획을 백지화시켰다. 국방부도 정당한 보상이 없는 현역복무가 상대적으로 상당한 희생임을 알고 있는 것이다. 사병에 대한 경제적 보상이 병역회피에 대한 도덕적 비난을 감소시켜서는 안 될 것이나, 한편으로는 함께 사는 사회를 만들기 위한 사회적 소수자에 대한 논의가 좀 더 긍정적인 방향으로 나아갈 수 있는 계기가 되기를 기대해본다.

정직한 사람이 손해 보는
조세 및 지원 제도

세금은 국가를 유지하고 공공재의 공급을 위해 필요한 것이지만 기본적으로 시장경제를 위축시킨다. 일부는 서민들을 지원하기 위한 재원을 마련하고자 높은 세율을 주장하기도 하지만, 지나치게 높은 세율은 탈세를 유도하고 경제에 부정적인 영향을 미쳐 오히려 서민생활을 어렵게 만들 수도 있다.

한편으로 과세의 형평성을 위해서는 세율을 낮추고 과세투명성을 확보하는 것이 중요하다. 국세청에서도 업무의 목표를 "성실·고액납세자가 사회적으로 존경받고, 가급적 많은 국민이 적은 금액의 세금이라도 부담하는 '떳떳한 시민'이 되어 소득계층간 상호 이해와 화합을 이루는 선진형 납세문화 조성"에 두고 있다.

그런데 현실은 그렇지 못해 소득이 있는 사람들의 절반가량만이 세금을 내고 있고 수많은 형태의 탈세가 이루어지고 있다(2006년도 한국의 지하경제 규모가 최대 250조 원으로 추정되어 OECD 회원국 중 가장 높은 수준이라는 보고서도 있다).

그럼에도 불구하고 정부와 정치권은 과세대상을 늘리고 고율의 세율을 낮추는데 여론의 눈치를 보고 있다. 여기에서는 세금의 영향을 살펴보고, 정직한 사람들이 상대적으로 손해를 보게 만드는 불합리한 공제제도를 없애고 높은 세율을 낮춰 모든 국민이 떳떳하게 살 수 있는 방법을 찾아보고자 한다.

높은 세율의 피해는 서민의 몫이다

특별소비세법 시행령에서는 1조(세트)당 800만 원 또는 개당 500만 원 이상이 되는 가구를 고급 가구로 규정해 이에 해당할 경우 20%의 세금을 부과하고 있다. 국산 고급 가구에 대한 특소세 징수액은 2001년 4300만 원, 2002년 1200만 원, 2003년 1천만 원, 2004년 400만 원, 2005년 600만 원에 그쳤다. 국내 가구업체가 특소세 규정에 발목 잡혀 있는 사이 일부 수입가구 업체들은 규정을 피해 식탁과 의자를 따로 구입하는 방법으로 특소세를 피해나가고 있다(자료: 동아일보, 2008.02.06, 15면).

위의 내용은 세금의 영향을 여실히 보여주고 있다(시장을 축소시키고, 편법을 유도하고, 그 피해는 서민—가구업에 종사하는 근로자들—의 몫이다).

고급 가구에 특별소비세가 붙은 이유는 정확히 모르겠으나 고급 가구를 사치성 물품으로 보고 있거나 고가 가구의 수입을 억제하기 위함일 것이다. 일반적으로 고율의 특별소비세(2008년부터 개별소비세로 명칭이 바뀌었다)는 바람직스럽지 못한 소비행태를 억제하기 위하여 사용된다. 경제학적으로는 공해물질을 유발하는 것과 같은 부정적 외부효과를 나타내는 제품의 소비에 부과하는 것이 정당하다. 그런데 고급 가구의 사용이 왜 부정적인지 이유를 모르겠다.

혹시 부자들이 돈을 못 쓰게 만들려고 그러는가? 부자들의 지출을 억제해서 얻어지는 게 무엇인가? 그들이 저축해서 더 부자가 되라고? 아님 부동산 투기나 하라고?

과거에 국내 자본이 부족했을 때는 소비보다는 저축이 미덕이었다. 그러나 지금은 산업자본이 부족한 상태가 아니다. 오히려 부자들로 하여금 돈을 지출하게 함으로써 돈이 돌게 해야 한다.

실제로는 고급 가구의 소비를 억제한다고 부자들이 돈을 안 쓰는 것도 아니다. 가구 대신에 값비싼 명품 의류나 외제차를 구입하고 해외여행도 다니고 할 것이다. 고급 가구가 상대적으로 이러한 것에 비해 부정적인 이유가 뭘까?

위의 자료를 보면 고급 가구에 높은 세금을 부과한 결과 국내 고급 가구의 생산량이 줄어들어 그 피해는 결국 국내 가구 제조업체와 그 곳에 종사하는 근로자들이 받은 것이다. 더욱 확실한 것은 높은 세율을 적용한 결과 국내 고급 가구의 조세수입이 점차로 줄어들고 있다는 것이다. 이것은 세율이 높아질수록 조세수입이 증가하는 것이 아니라 관련 산업의 위축이나 탈세 등으로 오히려 조세수입이 감소할 수도 있다는 것을 보여준다.

맨큐의 저서 가운데 하나인 『핵심경제학』을 보면 미국의 경우 1990년에 고소득자에게서 세금을 징수할 목적으로 요트, 자가용 비행기, 보석 등에 사치세를 부과하였다가 그 부담이 결국은 서민(그 제품을 생산하는 업체에 고용된 직원들)에게 전가되는 것을 알게 되어 1993년에 대부분의 사치세를 폐지한 것으로 나온다.

세율이 높을수록
탈세의 유혹만 커진다

당신이 만약 추가로 100만 원을 버는데 40만 원의 세금을 내야 한다면 당신은 기꺼이 낼 수 있겠는가?

40만 원 정도야 작으니까 "그냥 내고 말지 뭐"라고 할지도 모른다.

그럼 1000만 원을 버는데 400만 원의 세금을 내야 한다면?

아마도 많은 사람들이 "절세하는 방법이 없을까?"라는 생각을 해 볼 것이다.

1억 원을 버는데 4천만 원의 세금을 내야 한다면?

혹시 편법을 써서라도 세금을 줄이려고 고민하지 않을까?

대부분의 사람들은 소득이 많을수록 세율이 높아지는 것이 당연하다고 생각한다. 그러나 한편으로는 과세 금액이 클수록 탈세의 유혹은 커진다. 사람에 따라 다르겠지만 세율이 높고 과세금액이 클수록 많은 사람들이 세금을 회피하기 위한 다양한 방법을 고려할 것이고 심지어 탈세까지도 감수하려고 할 것이다.

그런데 현실은 누진세율(소득 금액이 클수록 세율이 높아지는)을 적용하여 소득이 많은 사람들의 조세 회피 유혹을 더 크게 만들고 있다. 소득세율이 높으면 미신고 된 소득이 많을수록 상대적으로 유리해진다. 어쩌면 조세회피나 탈세를 줄이기 위해서는 역누진세율(소득 금액이 클수록 세율이 낮아지는)을 적용하는 것이 바람직할지도 모른다. 그러나 이것은 대다수 국민의 정서에 어긋나고 조세 공평성에도 맞지 않으니 시행할 수가 없다. 다만 가능한 한 누진율을 낮춰 조세회피 유혹을 줄일 수밖에 없다.

지난 1996년부터 2001년까지 시행된 소득세 과세표준 구간(전체 소득에서 공제 대상금액을 제외한 금액)과 세율은 다음과 같다.

과세표준 구간	세율
1000만 원 이하	10%
1000만 원 초과~4000만 원 이하	20%
4000만 원 초과~8000만 원 이하	30%
8000만 원 초과	40%

위의 표를 보면 구간별 세율 증가 폭이 10%로 지나치게 큰 감이 있다(소득세에 10%의 주민세가 붙으니 소득에 대한 실제적인 최고세율은 44%였다. 2009년까지 소득세의 10%를 주민세란 명칭으로 지방세목으로 걷다가 2010년부터 주민세라는 명칭을 지방소득세로 변경하였다.)

이후 2002년에 세율이 10%씩 인하되어 각 구간별 세율이 9%, 18%, 27%, 36%로 낮아졌고, 2005년에 각 구간별로 1% 포인트 씩 추가로 인하되어 8%, 17%, 26%, 35%가 되었다.

그 후에는 세율이나 과세 표준구간이 변화되지 않아 지속적으로 조세증가율이 소득증가율을 앞서게 되어 납세자들의 불만이 제기되자 2008년도 소득부터는 과세표준 구간과 세율이 다음과 같이 조정되었고, 2009년도와 2010년도에 각 구간별 세율이 일부 다시 인하되었다. (부자감세라는 논란 때문에 과세표준구간의 가장 높은 구간은 세율이 인하되지 않아 세 번째 단계에서 세율이 갑자기 11% 포인트 올라가버렸다. 당신이 그 대상이라면 기꺼이 이 상황을 받아들이겠는가?)

과세표준 구간	세율 (2008년도)	세율 (2009년도)	세율 (2010년도)
1200만 원 이하	8%	6%	6%
1200만 원 초과~4600만 원 이하	17%	16%	15%
4600만 원 초과 ~8800만 원 이하	26%	25%	24%
8800만 원 초과	35%	35%	35%

세율을 낮추고
과세기반을 넓혀야 한다

세율을 낮추지 않고 과세표준 구간만을 높이는 것은 과세기반을 넓히는 것이 아니라 오히려 면세자의 수를 늘리게 된다. 우리나라 2005년도 납세자를 기준으로 근로자의 경우 51.3%, 자영업자의 경우 55.3%만이 실제로 세금을 납부하였다. 즉, 근로자나 자영업자의 절반 정도가 소득세 부담이 전혀 없다(일본, 영국, 미국, 캐나다 등 선진국들은 근로소득자의 80% 이상이 납세자이다).

어쩌면 정부는 과세자 비율을 늘리는 것에 정치적 부담을 갖고 있을지 모르겠다. 그러나 과세의 형평성을 높이기 위해서는 과세 기반을 넓히고 세율은 낮추어야 한다. 가능한 한 많은 국민이 국민의 의무를 이행하고 그에 따라 국민의 권리도 요구할 수 있도록 해야 한다.

소득세를 단일화해 신고누락을 막고, 세율자체를 낮춰서 소비를 늘리는 정책을 시행하는 나라도 있지만 우리에게는 국민 정서상 단일세율의 적용이 시기상조일 것이니 다음과 같은 세율을 제안해본다.

과세표준 구간	세율
1000만 원 이하	5%
1000만 원 초과~4000만 원 이하	10%
4000만 원 초과~8000만 원 이하	15%
8000만 원 초과	20%

제안한 방법은 우선 소득이 적은 사람을 위해 최저 세율을 더 낮추고, 급격한 세금 증가를 막기 위해 누진율을 5% 포인트씩으로 낮추었다. 그리고 조세회피를 막기 위해 최고 세율을 20%로 낮추었다. 봉급생활자나 영세사업자의 경우 대부분 위의 과세표준구간의 최상위 구간의 시작점인 8천만 원을 크게 초과하지 않을 것이다.

물론 현재의 세율과의 지나친 차이 때문에 시행에 있어 현실적인 어려움이 있다면 충분한 수입이 보장되는 고소득자를 대상으로 세율이 더 높은 구간을 만들 수도 있을 것이다. 예를 들어 년 수입이 3억을 초과하는 사람들을 대상으로 25%의 세율을 추가할 수도 있고, 중간에 또 하나의 구간을 만들어 1억 5천만 원 초과 ~ 3억 이하는 25%, 3억 초과는 30%를 부과할 수도 있다.

충분한 소득이 어느 정도인지는 사회적인 논의가 필요하겠지만, 자신과는 관계없는 일이니까 무조건 고소득자의 세금은 높을수록 좋다는 태도는 문제가 있다. 결국은 그 세금 또한 서민들이 함께 부담하게 되는 경우가 많다. 즉, 임대소득을 얻는 자는 임대료를 올리려 할 것이고, 개인 서비스업의 경우 가격을 올릴 것이다. (OECD 국가 가운데 우리나라의 최고소득세율이 높은 편은 아니지만, 홍콩과 싱가포르의 최고 소득세율은 각각 17%와 20%이다.)

탈세 방법으로 악용되는 공제제도를 없애자

이제 제안한 방법을 시행하고자 할 때 예상되는 현실적인 문제점과 대안을 살펴보자.

먼저 세율을 낮출 경우 조세 수입의 감소를 우려하는 사람들이 있을 것이다. 그런데 현재 세율이 소득 금액에 그대로 반영되는 것은 아니다. 세율이 높다는 것을 인지하면서도 세율을 조정하는 대신에 다양한 형태의 공제 제도를 두고 있다. 아마도 년 소득이 5천만 원 정도라면 소득세액이 소득의 8% 정도 내외일 것이다.

정상적으로 세율을 낮추는 대신 편법적으로 각종 소득공제를 만든 결과, 근로소득세 과세자 비율이 1998년 67.6%에서 계속해서 낮아지고 순진한 사람들만 더 많은 세금을 부담하는 구조가 되어버렸다. 즉, 각종 공제제도가 세금을 낮추는 효과가 분명히 있지만 한편으로는 일부 납세자들의 탈세 방법으로 악용되는 측면이 있다. 이러한 악용될 소지가 있는 공제제도를 과감히 폐지함으로써 세율이 낮아짐에 따른 조세 수입 감소분의 일부를 상쇄할 수 있다.

우선 폐지 대상이고 탈세수단으로 손쉽게 사용되고 있는 소득공제로 가장 먼저 종교단체에 대한 기부금을 들 수 있다. 자료에 의하면 소득 공제 기부금의 80% 정도가 종교단체에 대한 기부금인 것으로 알려져 있다. 종교단체의 허위 기부금 영수증에 관한 것은 언론을 통해 매년 연례행사처럼 보도되고 있어 대부분 잘 알고 있겠지만, 2007년에 언론에 보도된 내용의 일부를 살펴보면 다음과 같다.

광주지검 특수부는 돈을 받고 기업체 근로자에게 136억 규모의 허위 기부금 영수증을 발급해준 혐의로 광주지역 4개 사찰 주지 4명을 구속 기소했다. … 광주지역 자동차 관련 기업체에 근무하는 근로자들은 이렇게 사들인 가짜 영수증으로 연말정산 때 '기부금 공제'를 인정받아 총 21억 원의 소득세를 포탈한 것으로 나타났다. - 동아일보, 2007.07.03, A12면

울산에 소재하는 모 종교단체는 '연말정산용 기부금 영수증 희망자 모집'이라는 현수막까지 내걸고 2005년부터 2년간 영수증 1건당 발행금액의 1%를 수수료로 받고 허위 기부금 영수증을 7천 500여 건을 발급해줬다. - 디지털 세정신문, 오상민, 2007.12.03.

위의 내용들은 동일한 곳에서 발행된 기부금 영수증이 같은 직장 내에서 다량으로 제출됨에 따라 적발된 사례의 일부일 뿐 개인적으로 허위 영수증을 발급받아 제출해 적발되지 않은 사례는 무수히 많을 것이다.

실제로 종교단체에서 50만 원을 기부받고 기부금액이 300만 원인 허위 영수증을 발행해준들 아무도 손해 보는 사람이 없다. 종교단체야 소득세를 내는 것도 아니니 기부액수를 많이 적어줘도 상관

없고, 기부자는 20%의 세율을 적용받는다면 기부한 금액보다 10만 원 더 세금에서 돌려받는다.

결국 기부자는 세금으로 기부를 하고 10만 원의 이익이 생긴 것이다. 어쩌면 일부 종교단체에서는 신도들의 기부를 장려하기 위해서 기부금액을 부풀려 적어줄 수도 있다. 그렇다고 정부가 종교단체 기부금의 사용내역을 조사할 수는 없지 않은가?

이러한 허위 기부금 영수증에 의한 탈세(결코 이것은 합법적인 절세가 아니다)의 부정적인 영향은 심각하다. 허위 기부금 영수증이 일반화됨에 따라 시민들로 하여금 탈세가 범죄라는 의식을 약화시키고 정직한 사람이 손해 본다는 의식을 심어주고 있다.

앞의 울산 지역의 경우 산업체 근로자뿐만 아니라 교육청 공무원들과 교장·교감 등 교육관계자 수백 명도 허위 기부금 영수증 제출로 적발되었다. 한편 『2007 국세통계연보』에 따르면 2006년 직장인의 평균 임금이 서울 2704만 원, 울산 3184만 원으로 울산이 전국에서 가장 높다. 이것이 매년 울산지역에서 허위 기부금 영수증 제출이 문제가 되는 이유 중 하나가 아닌가 싶다. 즉, 앞에서 얘기한 바와 같이 과세 금액이 클수록 탈세의 유혹이 크기 때문일지도 모른다.

일부 종교단체에 의해 허위 기부금 영수증이 발행되는 이유만으로 종교단체에 대한 기부금에 대해 세금 공제제도를 없애자는 것은 아니다.

대한민국은 종교의 자유가 보장된 나라이다. 바꿔 말하면 정부가 종교 활동에 대해 중립적이라는 이야기다. 정부가 종교 활동을 규제할 이유도 없고(범죄 행위는 예외지만), 종교 활동을 지원할 이유도 없다. 사회복지 활동을 하는 사회단체와 신앙을 중심으로 하는 종교단체는 목적이 다르다. 그런데 종교단체에 대한 기부금에 세금 공제제도를 두는 것은 종교 활동을 지원하는 것과 같다. 종교를 갖지 않은 사람들이 현세의 삶을 위해 저축하는 것에는 일반적으로 공제제도가 없는데 사후(또는 내세)의 삶을 위해 종교단체에 기부하는 것에 공제제도를 두는 이유를 알 수 없다.

정부가 종교에 대하여 간섭할 수가 없으므로 아무나 임의의 종교단체를 설립하여 기부금 공제를 받아도 된다. 그렇다고 종교단체의 진위 여부에 대하여 정부가 판단할 수도 없다. 이럴 바에는 차라리 일괄적으로 종교단체 기부금에 대한 세금 공제제도를 없애는 것이 낫다. 물론, 종교단체에서 설립한 공익법인의 경우에는 그 법인이 외부의 감사를 받는다는 전제 하에서 다른 봉사단체와 마찬가지로 기부금에 대한 세금공제를 인정해야 할 것이다.

세율이 문제가 아니라 소득을 제대로 파악하지 못하는 것이 문제다

앞서 얘기한 세금 공제제도의 조정만으로는 소득세율을 낮추는 것에 따른 재정수입 감소분의 극히 일부만을 충당할 수 있을 것이다. 재정 수입을 높이기 위해서는 본질적으로 과세 대상이 되는 소득에 대한 탈루액을 막아야 한다. 이것은 재정 수입 증대의 측면만이 아니라, 정직한 사람이 상대적으로 손해를 보지 않도록 하는 공정한 사회를 구성하는 측면에서 더욱 강화되어야 한다.

개인적으로 들어본 소득의 탈루 형태를 몇 가지 살펴보면 다음과 같다(이러한 사례들은 10여 년 전에 들었던 이야기들로 현재는 그 금액이 더욱 클 것이다).

[사례 1] 쌍꺼풀 수술을 한 학생에게 비용이 얼마 들었냐고 묻자, "180만 원인데 현금으로 내면 150만 원이라고 해서 150만 원에 했어요."

[사례 2] 주말에 유원지에 놀러갔다가 주차장에서 차를 빼다가 초등학교 6학년 여자아이를 살짝 치었다. 보기에도 이상이 없고 본인도 괜찮다고 해서 그냥 왔는데 다음날(일요일) 경찰이 와서 뺑소니라고 신고가 들어왔다며 체포해갔다. 당황한 부인이 경찰에 문의하니 다음날 검찰에 송치되면 구속되니까 변호사를 소개해줄 터이니 빨리 합의를 보라고 했다. 소개받은 변호사가 합의금과 변호사 비용으로 현금 1500만 원을 요구해 공휴일이라 어렵게 현금을 마련해 갖다 주고 남편을 데려왔다.

[사례 3] 부엌가구를 새로 바꾸려 싱크대 설비업체에 가서 견적을 뽑아보니 300만 원이라고 했다. 계약을 하려고 "카드도 되죠?" 하고 묻자 "카드로 하면 부가가치세 10% 추가해서 330만 원을 결제해야 합니다."

[사례 1]은 성형을 한 학생들에게서 종종 듣는 일인데 의료행위이니 부가가치세는 부가되지 않았지만, 성형의사의 입장에서는 자신의 소득세율이 상당히 높을 터이니 소득이 제대로 파악되지 않는 현금을 받고 30만 원을 할인해주는 것이 더 이익이 많게 된다. (2011년 7월부터 미용목적의 수술에는 10%의 부가가치세가 붙는다고 한다. 이 경우 소득 탈루의 유혹은 더욱 커질 것이다.)

[사례 2]의 경우는 조금 특별한 경우로 몇 가지 의심스러운 점들이 있으나 여기에서는 세금 문제만을 살펴보면 정식재판으로 회부되지도 않았으니 변호사의 수입이 공식적으로 처리되지 않았을 것이고 부가가치세는 물론 소득세도 탈루했을 것이다.

[사례 3]의 경우 소비자에게는 부가가치세만을 이야기했으나 실상은 자신의 소득세를 탈루하기 위함이다.

소득을 탈루하는 사례들은 위와 같이 그 일을 겪었던 사람들에게 직접 들을 수 있는 이야기뿐만 아니라 언론매체를 통해 보도된 것들도 많이 있다.

120평 사는 의사가 100만 원도 못 번다고? – MBC PD 수첩, 2005년 11월 29일 방송.

수임료 79억 받고 1억만 신고한 변호사 – 동아일보, 2006년 1월 12일, A13면.

고소득 자영업 업종별 소득탈루율: 사우나 98.1%, 단란주점 86.9%, 스포츠센터 72.6%, 호텔 66.7%, 웨딩홀 56.9%, 미용실 55.4%, 한식 52.4%, 양식 51.7%, 도소매업 46.0%… – 2009년 10월, 국세청 국정감사 자료.

변호사, 회계사, 세무사 등 8대 전문직의 2009년 소득탈루율 37.5% – 연합뉴스, 2010년 11월 26일.

한편, 전체소득의 20~30%에 이르는 지하경제를 경제협력개발기구(OECD) 평균수준인 10% 안팎으로만 줄여도 한 해 20조 원 이상의 세수를 추가로 확보할 수 있다고 한다(2010년 3월, 국세청장 발언).

국세청 자료를 보면 2008년 소득세 수입이 36조 원이므로 지하경제 규모를 10%로 줄일 수만 있다면 소득세율을 현행보다 35% 정도 낮춰도 소득세 수입이 오히려 증가한다는 계산이 나온다(왜 절반이 아니고 35%일까? 세율을 절반으로 낮추면 소득세 수입이 18조 원 감소하지만, 추가 확보되는 세수 또한 10조 원으로 줄어들기 때문이다).

카드로 250만 원, 현금으로 180만 원,
어느 쪽이 남는 것이 더 많을까?

지난 2006년에 대전에서 임플란트 시술 가격을 알아본 적이 있다. 병원의 위치와 지명도에 따라 가격이 다양하였다. 대부분 250만 원 정도였으며 최고 290만 원을 얘기하는 곳도 있었고 현금으로 할 경우 180만 원을 제시하는 곳도 있었다. 그런데 카드로 250만 원을 받는 의사와 현금으로 180만 원을 받는 의사 가운데 누구의 수익이 더 클까? 세금을 고려하지 않는다면 당연히 250만 원 받는 쪽이 더 많이 남는다(카드 사용 시 카드 수수료율을 2%라 하면, 수수료로 5만 원이 나가긴 한다). 그러나 세금을 고려한다면 얘기가 달라진다.

임플란트 시술이 의료행위이니 부가가치세는 없으므로 고려해야 할 세금은 의사의 소득세뿐이다. 먼저, 임플란트 시술에 들어가는 직접적인 경비(재료비)는 양쪽 모두 동일하게 50만 원이라 가정하자. 치과 의사들의 수입은 많은 편이니 한계수입이 소득세 과세 구간의 최상위 구간에 해당된다고 보면 세율은 38.5%(지방소득세 포함)가 된다.

카드 수입의 경우 250만 원에서 5만 원의 카드 수수료와 재료비 50만 원을 뺀 195만 원에 0.385를 곱하면 75만 원의 세금이 부과되어 남는 것은 120만 원이 되고, 현금수입의 경우 소득신고액에서 누락시키면 재료비 50만 원을 제하고 130만 원이 남게 된다. 즉, 70만 원이나 적게 받아도 현금으로 받아 소득액을 탈루시키는 것이 수익이 더 크게 발생하는 것이다. 이와 같은 것은 직접 경비가 거의 발생하지 않고 부가가치세도 고려해야 하는 변호사의 경우 그 차이가 더욱 심해진다.

결국 소득 금액을 모두 신고하는 의사는 시술비를 비싸게 받을 수밖에 없어 소득액을 신고 안 하는 대신 시술비를 싸게 받는 의사에게 손님을 빼앗길지도 모른다. 이것은 공정한 경쟁이 아니다. 정직한 사람이 손해를 보는 구조인 것이다.

그런데 여러분의 경우 현금 180만 원과 카드 250만 원 가운데 어느 쪽으로 결제하겠는가?

조금 찜찜하긴 하겠지만 아마 대부분의 사람들이 현금으로 결제하려 할 것이다. 70만 원이나 싸지 않은가?

여기에서 치과 의사가 내야 할 세금의 대부분을 결국 환자가 부담하고 있다는 것을 다시 한 번 알 수 있다. 결국 높은 세율의 부담이 서민에게 돌아오는 것이다.

머릿속으론 "정부가 나에겐 해준 것이 뭐가 있다고 내가 세금을 70만 원이나 내야 되지? 의사도 나도 이익인데 현금으로 내야지"라는 생각이 들지도 모른다. 그렇다. 정직하게 세금을 내는 사람들에게 지금까지 정부가 해준 것이 무엇인가?

하지만, 그렇다고 세금을 내지 않는 것이 정당화되지는 않는다. 누구는 정직하게 세금을 내고 누구는 세금을 내지 않아 이익을 보는 구조는 공정하지 못한 것이다. 차라리 세율을 낮추고 모두가 세금을 내도록 하는 제도를 만드는 것이 바람직하지 않겠는가?

의사, 변호사의 소득 탈루액을
줄이는 방안

2006년 봄에 주변 사람들에게 의사, 변호사들의 수입 탈루액을 방지하는 간단한 방법을 이야기한 적이 있다. 그것은 일정금액 이상의 거래에 대해선 공인영수증 발행을 의무화하는 것이다. 그 아이디어가 전해졌는지 아니면 유사한 생각을 가진 사람이 있었는지는 모르겠지만 2008년부터 그 방법이 논의되더니 2010년 4월 1일부터 고소득 전문직을 중심으로 30만 원 이상 거래 시 현금영수증 발행을 의무화하는 제도가 시행되었다. 이러한 시점에서 필자의 구상을 먼저 기술하는 것보다는 현재 시행되고 있는 제도를 설명하고 현 제도의 보완점을 찾는 것이 나을 것 같다.

국세청은 2010년 4월 1일부터 고소득 전문직, 병원, 학원, 예식장 등의 과표양성화를 위하여 30만 원 이상 거래 시 소비자의 요청이 없어도 현금영수증 발급을 의무화하고, 의무 위반 시 미발급액의 50%의 과태료를 부과하고 신고자에게는 미발급액의 20%를 포상금으로 지급하기 시작하였다. 또한 7월 1일부터 의무발행업종에 유흥주점과 산후조리원을 포함하였다. 신고방법으로는 현금지급일로부터 1개월 이내에 서면 또는 현금영수증 홈페이지를 통해 신고할 수 있고, 포상금 지급한도로 건당 300만 원, 동일인 연간 1500만 원을 두었다.

국세청 보도자료(2010.09.28)에 의하면 2010년 4월부터 8월까지 신고자에게 75건, 3400만 원의 포상금을 지급하고 사업자에게 과태료 98건, 1억 1600만 원을 부과하였다고 한다. 소개된 신고사례를 보면 변호사 수임료 500만 원을 무통장 입금 후 현금 발급을 거부하자 무통장 입금표를 첨부하여 관할세무서에 신고한 것과 치과, 장례식장, 공인중개사의 신고사례가 있다. 또한, 현금영수증 의무발행업종의 경우 2010년 4월~6월(3개월) 동안의 현금영수증 발급액이 2009년 같은 기간보다 42.3%(8053억 원) 증가하였다고 한다. (자료를 보면 4월부터 8월까지의 신고건수가 593건으로 되어 있다. 포상금 지급 건수와 차이가 나는 것은 포상금은 과태료 부과 후 익월 말까지 지급하기 때문이다.)

이러한 제도가 정착되기 위해서는 시민들의 신고가 중요한 만큼 독자 여러분들도 적극적으로 활용하길 바란다.

※ 30만 원 이상 거래 현금영수증 의무발행업종(자료: 국세청)

구 분	업 종
사업서비스업	변호사업, 회계사업, 세무사업, 변리사업, 건축사업, 법무사업, 심판변론인업, 경영지도사업, 기술지도사업, 감정평가사업, 손해사정인업, 통관업, 기술사업, 도선사업, 측량사업, 공인노무사업
보건업	종합병원, 일반병원, 치과병원, 한방병원, 일반의원(일반과, 내과, 소아과, 일반외과, 정형외과, 신경과, 정신과, 피부과, 비뇨기과, 안과, 이비인후과, 산부인과, 방사선과 및 성형외과), 기타의원(마취과, 결핵과, 가정의학과, 재활의학과 등 달리 분류되지 아니한 병과), 치과의원, 한의원, 수의업
기타업종	일반교습학원, 예술학원, 골프장업, 장례식장업, 예식장업, 부동산중개업, 일반유흥주점업(「식품위생법 시행령」 제21조제8호다목에 따른 단란주점영업을 포함한다), 무도유흥주점업, 산후조리원

신고 기간을 늘리고
지급한도를 대폭 올리자

　현재 시행되고 있는 제도를 보면 필자가 구상했던 방법보다 강화된 것도 있고 부족한 점도 있다. 앞에서 필자의 경우 공인영수증 발행을 의무화하자고 했다. 필자가 말하는 공인영수증이란 무엇일까?

　그 내용은 간단하다. 기존의 카드영수증과 현금영수증을 포함하여 추가로 국세청에 자동으로 수입이 신고가 되는 국세청마크가 찍힌 영수증을 만들자는 것이다. 현금영수증과 가장 큰 차이점은 현금을 낸 사람의 신원이 공개되지 않는다는 점이다. 경우에 따라서는 소비자가 자신의 신원을 노출시키고 싶지 않은 경우도 있을 것이다. 이러한 영수증의 필요성에 대해서는 뒤에 다시 얘기하겠다.

　필자는 의사·변호사의 경우에 일정금액 이상의 거래에 있어 공인영수증 발급을 의무화하고, 의무 위반 시 거래관계가 종료된 후 6개월 이내에 국세청에 신고해서 거래 사실이 확인되면 공인영수증 미발급액의 10%를 신고자에게 포상금으로 지급해주는 것을 구상하였다.

　독자들은 왜 의사와 변호사만 고려하였느냐고 의문을 가질지 모르겠다. 궁극적으로는 모든 상업적 거래에 있어 공인영수증 발급을 의무화하는 방향으로 나가야겠지만, 시행초기에 있어선 사회적으로 세금 탈루의 문제점이 자주 거론되면서도 사회지도층으로 인정받고 있는 집단이 모범을 보여야 한다고 생각했기 때문이다.

특히 변호사의 경우 국회의원에 있어서 정치인 다음으로 가장 수가 많은 단일 직업군을 이루고 있어, 변호사들의 소득이 모두 노출될 경우 그들이 소득세율 인하 및 세법 개정에 큰 역할을 할 것이라고 생각한다.

어쨌든 시행초기부터 현금영수증 의무발행업종을 확대한 것과 포상금을 현금영수증 미발급액의 20%로 한 것은 바람직한 일이다(포상금이 많아질수록 신고할 유인은 커질 것이므로). 그런데 아직도 남아 있는 문제점이 있다. 그것은 바로 신고기간과 지급한도이다.

먼저 신고기간을 살펴보면 현행 제도는 현금지급일로부터 1개월 이내에 신고하도록 되어 있다. 신고기간이 짧은 것은 신속하고 명확한 신고를 위해서는 나름대로 의미가 있다.

그러나 앞에서 얘기한 임플란트 시술의 경우를 생각해보자. 개인병원에서 임플란트 시술비용을 묻자 의사가 250만 원이라고 한다. 환자가 망설이자 의사가 "현금으로 내시면 180만 원에 해드리죠. 단 현금영수증은 발급할 수 없습니다."라고 얘기했다고 하자.

환자의 반응을 상상해보자.

우선 현금영수증 미발급 신고제도를 모르는 경우라면 앞에서 말한 바와 같이 현금으로 결제하려는 사람이 많을 것이다.

그럼 현금영수증 미발급 신고제도를 알고 있다면?

소수의 사람들은 "그래! 현금으로 싸게 하고 신고해서 포상금도 받아야지"라고 생각할지도 모른다. 그러나 아마도 대부분의 사람들은 신고할 생각은 하지 않고 그냥 현금으로 180만 원을 낼 것이다. 그리고 아주 일부는 성숙된 시민으로 부당한 거래에 응할 수 없다고 생각해서 공인영수증을 요구하여 250만 원을 부담할지도 모른다(그런데 아무런 대가 없이 70만 원이나 더 부담해야 한다니 성숙된 시민의 역할을 하기가 참으로 힘들다).

이제 현금으로 결제한 사람이 1개월 이내에 신고하는 것에 대해서 생각해보자. 신고할 목적으로 현금을 지불한 사람은 당연히 신고하고, 신고제도를 모르는 사람들은 당연히 신고하지 않을 것이다.

그럼 신고제도는 알지만 비용을 절감할 목적으로 현금을 낸 다수의 사람들은? 그들의 행태를 정확하게 알 수는 없지만, 자신도 '세금탈루의 공범'이라는 생각과 '포상금을 받을까?' 하는 고민 사이에서 한 달이라는 기간이 쉽게 지나갈 것이다.

이렇게 신고를 망설이거나 개인적인 사정으로 1개월 이내 신고하지 못하는 사람들을 위하여 신고기간을 충분히 늘려야 한다. 더욱이 현행 신고기간에는 커다란 허점이 존재한다. 그것은 현금을 지급하고 한 달 이내에 거래관계가 종료되지 않을 수도 있다는 것이다.

예를 들어 성형 수술의 경우 현금으로 할인된 수술비를 지급하고 수술을 마친 뒤에 수술경과를 확인하고 더 이상 병원을 찾지 않아도 될 때까지 한 달 이상이 걸릴 수 있다. 이 경우 치료가 완료되지 않은 시점에서 신고하려는 생각을 갖는다는 것은 쉽지 않을 것이다.

또한, 변호사의 경우 변호사 선임비를 받고 활동을 시작하는데 법원의 소송 기간이 1~2년 걸리는 것은 기본이다. 그런데 변호사와의 관계가 유지되고 있는 상황에서 어떻게 선임비를 내고 1개월 이내 신고하란 말인가? 어쩌면 현행 제도가 변호사들은 피해갈 수 있는 허점을 일부러 만든 것이 아닌가 의심스럽기도 하다.

마찬가지로 학원의 경우도 수강하고 있는 상황에서 신고하기가 곤란할 수 있다.

실제로 국세청 자료를 보면 2010년 4월~6월(3개월) 동안의 현금영수증 의무발행업종의 현금영수증 발급액이 2009년 같은 기간보다 평균적으로 42.3% 증가했으나 변호사, 법무사 등의 전문직의 경우 3.4%, 학원의 경우 14.7% 증가에 그쳤다.

따라서 신고기간에 대한 내용을 거래관계가 종료된 후 일정기간 (6개월 이상) 내로 할 것을 제안한다.

여기에서 거래관계가 종료된 시점이란 병원의 경우 의료행위가 종료된 시점을, 변호사의 경우 소송이 완료된 시점, 학원의 경우 수강기간이 끝난 시점을 의미한다. 신고기간을 길게 잡아야 하는 이유는 의료과정이나 소송과정에서 신고할 의사가 없었다 하더라도 차후에 마음이 바뀔 수 있는 기간을 충분히 주자는 것이다.

성형 수술의 경우 처음에 저렴하게 할 수 있다는 생각 때문에 현금 할인을 해준 의사에게 고마워할지도 모르지만, 차후 수술 결과에 대한 불만이 발생하여 마음이 바뀔 수도 있다. 신고 기간을 '1년 이내'로 연장하여 1년에 한 차례 공인영수증 미발급 신고주간을 두어 대대적으로 홍보하는 것도 좋은 방법이 될 것이다. 그러면 공인영수증을 발급하지 않으려는 마음을 아예 갖지 못할 것이다.

　한편, 포상금 지급한도를 건당 300만 원, 연간 1500만 원을 둔 것
도 과감히 그 한도를 없애거나 충분히 늘릴 것을 제안한다. 건당
300만 원이면 1500만 원의 20%이니 대부분의 거래는 이 액수 내에
포함될 것이다. 그러나 변호사들의 경우 수임료뿐만 아니라 성공보
수를 포함할 경우 수천만 원에서 수십억 원의 보수를 받는다. 이 경
우에도 신고에 대한 충분한 포상금이 주어져야 한다. 어쩌면 변호사
들에게서 20%의 과태료를 징수하는 것이 쉽지 않아서 일지도 모르
겠다. 그러나 과태료가 아니어도 부가세나 소득세 등의 과세를 할
수 있으므로 고액의 경우에도 10%의 정도의 포상금을 줄 수는 있을
것이다.

　또한, 변호사들은 보수를 현금으로 수수하고도 신고하지 않겠다
거나 신고할 경우 불이익을 받을 수 있는 계약을 할지도 모른다. 만
약 그렇다면 이러한 것을 막아야 한다. 과태료나 가산세 등으로도
변호사들의 소득탈루 행태가 고쳐지지 않는다면, 일정금액 이상의
소득탈루의 경우 일정한 기간 동안 자격정지를 시키는 법안을 만들
것을 제안한다.

　왜 변호사들의 문제만 자꾸 제기하는지 의문이 들 것이다. 변호
사들이 사회를 유지하는 법과 제도를 만드는 데 가장 영향력이 있기
때문이다. 그들을 먼저 중점적으로 관리하면, 자신들만 소득이 완전
히 노출되는 것이 억울해서라도 다른 분야에서도 철저하게 소득을
파악할 수 있는 방안을 만들 것이다.

현금영수증, 과세정상화에
공헌하긴 했지만

국세청은 우리나라 국민들의 현금거래를 선호하는 관행 때문에 자영업자의 소득파악에 어려움이 있자 2005년 1월 1일부터 현금영수증제도를 도입하였다. 그 내용은 소비자가 현금과 함께 카드(적립식카드, 신용카드 등), 핸드폰 번호 등을 제시하면, 가맹점은 현금영수증 발급장치를 통해 현금영수증을 발급하고, 현금결제 건별 내역은 국세청에 통보되는 것이다. 도입 초기에는 5천 원 이상 현금결제 시에만 발급했으나 2008년 7월 1일부터는 금액에 관계없이 발급할 수 있게 되었다.

국세청은 이러한 현금영수증 발급을 장려하기 위하여 현금영수증복권 추첨을 통한 보상금(5만 원)을 지급하고, 근로소득자의 경우 현금영수증이나 신용카드 사용액의 일정 비율을 연말정산 시 근로소득금액에서 공제해주고 있다.

현금영수증복권의 경우 현금영수증제도 도입초기에 새로운 제도의 홍보를 위하여 긍정적인 면이 있었다. 그러나 지금은 영수증발급 건수에 비해 당첨자 수가 극히 적어 당첨을 기대하면서 현금영수증을 요구하는 경우가 거의 없어 이제 그 의미가 없어 보인다. 연말정산 시 소득공제의 경우도 총급여액의 25%를 초과해야 하고, 공제대상에서 제외되는 항목들을 고려하면 물려받은 재산이 없어 저축을 많이 해야 하는 경우에는 그 혜택이 크지 않다.

일부 장관 후보들의 국회 청문회를 보면 수입보다 지출이 더 많은 경우가 종종 있다. 그와 같이 파악되지 않는 소득이 있어 지출이 큰 경우에나 소득공제 혜택을 많이 볼 수 있으니, 2010년부터 카드나 현금영수증 사용액에 대한 공제한도를 300만 원으로 낮춘 것은 의미가 있어 보인다. 차제에 총급여액의 25% 초과분과 같은 제한을 없애는 대신 공제 한도를 대폭 낮추는 것도 고려해볼 만할 것이다.

아무튼 현금영수증 제도가 세원을 양성화하는데 크게 공헌한 것은 사실이다. 그럼에도 불구하고 생활 속에서 현금영수증을 이용하지 않는 경우도 많이 있다.

언젠가 대형 마트의 결제창구에서 고객들의 결제 수단을 잠시 동안 바라본 적이 있다. 작은 돈이 아닌데도 카드가 아닌 현금으로 결제하는 사람들이 의외로 많았다. 대략 절반쯤 되었을까? 또한, 현금으로 결제하는 사람 가운데 절반 정도가 현금영수증을 요구하지 않았다.

누가 현금으로 결제할까? 다음의 세 가지 형태를 생각해본다.

1) 카드가 없어 어쩔 수 없이 현금으로 거래하는 사람

2) 카드 사용에 따른 낭비를 줄이기 위한 사람

3) 소득이 노출되는 것이 싫어서 의도적으로 현금만 사용하는 사람

그 외에도 다양한 이유가 있겠지만, 대부분이 위의 세 가지 범주에 해당하리라 여겨진다.

그럼 현금으로 거래하는 사람 가운데 누가 현금영수증을 요구하

지 않을까?

우선 소득공제 혜택이 없는 사람들은 현금영수증을 요구하지 않을 가능성이 높다. 자영업자나 수입이 면세점 이하인 근로자가 이에 해당한다. 신용불량으로 카드가 없는 사람도 수입이 면세점 이하인 경우가 많을 것이다. 그리고 소득이 노출되는 것을 원치 않는 사람은 당연히 현금영수증을 요구하지 않을 것이다.

결국은 낭비를 줄이기 위한 목적으로 현금을 사용하는 근로소득자 이외에는 대부분 특별히 현금영수증을 요구할 이유가 없다.

대형 마트의 경우에는 현금결제를 하더라도 소득이 누락되거나 하진 않을 것이다. 그렇지만 우리가 생활 속에서 접하는 소형마트나 식당, 미용실, 찜질방 등에서는 어떨까?

솔직히 소득을 누락시키는 경우가 많을 것이다.

일반적으로 남자들은 소형마트나 식당 등에서 금액이 크지 않으면 현금결제를 하고 현금영수증도 요구하지 않는 편인 것 같다. 필자의 경우도 소형식당에서 1~2명이 식사할 경우에는 주로 현금결제를 한다. 그리고 카드를 사용 안 할 바에야 현금영수증도 요구하지 않는다. 쩨쩨한 느낌이 들기도 하고, 소득공제의 혜택을 못 보기 때문이기도 하다. 그리고 소형식당의 소득에 대한 자그마한 배려이기도 하다.

신용카드를 사용하는 경우 식당에서는 카드 사용금액의 일정비율을 카드회사에게 수수료로 지불해야 한다(중소가맹점의 경우 기존의 3.0% 이상에서 정부의 지속적인 지도로 현재는 2.0% 내외로 낮아졌다). 즉,

만 원을 카드 대신 현금으로 지불하는 경우 200원 정도가 카드회사 대신 식당 주인에게 돌아가는 것이다.

한편, 식당에서 신용카드를 사용해서 영수증을 확인해보자. 5천 원짜리 식사에 455원의 부가가치세가 붙어 있는 것을 알 수 있다. 우리나라에서는 대부분의 재화나 용역의 공급가액에 10%의 부가가치세를 최종소비자에게 부담시키고 있다. 즉 앞의 5천 원짜리 식사의 공급가액은 4545원이다. 물론 455원 모두를 식당 주인이 세금으로 내는 것은 아니다. 여기에서 매입세액을 빼야 한다. 간이과세대상자의 경우 부가가치율(공급가액에서 식당에서 창출하는 부가가치가 차지하는 비율) 40%를 적용하여 식당 주인은 182원을 부가가치세로 내게 된다.

여기에서 의문점이 한 가지 생긴다. 현금으로 결제할 때도 식당 주인은 부가가치세를 정상적으로 세무서에 낼까?

물론, 현금영수증을 발급했을 경우는 부가가치세액을 계산할 때에 그 금액이 포함될 것이다. 그러나 현금영수증을 발급받지 않았다면 어떨까? 여러분이 식당 주인이라면 어떻게 하겠는가?

정직하게 매출액 전체를 신고하는 사람도 있을 것이다. 그러나 대부분은 드러나는 매출액(카드나 현금영수증에 의한)만을 신고할 것이다. 물론 세무서에서는 현금매출 비중을 대략적으로 추정해서 계산할지도 모른다. 그러나 그 금액이 실제 현금매출액보다 작다면 어떻게 하겠는가? 정직하게 신고해야 할까? 그래서 얻는 이익이 무엇인가?

정직하게 살아봤자 세금만 더 많이 낼뿐이다. 세금을 많이 낸다고 무슨 혜택이 있는가? 오히려 세금을 많이 낼수록 불이익을 받는 것이 현실이다. 이것은 문제가 있는 것이다. 정직할수록 손해를 보는 제도는 바뀌어야 한다.

공인영수증제도를 만들자

필자는 식당에서 현금으로 결제하는 경우 주인들이 매출액에서 탈루시킬지도 모른다는 생각을 한다. 그래도(액수가 크지 않을 경우에) 가격이 상대적으로 싸거나 음식에 정성이 들어갔다고 생각되는 식당에서는 현금으로 결제를 하고 그렇지 않은 경우는 카드로 결제를 한다. 가격이 싼 곳에서 카드결제를 많이 하면 가격이 오를까봐 걱정이 된다. 카드로 결제하면 세금과 카드 수수료만 식당에게 부담시키는 것이다.

그렇지만 카드를 사용하면 세금을 다 내야 하고 현금을 받으면 세금을 탈루시킬 수 있는 기회를 주는 것은 정당하지 않다. 정직한 사람이 상대적으로 손해를 보지 않도록 하기 위해서는 우선 현금거래에 있어 현금영수증을 발급받지 않아도 소득이 파악될 수 있는 장치를 마련해야 한다.

    2005년 하계방학 중에 경영학부 학생 82명을 데리고 한 달 동안 중국 선양(심양)에 있는 대학교로 해외연수를 간 적이 있다.

    그 프로그램의 책임자로서 사용되는 모든 경비에 대한 영수증을 마련하려고 하였다. 학생 전부를 데리고 대형 식당에 가서 회식을 하는 경우는 공식적인 한 장의 영수증을 받으면 되었다. 그런데 학생들을 조로 나누어 씨타(서탑, 주로 한국인을 위한 가게가 많은 곳)에 있는 작은 한국 식당(우리나라 재래시장 옆 골목에 있는 식당 같은 곳)에 가서 식사를 할 때는 영수증을 받지 못할지도 모른다는 생각을 했었다.

    그런데 주인에게 영수증 얘기를 꺼내자 거리낌 없이 중국 국세청 직인과 일련번호가 찍힌 영수증 전표 몇 장을 떼어주었다. 주인이 가지고 있는 전표를 보니 각각 5위안, 10위안, 50위안짜리들이 있었다. 지금은 1위안에 170원 정도 하지만 그 당시에는 1위안이 130원 정도였다. 식사는 김치찌개, 동태찌개 등이 1인분에 20~30위안 정도였다. 여러 차례 그 식당에 가서 식사를 하고 영수증 전표를 받았다.

    나중에 보니 영수증 전표에는 즉석복권처럼 얇은 은색 막으로 도포된 부분이 있었다. 식당 주인에게 그것이 무엇인지 물어보고 매번 작은 액수도 영수증을 받아가서 미안하다고 했다. 그랬더니 그것은 복권이고 현지인들도 그러한 복권 때문인지 모두 영수증을 챙긴다고 했다. 숙소로 돌아와 2~3장의 영수증을 긁어보았다. 모두 '꽝'이었다. 복권 당첨금이 식사한 비용(또는 전표에 표시된 액수)이겠거니 하고 나머지는 긁어보지 않았다(당첨되어도 그 액수의 영수증을 또 마련해야 하니 귀찮다는 생각도 있었다).

지금 생각해보니 학생들을 동원해서라도 전표 모두를 긁어볼 걸 그랬다. 당첨된 것이 있었는데도 안 찾았다면 중국 당국만 좋은 일을 시킨 것이 아닌가 싶다. 괜히 당첨금이 작을 거라고 지레짐작한 것이 아쉽다. 당첨금이 컸다면 학생들하고 회식이라도 한 차례 더 하거나 모두에게 일정한 장학금이라도 줄 수 있었을 텐데 말이다.

어쨌든 중국이 우리보다 선진국이 아닌데도 어느 부분에선 영수증을 받는 것이 우리나라보다 생활화된 면도 있다고 생각했다.

여타 선진국처럼 우리의 경우도 영수증 받는 것을 생활화해야겠다. 즉, 동네 가게나 작은 식당, 미용실, 소형 세탁소, 찜질방 등에서 말이다.

물론, 소규모 마트에서나 찜질방 등에서도 금전등록기를 통해 영수증을 발급해주기도 한다. 그러나 그것을 통해 수입이 모두 신고가 되는지는 의심스럽다. 찜질방 업자가 수억 원의 소득세를 탈루했다는 기사를 보면 제대로 신고 안 하는 사람이 많을 거라고 추측할 수 있다. 이와 같이 카드 결제나 현금영수증 이외의 수입에 대한 소득 신고가 의심스러운 상황에서는 현금영수증 이외에도 공인된 영수증 제도가 추가적으로 필요하다.

이와 같은 영수증에는 앞의 선양에 있는 식당에서 받은 전표와 같은 것을 사용할 수도 있겠지만, 인터넷 시스템이 잘 구축된 우리나라에서는 좀 더 나은 것을 구상할 수 있다. 그것은 영수증을 발급할 때 소득액이 국세청에 자동으로 통보되는 시스템을 이용하여 그 영수증에는 국세청인증마크가 찍히게 하는 것이다. 현금영수증과의 차이는 구매자의 개인정보를 등록할 필요가 없고 구매자의 요구와 관계없이 발급한다는 점이다.

필자는 카드 이용 영수증, 현금영수증, 국세청 인증영수증 등을 총칭하여 공인영수증이라 부르겠다.

공인영수증을 생활화하는 방안

소득세뿐만 아니라 의료보험비, 국민연금, 정부지원제도 등에서도 공정성을 기할 수 있게 하기 위하여 자영업자의 소득금액은 명확하게 파악되어야 한다. 궁극적으로는 모든 상업적 거래에 있어서 공인영수증 발급을 의무화해야 한다. 그러나 간이 과세제도가 통용되고 있는 현 시점에서 전면적으로 공인영수증 발급을 모든 영업장에서 의무화하는 것은 무리가 있을 것이다. 따라서 다음과 같은 점진적 방안을 제안한다.

우선, 모든 거래에 있어 공인영수증 발급을 자발적으로 하겠다는 영업장을 신청받아 그 영업장에는 공인영수증 발급 업소라는 명패를 부여한다. 그러한 명패를 달고 있는 곳에서 공인영수증을 발급하지 않아 신고가 들어올 경우 1건당 5만 원 정도의 과태료를 부과시킬 수 있다. 참여를 유도하기 위해 참여하는 업소에는 일정한 혜택을 부여하고, 공공기관에서 개인적 용도 이외의 모든 비용의 정산은 공인영수증으로 해야 한다.

누가 자발적으로 참여할까? 이미 수입을 누락시키지 않고 신고하는 업소가 참여할 것이다. 아마 대형 마트나 고속도로 휴게소 식당 등이 해당되지 않을까 싶다. 다음으로 신용카드 결제 등으로 인하여 매출액의 상당 부분이 신고되고 있는 대형식당과 같은 업소의 참여를 기대할 수 있다. 공인영수증 발급에 따른 혜택은 정직한 업소에게 돌아가는 것이다.

그런데 공인영수증제도 도입의 목적은 이미 어느 정도 소득이 파악되고 있는 대형업소의 소득을 좀 더 정확하게 파악하자는 것에 있는 것이 아니다. 다만, 대형업소들의 자발적 참여를 유도하여 공인영수증제도에 대한 시민들의 인식을 높이자는 것이다.

실질적으로 공인영수증제의 활성화를 위해서는 모든 자영업자들이 참여해야 한다. 자발적 참여 다음으로 의무적 발급대상을 점차 확대해야 한다. 현재 30만 원 이상 거래의 경우 현금영수증발급을 의무화하는 곳을 금액에 관계없이 공인영수증발급을 의무화하는 것에는 큰 문제가 없을 것이다. 더불어 찜질방, 일정규모 이상의 식당과 같은 대형 자영업소의 공인영수증발급 의무화를 시행할 수 있다. 다음으로 간이과세 대상인 자영업자들의 공인영수증발급을 유도해야 한다.

그런데 서민의 생활과 밀접하게 관련이 있는 찜질방 같은 곳을 의무화시키는 것에는 약간의 문제가 따른다. 그것은 바로 부가가치세이다. 모든 소득이 파악될 경우, 업주에게는 소득세 부담에 앞서 부가가치세 납부의 의무가 따른다. 부가가치세는 매출액의 9.1% 정도가 된다. 실제 업주가 내는 부가가치세액은 부가가치비율에 따라 이보다 훨씬 낮아지긴 하지만 업주는 그 부담을 가격에 반영시킴으로써 전적으로 소비자에게 부담시킬 수도 있다. 즉, 5천 원에 입장할 수 있었던 찜질방이 5500원이 될 수도 있는 것이다.

이런 정도는 과세의 공정성을 위해 소비자가 부담할 수도 있다. 원래 부가가치세라는 것이 최종소비자가 부담하는 것이다. 그러나 기존에 간이과세 대상자였던 자영업자들의 다수에게 현금거래에 있어서 부담하지 않았던 세금을 부담시키는 것은 조세저항이나 물가상승의 압력으로 작용할 수가 있다.

따라서 찜질방, 미용실, 세탁소 같은 실질부가가치율이 50%가 넘는 업종의 자영업자가 공인영수증발급에 참여할 경우 부가가치세율을 10%에서 5% 낮추어줄 필요가 있다. 실은 이와 같은 업종뿐만 아니라 실질적인 매입세액공제 비율이 상대적으로 낮은 서비스업종 전반에 걸쳐 부가가치세율을 5%로 적용하는 것이 바람직하다.

즉, 농산물과 같은 원재료에 부가가치세가 붙지 않는 식당 같은 곳도 규모에 관계없이 국민 생활의 기본인 먹을거리를 제공한다는 의미에서 부가세율을 낮추어야 한다. 아울러 변호사 수임료 같은 것도 국민이 법률서비스를 받을 수 있는 기본권 보장을 위해 부가세율을 낮출 필요가 있다.

이와 같이 낮은 부가세율을 공인영수증 발급업소에 우선적으로 적용시키면 공인영수증발급에 참여하는 업체가 증가할 것이다. 아울러 차후에 대규모 개발지역에서 영업권에 대한 보상 문제의 경우도 일정기간동안의 공인영수증에 의한 거래 실적만을 반영하는 법을 만들어 보상만을 노린 세력에 의한 세금 탈루를 막아야 한다.

내가 하고 싶지 않은 일을
남에게 떠넘기지 말라

어느 날 공자의 제자 자공(子貢)이 공자에게 물었다.
"평생 동안 행해야 할 귀중한 일은 무엇입니까?"
"그것은 내가 하고 싶지 않은 일을 남에게 떠넘기지 않는 것이다."

— 『논어(論語)』 「위공령」 편

2008년 봄에 모 TV 프로그램에서 상속세와 관련하여 지나가는 시민들을 대상으로 상속세 폐지(또는 인하)와 존속에 대해 질문하고 그에 대한 답변을 듣는 프로그램이 방영된 적이 있었다.

대략 응답자의 70% 정도가 상속세 폐지 쪽에 지지를 보냈다. 역시 대다수 사람들의 인식은 세금을 내고 싶지 않은 것이다. 그런데 폐지 쪽에 지지를 보냈던 사람들에게 막상 자신은 상속세 납부 대상에 해당되지 않는다고 하자 상속세를 유지해야 한다고 태도를 바꿨다. 상속세는 대다수의 시민들에게는 해당되지 않는다는 설명을 한 뒤에 재조사한 결과는 앞의 내용과 반대로 상속세 유지가 70% 정도였던 것으로 기억난다. 나만 아니면 된다는 것일까?

우리나라의 상속세율은 1억 이하 10%에서 시작해 구간별로 10% 포인트씩 증가하여 30억 원을 초과한 금액에 대해서는 50%의 세율을 적용한다. 세액 계산에 있어 기본적으로 5억을 공제하고 있어 시민 대부분의 경우 상속세 부담을 지지 않는다.

이러한 상속세의 최고세율은 세계에서 가장 높은 수준이며 OECD 국가의 상속세 최고세율 평균값의 2배에 이른다. 캐나다, 이탈리아, 스웨덴, 호주 등은 상속세를 폐지한 것으로 알려져 있다. (각국의 세금체계는 복잡하여 상속세율 하나만 보고 비교하기엔 무리가 있다.)

정부는 상속세 인하를 고려하였으나 부자감세라는 반대에 막혀 실현시키지 못하고 있다.

상속세 존속을 주장하는 사람들은 상속세가 부의 집중 방지를 통한 불평등의 해소와 세수에 기여한다고 보고 있다.

상속세 폐지를 주장하는 사람들의 이론적 근거는 다양하지만 그

중 하나가 상속세를 소득세와의 관계에 있어 이중과세로 보는 것이다. 즉, 이미 소득세 등을 내고 남은 재산에 대하여 또다시 과세한다는 것이다. 우리나라의 경우 이러한 이론적인 측면보다는 기업을 운영하는 소유주의 경영권 상속과 같은 현실적인 측면에서 상속세 인하를 주장하는 경우가 많이 있다.

그런데 상속세 폐지와 존속을 주장하는 양측에서 유사한 측면을 놓고 서로 다른 이야기를 하는 경우가 있다. 즉, 상속세 징수율이 낮고 세수규모도 총 재정의 1% 미만으로 세금의 실효성이 없으니 상속세를 폐지하자는 주장이 있고, 상속세를 부담하는 사람들은 얼마 안 되니 그대로 두자는 주장도 있다(2005~2008년 동안 피상속인 가운데 매년 상속세과세 대상인원 비율은 0.7~1.0%였고, 결정세액은 7천억 원~ 1조 3천억 원 정도였다).

부의 세습방지라는 측면에서 어느 정도의 상속세는 있어야 한다고 생각한다. 그러나 상속세의 최고세율을 상당히 낮추어야 한다. 부의 세습방지라는 사회적 측면도 중요하지만 후손에게 좋은 것(재산 또는 뛰어난 유전자)을 물려주려는 인간의 본성도 존중되어야 하기 때문이다.

그럼 어느 정도의 세율이 적당할까?

혹자는 세금의 심리적 저항의 한계 값을 33%로 보기도 한다. 즉, 적어도 노력하여 모은 재산의 3분의 2 이상은 자신의 의지대로 처분하게 할 수 있어야 수용할 수 있다는 것이다. 이 경우 상속세율의 최고 한도는 33%가 되는 것이다.

필자는 다른 측면을 고려해보고 싶다. "만약 당신이라면 어느 정도 세율까지는 기꺼이 수용하겠는가?"라는 점이다.

혹자는 재산의 '사회 환원'이라는 측면에서 전부를 국가에 헌납할 수 있다고 말할지도 모르겠다. 훌륭한 생각이다. 그러나 남에게 강요하지는 말자. 국가에 헌납하는 것이 진정한 사회 환원일까? 미국의 거부 가운데 재산의 사회 환원을 이야기하는 사람들도 정부에 세금을 내기보다는 공익재단을 설립하고 그곳에 자신의 재산을 기부한다.

재산이 없는 사람들은 유산 전체를 세금으로 걷어야 한다고 생각할지 모르겠다. 이것은 사유재산을 부정하는 공산주의적 사고가 아닐까 싶다. 제발 이런 생각은 하지 말자. 사유재산의 부정이 어떤 결과를 가져오는지는 북한이 잘 말해주고 있다.

기업을 운영하는 사람들은 가업 승계나 경영권 보호를 위해 상속세 폐지를 말한다. 그러나 자신이 세운 기업을 굳이 자신의 후손에게 맡겨야 하는가라는 의문이 든다. 중소기업 전체의 실상은 잘 모르겠으나 우리가 접하는 중소기업의 제품 가운데 과거에는 나름대로 외국제품과도 경쟁력이 있었던 제품들이 2세 경영 이후에 경쟁력을 상실해가는 경우를 많이 본다. 이 경우 그 분야의 제품에 의지와 열정을 가진 사람이 그 기업을 인수하는 것이 그 기업의 후손과 국가경제에도 득이 될 것이다.

정부는 상속세율을 낮추는 대신에 가업이라는 명분 아래 최대 100억까지 상속세를 피할 수 있게 해주었다. 이제는 이런 일 좀 하지 말자. 높은 세율이 문제라면 정당하게 세율을 낮출 것이지 명목상 세율은 그대로 놔두고 실제로는 누군가 적당히 피해갈 수 있는 길을 만들지 말자는 것이다.

이런 저런 문제 등을 고려하여 우리 사회를 구성하는 모든 사람들이 기꺼이 낼 수 있는 상속세율(증여세율)로 20%를 예상해본다. 즉, 자신이 후손에게 물려주는 재산의 20%는 국가에 헌납하는 것에 대한 사회적 공감대를 형성시키자는 것이다. 이러한 것이 일반화된다면 기업을 후손에게 물려주려는 사람도 다른 이유를 대지 말고 미리 20%의 세금을 준비해놓으면 된다.

그리고 상속세를 실제적으로 부담하는 비율이 낮아 상속세의 실효성이 없다고 생각한다면(그래서 폐지하자는 주장도 있고 그래서 그대로 두자는 주장도 있다), 상속세에 대한 공제한도를 낮추면 된다. 한 기업이 5천억 원을 부담해봤자 국민 1인당 만 원밖에는 되지 않는다. 함께 사는 공동체에서 조금씩 함께 부담하는 것이 더 효과가 있다.

마지막으로 그래도 고율의 상속세율을 그대로 두자고 주장하는 사람들에게 묻고 싶다. 그것이 실제로 적용된다고 보는가?

수많은 기업의 소유주들이 상속세나 증여세를 회피하기 위하여 다양한 방법의 편법과 불법을 사용하여 사회적 물의를 일으키는 것을 보아왔다. 심지어 모 기업의 경우는 사회적으로 힘이 있는 모든 기관(행정부 · 입법부 · 사법부)의 고위직들을 지속적으로 관리해왔다는 의혹을 받은 적도 있다. 그 기업의 경우 편법 증여 등이 사회적으로 문제가 되자 8천억 원을 사회에 환원하겠다고 했었다.

이렇게 많은 비용과 위험을 감수하면서도 불법을 감행하는 것은 지나치게 높은 상속세율 때문일 것이다. 불법을 행하는 위험을 포함한 비용이 탈세금액보다 작기 때문이다. 만약 세율이 적정수준이라면 많은 비용과 위험을 감수하느니 정직하게 세금을 내는 것이 나을 것이다.

조세정책은 법을 지키는 비용이 법을 어길 때 부담해야 하는 비용보다 작게 만들어야 한다. 즉, 세율을 낮추는 대신에 탈세할 경우에 발생하는 불이익이 훨씬 크게 만들어야 한다. 불법적인 탈세를 생각도 못하게 말이다. 지켜지지 않는 것을 뻔히 알면서도 현재와 같은 높은 상속세율을 유지해야 한다고 주장하는 정치인들은 기업가들이 상속세의 부담을 회피하기 위하여 편법을 사용하는 과정에서 자신들에게 떡고물이 떨어지기를 기대하고 있는 것인지도 모른다.

기초노령연금? 차라리 모든 노인에게 동일한 금액을 주자

정부는 2008년 1월부터는 70세 이상의 시민에게, 2008년 7월부터는 65세 이상의 시민에게 기초노령연금을 지급하기 시작하였다. 2009년도의 경우 65세 이상의 전체 시민 중 소득과 재산이 적은

70%의 시민에게 지급하며 추후 그 대상을 소득 하위 80%까지 확대할 것이라고 한다(정부는 2009년도의 경우 전체 509만 명 중 356만 명이 수급대상자일 것으로 예상하고 있다).

현재의 지급방식을 좀 더 구체적으로 살펴보면 월 소득과 재산의 월 소득환산액을 합한 소득인정액이 일정금액 이하인 노인 가구를 대상으로 단계별로 연금액을 차등하여 지급하고 있다. 노인 단독가구인 경우 소득인정액이 70만 원 미만인 사람을 대상으로 월 2만 원에서 9만 원까지 지급한다. 노인 부부가구에서 2인이 모두 수급대상인 경우 소득인정액이 112만 원 미만인 가구를 대상으로 월 4만 원에서 14만 4천 원까지 지급한다.

그런데 소득인정액이라는 것이 과연 공정한 것인지 의문이 든다. 설사 공정하더라도 아파트 경비나 주유소 직원과 같은 일을 하는 노인은 연금대상자에서 제외하는 것이 옳은가 하는 의문도 든다. 물론 이것은 노령연금의 성격이 무엇이냐에 따라 판단의 기준이 다르긴 하다.

사람은 나이가 들면 신체적 기능이 떨어진다. 기초노령연금이란 이와 같은 사회적 약자에게 주어지는 가장 기초적인 지원금이라 여겨진다. 그 대상자가 소득이 있느냐 없느냐에 상관없이 말이다. 한편으로는 젊어서 국가(공동체)를 위해 열심히 일한 것에 대한 자그마한 보상일 수도 있다.

그래도 소득과 재산을 따져야 한다고? 그럼 한번 생각해보자.

서울의 조그마한 아파트에서 전세 사는 노인과 자그마한 밭을 가지고 시골에 사는 노인 가운데 누구의 소득환산액이 클까? 아마도 서울에 거주하는 노인의 전세금에 대한 소득환산액이 더 클 것이다. 농산물의 경우 소득 파악이 어렵다.

그런데 두 노인 가운데 누구의 생활비가 더 많이 들까? 아파트 관리비만 생각해봐도 알 수 있다.

서울 생활이 더 편리하지 않냐고? 그럼 시골 생활이 더 건강에 좋지 않은가? 이런 상황에서 두 노인의 연금지급액에 차등을 두는 것이 옳을까?

소득을 생각해보자. 대부분 65세 이상이 되면 직업전선에서 물러나 쉬고 싶어할 것이다. 그런데 그 연세에도 아파트 경비나 주유원 또는 건물 청소원 등을 하고 계시다면 어떨까? 그 연세에 일을 할 수 있으니 좋은 것 아니냐고? 맞는 말이다. 그런데 본인은 쉬고 싶지만 어쩔 수 없이 일을 해야만 한다면 어떨까? 가령 아내 병원비를 마련해야 한다면? 자식이 없어 지역의료보험료도 자신이 벌어야 한다면? 자식이 있더라도 오히려 자식의 뒷바라지를 하기 위해 일해야 한다면?

물론 자식과 수입이 없는 경우 기초생활 수급자가 될 수도 있다. 그런데 남의 신세를 지기 싫어하는 독립심 강한 노인이라면 어떨까? 독립심이 강하니까 겨우 월 80만 원 버는 노인을 기초노령연금 대상자에서 제외하는 것이 옳을까?

그 대상이 노인이건 아니건 생활이 어려운 사람들에게 정부가 지원하는 제도는 따로 있다. 기초노령연금을 노인들에게 주는 가장 기초적인 지원금이라 생각하면 노인들을 차별하지 말고 모두에게 동일한 금액을 주는 것이 맞다. 설사 그 액수가 미미하더라도 말이다.

기초노령연금으로 차별 없이 동일한 금액을 지급하자는 주장에 대해 수긍하면서도 모든 노인분들에게 주자는 것에는 반대하는 사람들이 있을 것이다. 그래도 재산이나 소득이 많은 사람은 제외해야 한다고 말이다. 지금까지 정부가 해왔던 것처럼 제한된 예산을 어려운 사람에게 먼저 주어야 한다는 면에서 이 말이 어느 정도 타당해 보이기도 한다.

그래서 다시 월 소득인정액이 일정한 수준 이하인 가구만 지원해야 한다고 가정했을 때, 그 수준이 얼마인가에 상관없이 다시 '소득인정액이 공정한가?' 라는 원래의 논점으로 되돌아간다. 수천억 원을 착복하고도 가진 재산이 몇십만 원밖에 없다는 전직 대통령도 있고, 가난한 부모 명의로 외제차를 사고 할부금을 갚지 않는 못된 자식도 있다.

백 번을 양보하여 노인들의 모든 소득과 재산을 명확하게 파악할 수 있다고 하자. 그래서 하위 80%에게만 기초노령연금을 준다고 하자. 그럼 상위 20%의 노인은 대한민국 국민이 아닌가? 상위 30%에 해당되어 노령연금을 받는 건강한 노인과 상위 10%에 해당되어 노령연금도 못 받고 건강이 안 좋아 병원비가 많이 들어가는 노인 가운데 누가 더 어려울까?

상위 10%이건 5%이건 국민을 편 가르는 일은 하지 말자. 부자나 가난한 사람이나 모두 대한민국 국민이다. 그리고 정부가 주는 노령연금을 누가 더 가치 있게 사용할지도 알 수 없는 일이다. 매월 받는 돈을 술값으로 쓰는 분도 있고, 그 돈을 모아 목돈을 만들어 장학금으로 내는 분도 있을 것이다. 노령연금의 가치는 재산의 유무와 관계없을지도 모른다.

80%의 노인에게 10만 원씩 주는 대신 100%의 노인에게 10만 원씩 주는 방법

그래도 80%의 노인에게 매월 10만 원씩을 주는 것이 100%의 노인에게 매월 8만 원씩 주는 것보다 낫다고 생각하는 사람을 위해 이 경우 추가적인 재정 부담이 없이 100%의 노인에게 10만 원씩 줄 수 있는 방법을 설명하겠다(현재의 재정여건으로는 더 작은 액수일 수도 있다. 다만 설명의 편의를 위해 10만 원이라 가정한 것이다). 결론부터 얘기하자면 소득이나 재산이 많은 사람에게 주었던 혜택을 없애 재정수입을 늘리면 된다.

이제 설명을 위해 100명의 노인이 있다고 하자. 이 가운데 80명에게 매월 10만 원씩 준다고 하면 매월 800만 원이 필요하다. 그런데 이 돈을 100명에게 나누어 주면 매월 1인당 8만 원씩 줄 수밖에 없다. 1인당 10만 원씩 주려면 매월 200만 원, 연간 2400만 원의 추가적인 재원이 필요하다. 이제 추가적인 재원을 마련해보자.

우선 연말소득공제 항목의 인적공제에서 기초노령연금을 받는 노인에 대한 공제액을 없애자(아니면 낮추자). 납세자들이 반발할 거라고? 반발할 이유가 뭐가 있는가?

소득이 적어 면세 대상이었던 사람들은 공제를 없애건 말건 관심 밖의 일이다. 공제를 받았던 사람들도 늘어나는 세금부담액보다 부모님이 받는 노령연금의 액수가 크다. 인적공제라고 해야 연령에 따라 다르지만 많아야 250만 원이고, 소득세율이 10~40%라고 할 경우 세금공제액은 연간 25만 원에서 100만 원 사이일 뿐이다. 그런데 노령연금은 연간 120만 원 아닌가?

부모님께 생활비를 드렸던 선량한 시민들은 늘어나는 세금만큼을 부모님의 양해를 구해 기존에 드렸던 금액에서 감액시키면 된다. 부모님은 그 대신 노령연금에서 더 받으시니 양해해주실 것이다.

그래도 반발하는 사람이 있다면 이중 공제를 받았거나 부모님에게 생활비를 드리지 않았던 사람일 것이다.

이중 공제는 부당한 방법일뿐더러 주로 장관 후보들이나 하는 일이니까 무시해버리자.

부모님께 생활비를 드리지 않았던 사람은 그냥 자신의 세금만 늘어났다고 억울해할지도 모른다. 그런데 억울할 것이 뭐가 있는가? 인적공제의 의미 자체가 그 대상을 위해 쓰는 돈에 대한 세금공제이므로 그동안 부당한 공제를 받아온 것뿐인데 말이다.

실질적인 부양 여부와 관계없이 소득공제의 방법으로 이용되었던 부모님에 대한 인적공제의 공제대상에서 노령연금 수혜자를 제외시키는 것은 타당한 일이다.

그럼 이것으로 어느 정도의 재원이 확보될까? 노인들 가운데 50%가 자녀 가운데 한 명이 평균적으로 30만 원의 세금공제를 받아왔다면 연간 1500만 원(50명×30만 원)이 확보된다.

이제 오히려 재산이 있는 노인이 받아왔던 혜택을 찾아보자.

그 첫째로 노인을 대상으로 하는 비과세저축과 세금우대종합저축을 찾을 수 있다. 둘 다 만 60세 이상의 노인에게 1인 당 3천만 원까지 비과세나 낮은 세율의 혜택을 준다. 노인들은 이것 말고도 일반인들이 이용할 수 있는 비과세 상품도 추가로 이용할 수 있다.

현재의 기초노령연금 시스템에서는 근로소득은 있지만 모아놓은 재산이 없는 노인은 아무런 혜택이 없다. 정부가 하는 일이 이렇다. 저소득층 일부를 위한 제도를 만들고 재산을 가진 사람을 위한 제도는 따로 만든다. 결국 가진 재산이 없는 근로계층만 열심히 일하고 아무런 혜택도 못 받는다.

게다가 위의 저축상품들은 노인들이 아니라 경제적으로 여유가 있는 자녀들이 절세하기 위한 편법으로 이용할 수도 있다. 이 제도를 만든 사람들도 이 정도는 충분히 예상했을 것이다. 어쩌면 자신들이 이용하려고 만든 것인지도 모른다. 이제 제발 편법으로 이용될 수 있는 제도를 더 이상 만들지 않기를 바란다.

재산이 있는 노인에게도 동일한 기초노령연금을 주는 대신 재산이 있는 노인만을 위한 이러한 금융상품을 없애자.

이 경우 확보되는 재원을 파악하기 위한 자료를 구할 수는 없었다. 다만 앞의 100명의 노인 가운데 20%인 20명이 3천만 원씩을 비과세저축에 가입했고 저축의 이자율이 5%라고 가정하면, 각각 이자가 150만 원이고 그에 대한 세율이 15%라고 하면 1인당 22만 5천 원 총 450만 원이 된다. 3천만 원 이상 저축한 분들도 있고 자녀들이 부모 명의로 저축한 것까지 생각하면 실제로는 이보다 훨씬 더 클 것이다.

두 번째로 재산을 상당히 많이 가지고 있는 노인들이 받고 있는 혜택으로는 종합부동산세 감면제도를 들 수 있다. 종합부동산세는 서민에게는 관계없는 이야기이지만 9억 원 이상이 되는 주택을 보유한 경우 종합부동산세의 세율은 0.5~2%이다.

만약 25억 원짜리 주택을 보유하고 있다면 9억 원은 공제받고 세금이 대략 2천만 원 정도이고, 100억 원짜리 주택을 보유하고 있다면 세금이 1억 2천만 원을 넘는다. 60세 이상의 노인의 경우 이러한 세액에 대해 연령별로 10~30%의 감면 혜택을 받는다(60세 이상 10%, 65세 이상 15%, 70세 이상 30%).

세율에 대한 문제는 논외로 하고 노인에 대해 세금을 감해주는 이유가 무엇 때문인가? 부모에게 물려받은 것이 아닌 다음에야 대부분 어느 정도 나이가 있는 분들이 부동산을 보유하고 있지 않은가? 강남의 비싼 아파트에 살면서 그 정도의 세금도 부담하기 어렵다면 주택 가격이 좀 더 저렴하면서도 강남과 같은 핵심 상업지역이 아닌 살 만한 곳으로 이사하면 된다. 그런 노인들을 위한 좋은 주거 지역을 마련해주는 것은 정부의 책임이다.

100억 원이 넘는 주택을 보유하고 있다면 소위 재벌일 것이다. 그런 사람에게도 월 10만 원의 기초노령연금을 주자. 노인은 평등하니까. 그 대신 위의 세금감면 같은 것은 없애자. 65세 이상은 20~30% 감면되니 세금이 1억 2천만 원일 경우 20%만 감면되도 2400만 원의 세금이 감면된다.

나이가 들었다고 가난한 사람은 연간 120만 원을 받고 재벌은 연간 2400만 원 이상의 혜택을 받는 것이 문제이다. 똑같이 120만 원을 받게 하자는 것이 뭐가 문제인가? 줄 건 주고 받을 건 받자.

종합부동산세에 대한 위의 설명은 1가구 1주택의 경우이고 다주택의 경우나 토지에 대한 세금 부담은 더 크다. 이러한 것이 문제라면 본질적으로 세금의 형태(보유세로의 통합)나 세율에 대해 조정을 해야지 60세 이상이라고 감면해주는 것은 타당하지 않다. 정부 고위직이나 국회의원들이 자신들만 혜택을 보려는 의도는 아닐까? 자신들과 가까운 부자들을 포함해서 말이다.

이러한 종합부동산세에 대한 감면제도의 폐지로 어느 정도의 재원이 확보되는지는 알 수 없었다. 다만, 앞의 100명의 노인 가운데 1명(1%)이 25억짜리 주택을 보유하고 있어 세액을 20% 감면받아왔다면 400만 원이 확보된다.

이제 다시 검토해보자. 소득공제에서 제외하는 걸로 1500만 원, 저축 이자에 혜택 폐지로 450만 원, 종합부동산세 감면제도 폐지로 400만 원, 총 2350만 원이 된다. 아직도 50만 원이 부족하다고? 염려하지 마시라. 재원을 추가적으로 확보할 곳은 아직도 많다. 게다가 실제로는 추정한 것보다 더 많은 액수가 확보될 가능성이 크다.

특수 계층의 노인을 위한 지원금을 없애면 된다

앞에서 말한 추가적인 재원을 확보할 곳을 찾아보자.

국회는 2010년 2월에 '대한민국헌정회'의 연로한 회원(65세 이상)들에게 품위유지비 명목 등으로 매달 120만 원씩 지급하는 '대한민국헌정회 육성법' 개정안을 통과 시켰다(2009년에는 법적 근거도 없이 매월 110만 원씩 지원해주었다). 전직 국회의원 출신 원로 정치인들의 모임인 '대한민국 헌정회에는 현재 1339명의 회원이 있으며, 전직의원이 1024명이고, 현직 국회의원들도 특별회원으로 가입돼 있다(자료: 오마이뉴스, 2010.10.29).

국회의원이란 다양한 국민의 입장을 대변하는 자리다. 전직 국회의원 가운데도 부유한 사람도 있고 경제적으로 어려운 사람도 있을 것이다. 부유한 사람이야 당연히 지원금이 필요 없다. 이런 사람들은 앞에서 얘기한 종합부동산세 감면도 받을 것이다. 그럼 가난한 전직 국회의원은?

전직 국회의원이라고 특별한 대접을 해줄 필요가 있는가?

국회의원은 국민을 대변하는 자리인 만큼 국민과 함께 일반인이 받는 지원을 똑같이 받으면 된다. 정말로 생활이 어렵다면 전직 국회의원도 기초생활수급자로 혜택을 받으면 된다. 현직 국회의원 자신들의 세비에서 갹출해 지원해주는 방법도 있다.

일반 노인이 지원받는 것에 문제가 있다면 현직 국회의원을 통해 제도를 개선하면 되지 자신들만을 위한 특별한 법을 만들 필요는 없다. 게다가 현 제도는 뇌물수수나 선거법 위반으로 자격이 박탈된 사람들도 지원해주고 있다. 한번 국회의원은 영원한 국회의원인가? 이런 식이면 차후엔 국회의원에 관련된 비용을 결정할 국민위원회라도 만들어야 할지 모른다.

국회의원 말고도 정부의 각 부처는 전직 고위직 관료들에 대한 나름대로의 지원제도를 가지고 있다. 공무원 연금을 받고 있는데도 말이다.

이러한 특수 계층의 노인들을 위한 지원금을 없애면 상당한 재원이 확보될 수 있을 것이다. 이와 같은 것 말고도 모든 노인에게 동일하게 기초노령연금을 지급하게 되면 기존에 대상자를 선정하기 위하여 들어갔던 경비를 절감할 수 있다. 또한 다른 형태의 정부지원금을 받는 노인은 제외할 수도 있고, 정부 재정이 투입되는 공무원 연금 같은 곳에서 (모든 노인에게 동일하게 지급되는 기초노령연금을 감안하여) 연금액을 조정할 수도 있다. 어쨌든 추가적인 재정부담 없이도 모든 노인에게 동일한 금액을 지급할 수 있는 방법은 있다.

마지막으로 연봉이 수억 원 이상이 되는 노인들에게도 줄 필요가 있냐고 반문하는 사람을 위해 한 마디만 하자. 그런 노인들도 대한민국의 노인이다. 게다가 그들은 열심히 일해서 매년 수억 원의 소득세와 수천만 원의 건강보험료를 내고 있지 않은가? 그런 사람들에게 매월 10만 원씩 주는 것이 아까운가?

갈등을 야기하는
대한민국 보육료 지원 사업

정부는 아동의 건전한 보호·교육 및 보육자의 경제적, 사회적 활동을 지원하기 위하여 1991년 '영유아보육법'을 제정하여 지속적으로 육아지원정책을 펴오고 있다. 그 지원 방법은 너무 복잡하여 자세히 말할 수는 없고, 2010년도의 영유아보육료 지원 사업의 기본적인 내용을 간단히 살펴보면 다음과 같다.

지원 대상은 소득인정액이 낮은 가구부터 70% 이내에 해당하는 계층이다. 정부지원 단가는 0~5세까지 38만 3천~17만 2천 원이다 (나이가 많을수록 단계적으로 낮아진다. 단, 4세와 5세는 동일하다). 만 5세

아이의 경우 지원 대상 모두 월 17만 2000원씩 동일하게 지원을 받는다. 0~4세 아이의 경우 소득하위 50%까지는 위의 정부지원 단가를 전부 지원받고, 50% 초과~60% 이하인 경우는 지원단가의 60%를, 60% 초과~70% 이하인 경우는 지원단가의 30%를 지원받는다 (너무 복잡해 보이는가? 실제는 이보다 훨씬 더 복잡하다).

2010년 3월부터 적용되는 소득 하위 70%에 해당하는 3인 가구와 4인 가구의 소득기준은 각각 378만 원과 436만 원이다. 그리고 소득하위 50%에 해당하는 3인 가구와 4인 가구의 소득기준은 각각 224만 원과 258만 원이다.

정부의 소득인정액 산정방식과 기준금액이 매년 조금씩 변해왔지만, 여러 가지로 불합리한 점이 많다는 것은 쉽게 알 수 있다. 이러한 지원제도를 적용받지 못해 억울해하는 사연을 인터넷이나 신문을 통해 접할 수 있었다. 그러한 사연의 일부를 요약, 편집하면 다음과 같다.

[사례 4] 동사무소에 가서 보육료 지원을 알아보니 연봉 3500만 원이 넘고 부채도 없으면 포기하란다. 이웃의 새댁은 시댁의 아버님이 공장을 해서 엄청 부자다. 그 집 신랑의 벌이는 시원찮지만 시댁에서 집도 사주고 생활비로 월 200만 원씩 보내준다. 우리보다 큰 아파트에서 살고 좋은 차를 가지고 있다. 우린 아직 내 집도 아닌데…. 다른 집의 경우 신랑이 전문의 따고 군대에 가서 수입이 적다. 시댁이 부자라 집도 사주었다. 명품 가방에 수입 화

장품을 쓴다. 여자는 피아노 개인 레슨으로 수입이 있지만 드러나지 않는다…. 만 5세가 되는 우리 아들이 다닐 유치원에서 같은 반의 아이들 중 절반 이상이 보육료 지원을 받을 거라 생각하니 너무 속상하다. – 작성일 2007.01.28. 인터넷에서.

그 외에도 남편은 직장 다니고(월급 150만 원), 여자는 미신고 사업을 하는데(월수입 400만 원 정도) 저소득층으로 등록되어 엄청난 혜택을 보고 우린 힘든데 아무런 지원도 없다… 등 이와 유사한 내용들이 인터넷에 많이 있다.

[사례 5] "이상한 보육비 지원" 5천만 원 외제차 몰아도 배기량 2000cc가 안 되니까 지원 대상, 900만 원짜리 중고차 소유 2000cc 넘으면 소득 초과. – 동아일보, 2007.02.02, A14면.

[사례 6] "맞벌이, 홑벌이와 구분없이 일괄적용… 사실상 대상에 포함되기 어려워" 아이 하나 둔 모 부부는 지원기준인 3인 가구 소득 하위 70% 소득인정액에 어떻게 들어갈 수 있는지 따져보고 부채를 늘릴까 고민하고 있다. – 경남도민일보, 2009.06.15.

[사례 4]의 경우는 아주 흔한 일도 아니지만 드문 일도 아니라고 본다. 그러나 부모의 소득과 본인의 소득이 별개인 이상 현 제도 하에서는 어쩔 수 없다. 집을 사줄 때 증여세와 피아노 레슨비의 문제

는 여기서 논외로 하자. 다만, 나보다 잘 사는 것 같은데 정부의 지원을 받는 사람을 볼 때 억울할 뿐이다.

아마 이 문제를 해결하기 위해 정부는 2010년 9월에 2011년부터 영유아 무상교육 대상을 소득하위 50%에서 70%로 확대한다고 발표한 것 같다. 이런다고 문제가 해결되는지는 잠시 뒤에 따져보자.

[사례 5]의 경우는 소득인정액 계산방식의 문제점을 드러내고 있다. 소득인정액의 계산방식은 월 수입에 재산의 월 소득 환산액을 더하여 계산하는데, 재산의 경우 일반재산과 금융재산, 자동차 세 종류로 나누어 평가하고 그 합을 3으로 나눈다.

일반재산의 경우 재산가액에서 부채와 기초공제액(지역마다 다름)을 뺀 액수에 0.0417을 곱하여 평가하고, 금융재산의 경우 예·적금, 주식 등의 총액에 0.0626을 곱하여 평가한다.

자동차의 경우 2007년도에는 배기량 2000cc 미만의 경우는 차량평가액을 일반재산에 포함시켜 평가하고 2000cc 이상의 경우는 차량평가액 그 자체를 그대로 계산했다.

예를 들어 평가액이 900만 원인 배기량 2000cc가 넘는 자동차를 보유하고 있다면 900만 원을 3으로 나눈 300만 원이 월소득인정액에 포함되므로 지원 대상에 포함되기가 힘들다. 5천만 원짜리 수입차를 몰아도 2000cc 미만이면 그 가액이 일반재산에 포함되므로 차로 인한 소득인정액은 70만 원(=5천만 원×0.0417/3)밖에 되지 않는다.

이 부분은 드러나는 소득은 없으면서 사회적으로 큰 차를 가지고 과시하려는 사람들을 배제한다는 면에서는 의미가 있을 수 있다. 다만, 국제 통상의 문제가 발생할 소지가 있어 수입차만 예외로 할 수는 없었을 것이다. 어쨌든 언론에서 이 문제를 보도하자 그 이후 배기량 2500cc 미만의 차량 평가액은 일반재산가액에 합산하여 계산하도록 바꾸었다.

[사례 6]의 경우 소득세, 건강보험료 등은 두 배로 내면서 정부의 지원을 받지 못하는 맞벌이 부부의 문제와 몇만 원 차이로 지원 대상에 들지 못하는 경우의 고민을 보여주고 있다.

맞벌이의 경우 2010년부터 부부 소득의 단순합산에서 두 소득 중 낮은 소득의 75%만 합산하는 것으로 바뀌었다(그래서 단순합산의 값이 같더라도 양쪽의 수입이 동일하면 지원 대상에 포함되지만 서로 다르면 포함되지 않을 수도 있었다). 다행히 정부의 2011년도 무상보육 지원 확대방침에 따라 지원기준이 4인 가족 기준 450만 원 이하, 맞벌이 600만 원 이하로 바뀌어 맞벌이의 경우 단순합산의 75%만 인정하게 되었다.

몇만 원 차이로 지원 대상에 들어가지 못하는 경우 대출을 하면 지원 대상에 포함될 수 있다는 것은 재미있는 일이다. 대출 300만 원당 4만 1700원(=300만 원×0.0417/3)의 월 소득인정액 감소를 가져올 수 있다. 예금한 것은 300만 원당 6만 2600원의 월 소득인정액 증가를 가져올 수 있다. 예금한 것은 인출하거나 부모님 명의로 바꿔놓으면 된다. 300만 원 예금의 경우 이자율이 5%라고 하면 이자가 연 15만 원이고, 정부 지원금은 적어도 월 17만 원은 넘는다.

편법을 사용하면 이익을 얻을 수 있다는 것은 문제가 있는 것이다.

연소득이 3천만 원인 사람보다 어렵게 사는 연봉 6천만 원의 봉급생활자

정부는 어려운 가정부터 돕는다는 미명 아래 소득인정액이라는 것을 산정해놓고 복잡한 기준을 정해 보육료 지원금에 차별을 두어왔다. 그 차별 때문에 억울한 사람이 많겠지만 선량한 시민들은 참기만 한다. 아니면 '어차피 불공정한 사회이니까' 하고 대한민국 정부가 공정하길 바라는 걸 포기했는지도 모르겠다.

정부는 2011년부터 4인 가족 기준 월소득 450만 원 이하의 가구에 대해 무상보육을 실시하겠다고 발표했다. 그 내용에 따라 생각해보자. 2011년부터 월 소득 450만 원이면 아이의 연령에 따라 월 38만 3천~17만 2천 원의 지원을 받는다(이것은 2011년 1월의 내용이고, 추후 시행세칙이 변하면 조금 상향될 것이다. 일반적으로 3월에 지원금이 변경된다. 아이가 둘이면 금액이 커지긴 하는데 2배는 아니다).

만약 월 소득이 450만 원에서 10원이라도 많으면 지원금이 0원이다. 당신이 여기에 포함된다면 당연히 억울할 것이다. 그러나 당신이 정직하게 살지 않고 편법을 쓸 용의만 있다면 지원금을 받을 수 있는 방법은 있다. 편법을 장려하는 제도라는 것, 바로 이 점이 문제이다. 이 문제는 일단 뒤로 미루고 월 소득이 정말로 생활수준을 반영하는지 살펴보자.

'서울특별시 여성이 행복한 도시'라는 홈페이지의 보육란에 가면 소득인정액을 확인할 수 있는 시스템이 있다. 2011년 1월 2일 현재 월소득 250만 원에 일반재산 1억 9780만 원을 입력하니 월소득인정액으로 449만 8820원이 나온다. 2011년의 보육료 전액 지원 대상이다. 여기서 재산이 10만 원만 많아도 지원 대상 기준금액에서 210원이 초과된다.

앞에서 얘기했듯이 적당히 은행에서 융자를 받으면 되니까(2010년까지는 마이너스 통장도 인정받았다), 월수입 250만 원에 일반재산 2억으로 정부로부터 보육료를 지원받는 '갑'이 있다고 하자. 갑의 일반재산은 자신의 명의로 된 3억짜리 아파트에 적당한 대출(1억 이상) 또는 2억 가까운 전세금과 아버지 회사 명의로 된 2000cc 외제차로 구성되어 있다고 하자.

월수입 250만 원인 사람이 어떻게 3억짜리 아파트를 소유하고 있냐고? 글쎄다. 아마도 부모님이 보태주었거나 파악되지 않는 소득이 있었나보다. 일단 부모님이 보태준 것으로 하자(증여세는 부모님이 증여해주면서 부담해주었을 수도 있고 적당히 은행 융자를 통해 회피했을 수도 있다. 장관 후보가 되기 전에는 들통 나기야 하겠는가).

한편으로는 월급은 500만 원을 받지만 재산이라고는 전세금 5천만 원밖에 없는 '을'이 있다고 하자. 을의 경우는 재산에 관계없이 월급만으로 보육료 지원 대상에서 제외된다.

이제 갑과 을의 생활을 비교해보자.

을의 경우 자신도 언젠가는 3억짜리 아파트에서 살고 싶은 꿈을 이루기 위해 저축을 한다. 매월 200만 원씩 10년을 모으면 복리 이자까지 계산해서 한 3억쯤 되리라 여겨 매월 200만 원씩 저축한다(10년 뒤에 아파트값이 훨씬 더 올라있을까봐 걱정이 되기도 한다).

이제 남은 돈은 300만 원이다. 그래도 갑보다 50만 원이 많다.

그런데 문제가 있다. 갑의 부모님은 여유가 있어 생활비를 보내드리지 않아도 된다. 하지만 을의 현 재산에서 보았듯이 재산을 못 모은 이유가 있다. 부모님의 생활비를 보내드려야 한다. 적어도 50만 원은 보내드려야 하는데 어쩔 수 없이 30만 원만 보낸다고 하자. 아직 갑보다 20만 원이 많다.

위의 계산은 세금과 정부의 지원금을 고려하지 않았을 경우이다. 이제 그것을 포함해보자. 갑의 경우 소득세와 건강보험료를 각각 매월 10만 원과 7만 원(급여의 2.82%)씩 내고, 을의 경우 소득세와 건강보험료를 각각 매월 40만 원과 14만 원씩 낸다(소득세는 대략적으로 추정한 값이지만 말하고자 하는 바를 이해하는 데는 지장이 없다고 본다).

을의 경우 국가에 매월 37만 원씩 더 내니 쓸 수 있는 돈이 갑보다 17만 원이 더 적다. 게다가 보육료 지원을 생각하면 더 억울하다.

정부의 보육료 지원 금액을 대략 중간치로 생각하면 매월 25만 원, 연간 300만 원, 6년간(만 6세가 되기 전까지) 1800만 원이나 된다. 국가에 내는 돈은 갑보다 을이 6년 동안 2664만 원을 더 내는데 을은 아무런 보상을 못 받는다.

물론 위에서 갑의 경우 은행대출금의 원금과 이자는 돈 많은 부모님이 적정한 수준에서 해결해준다는 전제를 깔고 있다.

갑과 같은 경우가 그렇게 많으냐고? 그렇지 않으면 많은 사람들이 젊은 나이에 어떻게 집을 보유하거나 비싼 전세자금을 가지고 있는지 모르겠다. 은행대출을 받아서 그럴 수 있다고? 월 수입에 비해 과한 대출이 아닌가?

어쩌면 드러나는 소득은 250만 원이고 실제 소득은 그보다 훨씬 많은 자영업자일 수도 있다.

건물을 소유하고 있는 부모 가운데 자식들을 건물관리 관련 회사에 직원으로 등록시켜 놓고 적절한 급여를 책정해놓고 주기도 한다. 자녀의 급여를 비용처리할 수도 있고 자녀에게 적절한 정부의 지원을 받게 할 수도 있다. 그리고 편법으로 증여세를 피할 수도 있다. (불법이 아닌 이상 어쩔 수 없다. 그러나 당신이 부자인 부모도 없는데 정부 지원도 못 받으면 억울하지 않겠는가?)

을과 같은 경우를 살펴보자. 가진 재산이 없어 월급이 적을 때는 전세 자금도 없어서 결혼도 못하고, 부모님께 생활비를 보내드리고 저축하느라 고생하였다(이 경우가 앞에서 카드 사용에 따른 공제를 못 받는 경우다). 과장쯤 돼서 결혼하니 월급이 많다고 지원도 못 받는다.

돈이 없어 유학을 가지 못하고 국내에서 박사학위를 받은 사람들도 종종 그렇다. 요즘에 경제적으로 여유가 있는 사람이 누가 고생

스럽게 공부하겠는가?

월급이 450만 원보다 적어도 지원받지 못하는 경우도 많이 있다. 예를 들어 월급이 350만 원인데 월세 살고 주택마련 자금으로 5천만 원을 저축해놓았다면 저축금에 대한 소득인정액이 104만 원이 되기 때문에 지원 대상에서 제외가 된다.

저축하지 말란 소리다. 대출과 같은 편법도 기댈 데가 있는 사람들이나 할 수 있다.

세금을 많이 내는 시민의 아이는 대한민국의 아이가 아닌가?

앞에서 보육료 지원에 대해 얘기했는데 그것은 보육시설을 이용하는 아동에 대한 지원이다. 즉 아이를 집에서 키울 경우에 해당하는 지원은 아닌 것이다.

보육시설에 보내면 지원해주고 그렇지 않으면(보육시설에 보낼 여건이 안 되면) 지원이 없는 것에 대한 비판이 있자 정부는 2009년 7월부터 24개월 미만의 아이가 있지만 보육시설을 이용하지 않는 차상위이하계층(최저생계비 120% 이하)의 가정에 대해 매월 10만 원씩 양육수당을 지급하였다. 2011년에는 차상위이하계층의 36개월 미만의 아이에 대해 연령에 따라 20만 원, 15만 원, 10만 원으로 차등 지급한다. (양육수당을 지원받는 대상에 대한 불만이 있자 정치권에서는 여야 합의로 2011년부터 양육수당 수혜자를 소득하위 70%까지로 확대하려 하였으나, 여당 단독으로 서둘러 처리한 2011년 예산에서 그에 필요한 예산이 빠져버렸다.)

보육료 지원이나 양육수당이나 정부의 정책은 소득인정액을 기준으로 지원 대상을 결정하고 있다. 소득인정액이 합리적인가 하는 점은 차치하고라도 그러한 기준에 의해 지원 대상을 결정하는 것이 과연 공정한 것인지 생각해보자. 소득하위 70%만 지원해준다면 그 나머지 30% 가정의 아이는 대한민국의 아이가 아닌가?

물론, 어려운 가정부터 지원해준다는 의미는 있다. 그러나 기초생활에 대한 지원은 따로 있다. 아이를 보육기관에 보내는 것이 기초생활 보장에 해당하는 것인지는 의문스럽다. 아이의 양육에 대해 국가가 지원하려면 모든 아이에 대해 동등하게 지원해야 한다. 그 아이들 모두가 대한민국 미래의 기둥이다. (그동안 정부의 양육에 대한 지원이 저출산을 극복하는데 전혀 효과가 없었다면서 아이를 키우기 어려운 저소득층보다는 오히려 출산의 가능성이 높은 중산층을 지원해야 된다는 의견도 있다.)

지원 대상이 80%이건 90%이건 제외되는 대상이 있는 건 마찬가지다. 갈등을 야기시키지 말자. 이 경우 제외되는 대상은 대부분 세금을 많이 내는 사람들이다. 세금은 많이 납부하고 보상은 없는 것이 공평하다고 생각하는가? 당신이라면 세금을 내고 싶겠는가?

극단적으로 상위 1%인 부유층만을 제외한다고 하자. 사회가 그들에게 해준 것이 하나도 없으면서 나중에 어떻게 그들에게 '가진 자의 의무' 를 요구할 수 있겠는가?

보육료 또는 양육수당 등으로 구분하지 말고 그냥 정부의 양육비 지원이라는 개념으로 6세 미만의 모든 아이들에게 일정한 액수를 지원하자. 이것이 과연 가능할까?

일단은 지금의 재원을 가지고 함께 나누면 된다. 그게 얼마나 되는지 한번 살펴보자. 2009년 만 6세 미만의 아동 269만 명 중 정부의 지원금을 받은 아동은 115만 명으로 전체의 42.7%이다. 2010년에 정부와 지방자치단체에서 어린이집과 유아원 비용지원금으로 잡은 예산이 3조 8천억 원에 이른다. 이를 269만으로 나누면 일인당 141만 3천 원이 된다(자료: 매일경제, 2010.06.10, A6면).

6세 미만의 아동에게 매월 12만 원 정도를 지원해줄 수 있는 것이다. 저소득 계층이 불만을 가질 거라고? 주위의 눈치를 보며 지원금을 받느니 당당하게 함께 받는 것이 낫지 않을까?

한편으로는 이것이 그동안 소외되어 왔던(아이를 보육 기관에 맡길 수 없었던) 저소득층을 위한 것이기도 하다. 미혼모와 조손 가정의 경우에 특히 그렇다.

시골에 사는 노인들에게 자식을 맡기고 그냥 떠나버리는 사람들도 있다고 한다. 아마 자신들의 삶도 지탱하기 힘들어서일 것이다. 이 경우 아이들을 보육기관에 보낼 여건도 안 된다. 더욱이 경제능력이 있는 자식이 있다는 이유로(연락도 잘 안 되는 자식인데…) 양육수당 지원 대상에서 제외된다.

현실적으로 모든 경우를 다 생각한 지원제도를 만들 수는 없다. 그냥 상황이 어떻든 아이를 키우고 있는 사람들에게 일정한 액수의 양육수당을 주면 된다(한편으로는 이것이 중산층의 국내입양 활성화에 도움이 될 수도 있다).

자, 이제 지원금을 늘릴 수 있는 방법을 생각해보자. 간단하게 앞의 노인에서와 같이 6세 미만의 아동에 대한 인적공제를 없애는 것을 생각해볼 수 있다(이것은 소득이 많은 사람일수록 부담이 크게 되는 것이다). 2008년 연말정산에서 취학 전 아동에 대한 인적공제만 3조 9109억 원이라고 한다. 세율에 따라 실제 세금공제액은 다르겠지만 4693억 원 정도로 추산한 것(매일경제, 2010.06.10)이 있다. 더욱이 2009년도에는 인적 공제금액이 1인당 150만 원으로 50만 원이 증가하였고 보육시설 이용료에 대한 공제도 확대하였다고 하니 단순 계산으로 2009년에는 2008년보다 세금 공제액이 1.5배 이상 증가했을 것이다.

이것은 소득이 많은 사람(실은 소득세를 많이 내는 사람)들이 부담하는 것이니, 그들에게도 양육수당을 주는 대신 아이에 대한 공제를 없애면 된다.

그 밖에도 6세 미만의 아이를 가진 모든 가정에게 일정한 금액을 지원하게 되면 그동안 지원 대상 여부를 파악하기 위하여 들어간 비용도 줄일 수 있고, 보육기관에 부당하게 지급된 지원금도 없앨 수 있어 상당한 금액이 확보될 것이다.

한편으로는 그동안 아무런 효과가 없었던 수많은 형태의 출산장

려금을 모두 보육수당에 통합 운영할 수도 있다.

마지막으로 최근에 여야의 논쟁이 시끄러운 초·중등학생들의 무상급식 문제를 살펴보자. 많은 사람들이 전면 무상급식의 취지에는 동의하는 것 같은데 재원이 문제인 것 같다. 이미 어느 정도의 예산을 확보해 곧바로 실행하려는 지자체(지방자치단체)도 있고, 지자체의 장과 지방의회 간에 예산문제로 갈등이 심화된 곳도 있다.

전면 무상급식의 시행을 반대하는 사람들은 부자들의 급식비도 대줄 필요가 있냐는 논리를 편다. 이 사회에서 부자들은 너무나 무시를 당하고 있는 것 같다. 아마 그동안 이 사회가 공정하지 못했기 때문이기도 할 것이다.

어쨌든 부자와 가난한 사람이 함께 조화롭게 사는 사회를 만들기 위해서 부자와 가난한 사람을 편 가르지 말자. 아이들의 급식의 경우 모두 무상으로 주자.

누군가는 이렇게 묻고 싶을지도 모른다. "무슨 얘기를 하는 거냐? 돈이 문제라고 하지 않았느냐?"

그래, 재원이 문제다. 그런데 무상급식에 필요한 자금을 모두 지자체에서 부담할 필요는 없다. 중앙정부가 일정액을 부담해주면 된다. 중앙정부는 그 돈을 부자에게서 걷으면 된다. 현명한 독자는 눈치챘을 것이다.

그렇다. 양육수당의 개념을 초·중 학생들에게까지 확대하면 된다. 그 금액은 급식비에 해당하는 매월 5만 원 정도로 하고, 그 일부는 그동안 무상급식에 사용해왔던 예산을 가지고 지자체가 부담하고 나머지는 중앙정부가 지원하면 된다.

방법은 앞에서와 마찬가지로 초·중등 자녀의 인적공제를 없애면 된다. 그것이 부족하면 부자들에게만 혜택이 되었던 해외 유학비용에 대한 소득공제 등을 없애면 된다. 방법은 많이 있다.

한편으로 초·중 학생의 경우 양육수당을 부모에게 직접 주는 것보다는 급식비로 먼저 지급하고 차액을 연말에 한꺼번에 주는 방법도 고려해볼 만하다. 그래야 급식비에 대한 학부모의 감시가 있을 것이다. 다만, 결식아동의 경우에는 방학 동안에도 지원하는 방법을 찾으면 된다.

합리적인 방안들을 찾아야 한다

정부의 수많은 형태의 지원 방법들을 보면 불합리하게 생각되는 것들이 많이 있다. 그 가운데 지금까지 언급되었던 소득인정액이라는 것과 구간별 지원이라는 형태를 간단히 살펴보자.

물론, 기초노령연금과 양육수당의 경우, 모두에게 동일한 액수의 지원금을 주면 별다른 문제가 없다. 그러나 소득인정액이라는 것과 구간별 지원이라는 개념이 필요한 곳도 있을 것이니 개선점을 생각해보자는 것이다.

소득인정액은 주로 저소득층 판정을 위한 곳에 사용되는 것으로 보인다. 따라서 가능한 한 능력에 비해 과한 소비 행태를 지양하도록 하는 것이 바람직할 것이다. 일반재산의 환산율과 금융재산의 환산율이 서로 다른 것도 나름대로 전문가들이 모여서 만든 것일 터이니 여기에서 간략하게 검토하기에는 다소 무리가 있다. 그렇지만 빚을 져서라도 주택을 마련하려는 행태를 지양하기 위하여 부채의 반영비율을 어느 정도 감소시키는 것과 저축을 장려하는 입장에서 금융재산에서도 일정부분의 기초공제액을 두는 것을 고려해볼 수는 있을 것이다.

자동차의 경우 배기량 2000cc가 넘는 것은 준대형차 이상 급이다. 기존의 2000cc 미만의 경우도 중형차까지 포함되는데 언론의 지적 때문에 단숨에 2500cc 이하로 바꾸어버린 것은 재검토의 여지가 있어 보인다. 정부의 지원을 받아 생활해야 하는 사람들이 준대형차를 타면서 남에게 과시할 이유가 있을까? 정부의 지원을 받고 싶으면 중형 중고차로 바꾸면 되지 않는가?

물론 차량 가액의 소득인정액 비율도 적절히 조절해야 할 것으로 보인다.

구간별 지원의 문제점에 대한 설명을 위해 기준 기초노령연금의 지원체계를 살펴보자(정부의 지원 형태 가운데 그나마 가장 간단하다).

2010년 12월 현재의 노인 단독가구의 소득인정액에 따른 연금액은 다음과 같다.

소득인정액	연금액
62만 원 미만	9만 원
62만 원 이상~64만 원 미만	8만 원
64만 원 이상~66만 원 미만	6만 원
66만 원 이상~68만 원 미만	4만 원
68만 원 이상~70만 원 미만	2만 원

문제점이 보이는가?

선정 기준액을 72만 원으로 놓고 그 차액을 보상하려는 의도로 만든 것 같다. 그런데 69만 9천 원을 버는 사람은 2만 원을 받고 그보다 천 원을 더 버는 사람은 지원이 전혀 없다. 이러한 것은 모든 구간의 경계점에서 나타난다. 즉, 67만 9천 원을 버는 사람은 4만 원을 받고 그보다 천 원을 더 버는 사람은 2만 원을 받는다. 다행스럽게 그 차이가 그다지 크진 않지만, 옆집에 사는 친구는 8만 원을 받는데 나는 천 원 차이로 6만 원만 받으면 억울할 것 같다. 1년이면 24만 원이나 옆집 친구가 더 받는다(물론 내가 더 버는 천 원을 고려하면 여기에서 1만 2천 원은 빼도 된다).

그럼 어떻게 해야 할까?

간단하게 생각하면 기준액인 72만 원에서 소득인정액과의 차액을 지급해주고, 지원금액의 최고액을 9만 원으로 제한하면 된다. 이를 위한 프로그램을 개발하면 계산은 별로 어렵지 않다.

소득인정액이 71만 9천 원인 노인이 천 원을 받기 위해 신청을 할 것인지는 생각해봐야 한다. 아마 치사해서 안 받으려 하는 사람이 더 많을지도 모른다. 그래도 1년이면 1만 2천 원이니 모아서 한 번에 주는 방법도 있다.

노령연금의 경우는 그나마 구간별 차이가 적지만 보육료 지원의 경우는 문제가 다르다. 특히 2011년부터 월소득인정액이 450만 원 이하는 전액을 지원받고, 그것을 1원이라도 초과하는 가구는 지원을 전혀 못 받는다는 것은 그 경계선에 있는 사람들에게 편법을 쓰라고 요구하는 것과 같다.

편법을 안 쓴다고 누가 인정해주는가? 지금의 우리 사회에서는 오히려 고지식하다고 무시당할 것이다.

결국 편법을 쓰는 사람이 받을 수 있는 혜택을 줄일 수밖에 없다. 간단한 대안을 생각해보자.

지난 2010년까지 보육료 전액을 지원받았던 대상은 4인 가족 기준 월수입 258만 원이었다. 그에 따라 먼저 월수입 300만 원 이하는 전액지원하고 300만 원 초과 500만 원 이하는 차등 지원하기로 했다고 하자. 지원금 최고 액수를 20만 원이라고 할 경우, 월수입이 300만 원을 넘는 경우 20만 원에서 {(월수입-300만 원)/10}의 액수만큼을 차감하는 방식을 쓸 수 있다. 여기에서 10은 지원금 20만 원과(500만 원과 300만 원과의 차액) 200만 원과의 비율이다.

위의 설명은 차등지원이 필요한 경우 구간별 지원 체계의 문제점을 조금이나마 해결하기 위한 방법일 뿐이고 지원 대상을 결정하기 위한 본질적인 문제는 그대로 남아 있다. 위의 보육료의 경우 지원금이 0원인 대상을 월수입 500만 원 이상으로 할 것인지 천만 원 이상으로 할 것인지 하는 문제가 남아 있는 것이다.

정부의 모든 지원금을 모든 사람에게 동일하게 줄 수는 없다. 하지만 기초적인 노령연금이나 양육비 지원 같은 것은 동일하게 지원해줄 것을 재차 강조한다.

한편, 구간별 지원금의 차등이 커서 (편법을 유도하는 것 외에도) 발생하는 또 다른 문제는 스스로 소득을 올리려 노력하지 않는다는 점이다. 기초수급자에서 차상위계층으로 올라가면 급여혜택만 7개는 사라지고, 차상위계층을 벗어나면 더 많은 혜택이 사라진다. 소득을 올리는 것보다 사라지는 지원금이 더 많은데 누가 더 벌려고 하겠는가?

"최저생계비 이상 벌면 정부 지원금 사라져… '기초수급자 남겠다' 28만 명" – 동아일보, 2010.09.30, A5면.

이러한 것을 예방하기 위해서는 제안한 방법과 같은 기초적인 것은 모두에게 동일하게 지원해주고 차등을 두는 경우도 계단식이 아니라 연속적인 감소형태로 바꿔야 한다.

부담만 지고
혜택은 없는 나라

보건복지부는 매년 의료급여 대상 확대를 발표하면서 마치 자신들이 주는 혜택이 늘어나는 것처럼 얘기한다. 그러나 실상은 매년 6% 정도씩 건강보험료를 올려 시민들의 부담을 가중시키고 있다. 2011년 직장인의 경우 사용자와 근로자가 각각 2.82%씩 부담한다(이제는 건강보험료 급여액이 정부의 소득세 수입에 육박해가니 그 용도에 대해 더욱 철저한 감시가 요구된다).

국민건강보험공단에서는 일정한 기준에 해당하는 건강보험 수급자에게 2년에 한 번씩 건강검진을 받도록 하고 있다. 공단에서는 40세 이상의 경우 위암 검사, 50세 이상의 경우 대장암 검사의 비용을 90% 지원해준다.

젊을 때야 별문제가 없지만 나이가 들어 갈수록 염려스러운 것이 많아진다. 어떤 때는 복부초음파를 해보고 싶을 때도 있고, 골밀도 검사나 MRI 촬영을 해보고 싶을 때도 있다(한국인 40대 이상 절반이 '무증상 뇌경색' 이라고 한다).

그러나 비용 때문에 망설여진다. 1년에 수백만 원의 건강보험료를 내면서 몇만 원에서 몇십만 원의 검진비용 때문에 고민해야 한다니 조금은 화가 난다.

1년에 서너 차례 병원에 간다. 큰 병은 아니라고 생각하지만 그냥 참자니 너무 아프다. 서너 차례의 병원으로 몇만 원의 비용(진료비와 약값)을 내야 한다. 내가 낸 건강보험료는 다 어디로 갔을까?

자식이 없는 사람의 경우 직장에서는 월급에 따른 건강보험료를 내야 하고, 퇴직 후에는 재산에 따른 건강보험료를 내야 한다. 자식이 없으니 피부양자가 될 수도 없다. 수십 년 직장 다니면서 낸 수천만~1억 원에 가까운 건강보험료가 아깝다.

위의 이야기는 성실하게 건강보험료을 내고 있는 관리직에 있는 직장인의 의식을 나타낸다.

1종 수급자는 병원에 갈 경우 본인부담금이 거의 없다. 그들은 대부분 건강보험료를 내지 않거나 적게 낸다. 그런데 성실하게 보험료를 내는 가입자에게는 기본적인 혜택도 없다. 보험료를 내고 있는 가입자에게 1년 동안 자기부담금 5만 원 정도까지는 무료로 해줄 수 없을까?

건강보험제도, 이대로 유지가 될까?

우리나라의 건강보험제도는 우수한 편이라고 평가받고 있다. 그런데 그것은 지금까지의 일일 수도 있다. 급여 대상을 확대하면서 시민의 부담을 계속해서 증가시킬 경우 어느 순간에 저항이 일어날지도 모른다. 민영의료보험 얘기들이 나오는 것을 보면 고액의 보험료를 부담하는 사람들의 불만이 점차 임계점 가까이에 가고 있는 게 아닌가 하는 생각이 든다.

개인적으로는 민영보험보다는 모든 사람이 가입해야 하는 지금의 제도가 바람직하다고 본다. 그런데 지금처럼 방만하게 운영되다가는 언젠가는 시스템 자체가 붕괴될까 염려스럽다. 현재의 시스템이 유지되기 위해서는 부자와 가난한 사람들이 조화를 이룰 수 있도록 해야 한다. 어느 한쪽에만 혜택이 편중되어서는 안 된다.

참여정부 때 보건복지부 장관이었던 유시민이 『대한민국 개조론』에서 의료급여제도의 혁신을 이야기하고 있다. 그 책에는 2005년 1년 동안 2287회 병원에 간 사람과 의료급여 14억 원을 사용한 30대 혈우병 환자의 이야기가 나온다. 그리고 연간 급여일수(진료+투약 횟수)가 365일을 초과한 사람이 38만 5천 명, 1100일을 넘는 사람이 2만 5천 명이라고 한다. 그렇게 이해하기 힘든 일이 발생한 가장 큰 이유로 자신이 비용을 전혀 부담하지 않는 무상의료 때문이라고 보고 있다. 그에 따라 본인부담금과 병원선택제 같은 제도를 도입해 효과를 보았다고 한다.

물론 앞으로 더 개선해야 할 점이 많이 있겠지만 여기에서는 위에서 말하기 힘들어했던 지나치게 많은 금액을 사용한 경우의 이야기를 하고자 한다. 물론 힘든 이야기고 비난받을지도 모르겠다. 그러나 누군가는 이야기해야 될 문제이고 독자들도 함께 고민해야 될 문제라고 생각한다.

앞의 책을 보면 2006년도의 의료 급여 예산이 3조 5천억 원 정도라고 나온다. 그런데 2009년도의 건강보험 급여비가 28조 9천억 원이니 3년 사이에 8배 이상 증가하였다(앞으로가 왜 걱정인지 알 것이다).

또한 2009년도의 1인이 사용한 진료비 최고액은 22억 247만 원(이 가운데 본인 부담금은 300만 원)으로 30대 혈우병 환자라고 한다(2005년도에 14억 원을 사용한 사람과 동일한 사람인지는 모른다).

22억 원이면 평범한 직장인이 평생 벌기도 힘든 돈이다. 또한 비용이 5만 원 정도하는 복부초음파를 4만 4천 명이 받을 수 있는 금액이기도 하다. 그런데 앞의 혈우병 환자가 사용한 22억 원을 다른 비용과는 비교할 수가 없다. 생명의 가치는 돈으로 환산할 수 없기 때문이다. 설사 복부초음파로 인해서 암의 증상을 미리 발견할 수 있었다고 해도 말이다.

그럼 다른 가정을 해보자. 우리나라의 자살률은 OECD 국가 중 1위이다(2009년의 경우 1만 5천여 명이 자살하였다). 그 가운데는 경제적 문제로 자살한 경우도 많이 있을 것이다. 만약 1억 원을 주면 자살하지 않을 사람이 적어도 22명은 돼서 앞의 22억 원을 1억 원씩 나누어주어 22명의 자살을 막았다고 하자. 1명과 22명, 어느 쪽이 더 가치가 있을까?

생명의 가치를 무한대로 보면 이 또한 두 경우를 비교할 수가 없다. 게다가 1억 원으로 자살을 막을 수 있는지도 불확실하다(그래도 22억 원으로 적어도 2명 정도는 살릴 수 있지 않을까 싶다).

사실은 우리가 이 문제로 고민할 필요는 없다. 그러나 건강보험의 운영책임자는 고민해야 한다. 그에게는 이것이 생명의 문제가 아니라 자원배분의 공정성문제이기 때문이다.

의료보험 운영자는 모든 사람에게 동일한 혜택을 줄 수 없다. 자금이 제한되어 있기 때문이다. 그래서 가난한 사람들에게 먼저 무상의료 혜택을 주기로 했다. 여기서 한번 물어보자. 사람의 생명이 가난할수록 더 중요한가?

그동안 정부가 모든 혈우병 환자에게 동일하게 지원해준 것도 아니다. 지금까지 혈우병 치료제 일부의 급여를 1983년 1월 1일 이전 출생자에게는 제한해왔다. 1983년 1월 1일 이후에 태어난 사람의 생명이 그 이전에 태어난 사람의 생명보다 중요해서일까? 그 기준의 정당성은 차치하고 정해진 자원을 어떻게 배분할 건지는 결정해야 했던 것이다. 나이 많은 혈우병 환자들에게는 다행스럽게도 위의 연령제한을 2013년에는 철폐한다고 한다.

그러나 앞으로 건강보험의 재정부담은 점점 늘어날 것이다. 이제 좀 더 합리적인 지원체계를 갖춰야 한다. 무료급여의 무한정 지원이 아니라 꼭 필요한 치료만 지원해주어야 한다. 어쩌면 지원 금액의 한계를 두어야 할지도 모른다. 국가가 모든 걸 책임질 수는 없는 것이다. 안 그러면 지금의 건강보험 자체가 붕괴될 수도 있다.

솔직히 필자는 혈우병에 대해 아는 바가 별로 없다. 단지 혈우병 환자라도 출혈이 없으면 일상생활에 지장이 없고 치료제라는 것도 일시적인 효과만 있다고 알고 있을 뿐이다. 필자의 지식과 정보로는 위의 22억 원의 정당성(진짜로 생명과 직접적인 관련이 있는지) 여부를 알 수 없다.

납세자를 위한 정책을 개발해야 한다

지난 2007년 모 방송사에서 방영한 세금 관련 토론을 본 적이 있다. 그중에 방청객인 한 20대의 젊은이가 했던 말이 기억에 남는다.

"제가 내는 세금이 아깝습니다. 정부가 세금을 걷어 우리에게 해준 것이 무엇입니까?"

그 말을 들으며 세금을 많이 내지도 않는 젊은 사람이 저러는데 세금을 더 많이 내는 사람들은 어떻겠느냐고 생각한 적이 있다(지금 생각해보니 소득이 많은 젊은 사업가일 수도 있겠다).

어쨌든 그 젊은이의 말이 맞다. 지금까지 얘기해왔던 것처럼 우리나라에서는 세금을 많이 낼수록 불이익만 많다. 물론 세금이라는 것이 직접적인 대가 없이 정부가 가져가는 돈이다. 따라서 세금을 많이 냈다고 직접적으로 보상해줄 수는 없다. 그러나 국세청에서는 "세금을 내주셔서 감사합니다"라는 메일이라도 보내주었으면 한다.

위의 말은 정부가 세금을 내는 국민들에게 고마움을 느끼고 있다는 것을 알게 해주라는 것이고, 실제적으로는 세금을 낸 국민에게 세금의 혜택을 느낄 수 있는 정책을 개발해야 한다.

사실은 지금까지 얘기해 왔던 '사병의 경제적 보상' 문제와 '기초노령연금과 양육수당의 일괄적 지급' 문제 등이 모든 국민들이 세금의 혜택을 직접적으로 느끼게 해주자는 의미가 포함되어 있었다.

그 밖에도 정부의 재정적 부담 없이 납세자들이 납세한 것에 대한 혜택을 느끼게 해주는 방법을 생각해보자.

지난 2005년 아산에 있는 모 임대아파트의 조기분양 문제로 입주자들 사이에 분란이 있었다. 그 당시는 정부의 지원으로 지방에 많은 공공임대아파트가 지어졌으나 건설사의 고의적 부도 등으로 수많은 입주자들이 피해를 입고 있던 시기였다.

위 아파트도 건설사가 금융기관에서 대출받은 금액에 대한 이자도 갚지 않고 있는 상태로 금융기관에서 해당 아파트에 대하여 법원에 경매를 신청할 것이라는 얘기가 나도는 등 입주자들이 불안해하고 있었다. 그런데 어느 날 갑자기 건설사가 돌아왔다. 아마도 인근에 입주를 시작한 삼성전자 관련 회사들과 아산 신도시 건설 계획에 따른 반사 이익이 있을 거라고 생각했는지 모른다.

건설사가 돌아와서 한 일은 나가기를 원하는 사람과 입주자격이 없이 거주하고 있던 사람들의 일부에게 전세금을 돌려주고 나가게 만든 것이었다. 그리고는 해당 가구들을 임대사업자에게 팔아버렸다(원래 공공임대아파트의 일반 분양은 입주 5년 뒤에 가능하게 되어 있으나 임대사업자에게는 그 이전에라도 팔 수 있었다).

비록 건설사가 돌아오기는 했지만 입주자들에게는 여전히 불안한 마음이 남아 있었다(타 지역의 공공임대아파트들이 일반분양이 시작되기도 전에 건설사가 부도나는 바람에 전세금 문제로 사회문제가 되고 있었다). 그런데 건설사에서 솔깃한 제안을 했다. 일반분양 가능 시점이 되기 전에 입주자와 건설사와의 개별적인 계약으로 분양해 주겠다는 것이다. 그 아파트에 대한 대출금을 부실채권으로 해놓았던 금융기관도 개인대출로 전환하는 것이 낫다고 여겼는지 분양받을 경우 국민주택 기금대출을 해주겠다고 했다.

입주자들 사이에 갈등이 발생했다. 건설사가 제시한 분양가격에 계약을 해서 분양을 받겠다는 사람들과 일반분양을 해야 분양가가 낮아질 거라며 개별분양을 방해하겠다는 사람들이 생긴 것이다. 그런데 건설사가 일반분양을 할 거라는 보장도 없었다(임차인이 분양전환을 신청할 수 있는 권리는 차후에 생겼다).

대부분의 입주자들이 앞으로 건설사가 어떻게 될지 모르기에 개별분양에 동의했다. 그런데도 끝까지 분양을 반대하는 사람들이 있었다. 주로 노인들이었다. 그분들에게 왜 반대하시냐고 여쭤보았더니 분양비용이 부담된다고 하셨다.

분양가에서 전세금을 제외한 나머지는 모두 금융기관에서 20년 장기대출을 해주기로 했다. 매월 부담해야 할 돈은 원금과 이자를 합쳐 20만 원 이내였다. 그리고 주변 여건상 월세로 임대해 줄 경우 매월 30만 원을 받을 수 있었다.

노인들에게는 20만 원이 부담될 수도 있다. 그런데 대부분의 노인들이 혼자 살고 계셨다. 그래서 또다시 여쭤보았다. 두 분이 한곳에 사시고 한 곳은 월세를 받으면 어떠시겠냐고? 그랬더니 이 나이에 어떻게 남하고 같이 사냐고 하신다.

뭔가 이상했다. 20만 원이 부담된다는 분들이 방이 2개씩 되는 아파트를 혼자 쓰셔야 한다고 우긴다. 차후에 들은 얘기는 이랬다. 그 노인들 대부분이 분양자격이 없는 분들이란다. 그래서 분양이 시작되면 자신들이 나가야 될까봐 반대하는 것이었다. 건설사에서는 입주자격이 없는 분들이라고 나가라고 해도 버티고 있었다.

회사야 누구한테든 분양대금만 받으면 되니 그냥 현재 살고 있는 사람에게 분양하면 되는 것 아니냐 했더니 노인들이 이를 거부한다는 것이다. 임대아파트를 분양받으려면 주소를 이곳으로 옮겨야 하는데 옮길 수 없다는 것이다. 한 분에게 들은 얘기는 자신의 주소는 성남에 있는데 판교신도시에 신축되는 아파트를 분양받기 위해서 주소를 그냥 두어야 된단다. 장관후보자들도 불법으로 주소지를 마음대로 하는데 이분들에게 뭐라 하겠는가?

이렇게 장황한 얘기를 했던 이유는 아파트 분양방법에 대한 이야기를 하기 위해서다. 지금은 미분양되는 아파트도 많이 있지만 예전에는 아파트 분양에 당첨되는 것이 복권에 당첨되는 것처럼 불로소득을 얻을 수 있는 기회로 여겨졌던 때가 있었다(지금도 강남이나 서초의 보금자리주택의 경우 '로또 분양'이라는 얘기가 나온다).

기본적으로 무주택자가 청약저축에 가입한 지 2년이 되면 아파트 청약 1순위가 된다. 그 밖에 지역이나 공급주택의 특성에 따라 다양한 조건이 더해진다.

그런데 이러한 청약 자격들은 해당 주택을 구입할 능력이 안 되는 사람들도 분양받을 수 있게 해서 인기 지역의 경우 아파트 분양 당첨이 마치 복권 당첨처럼 여겨지곤 했다. 물론 전매금지 기간과 같은 다양한 규제를 가하긴 하지만 편법을 쓰면 그만이다. 3자녀 특별분양의 경우 무주택자인 환경미화원에게 다른 사람의 아이를 입양시켜 인천 송도의 54평형 아파트에 신청하게 만들어 당첨된 후 1억원 가까운 웃돈을 받고 되팔게 한 브로커도 있었다. 장애인을 위장 전입시켜 동탄 신도시에 아파트 4채를 분양받은 뒤 되판 사람도 있고, 장애인 특별분양 제도의 허점을 이용해 4년 동안 19차례나 아파트를 분양받았던 장애인도 있었다.

대부분의 조건이나 규제들이 편법을 쓰면 혜택을 받을 수 있는 것은 문제가 있다. 그러한 조건들 말고 (공익을 위한) 세금을 낸 사람들에게 혜택을 주는 방법을 찾아보자. 예를 들어 과거 5년간의 소득세 납세 평균액이 각각 200만 원 이상인 사람은 20평형대, 300만 원 이상인 사람은 30평형대, 400만 원 이상인 사람은 40평형대, 500만 원 이상인 사람은 50평형대 이하의 아파트 청약에 1순위를 부여하는 것이다.

부자만 혜택을 주자는 거냐고? 부자에게 혜택을 주자는 것이 아</p>

니다. 재산세가 아닌 소득세를 많이 낸다고 부자는 아니다. 드러나는 소득도 없으면서 아파트 청약으로 불로소득이나 보려는 사람보다는 실제 아파트를 구매할 능력이 되고 납세한 사람들에게 혜택을 주자는 것이다.

물론, 사회적으로 갈등의 소지가 있다면 소득세를 내지 못하는 사람들을 위한 또 다른 배려는 만들 수 있다. 저소득층을 위한 임대 아파트도 있고, 납세액에 의한 1순위는 분양 세대의 50%만 적용할 수도 있다.

이러한 방법을 사용하면 편법을 쓰려는 자들은 미리 5년간 열심히 소득세를 내야 한다. 또한 자신의 소득 없이 부모님의 자금으로 아파트를 분양받는 것도 예방할 수 있다.

제안한 방법이건 현재의 방법이건 신규 아파트를 한 번 분양받은 사람은 적어도 15년 이상은 (청약 미달인 경우를 제외하고) 아파트 청약 자체를 제한해야 한다. 그래야 아파트 청약이 복권 당첨처럼 되는 것을 조금이라도 막을 수 있을 것이다.

납세자를 위한 다양한 정책을 개발해야 한다. 그래야 세금을 낸 보람을 느끼지 않겠는가? 세금을 많이 내는 사람도 국민이다. 그것도 국민의 4대 의무 중 하나인 납세의 의무를 성실히 수행하는 선량한 국민이다.

국세청은 인터넷으로 세금을 신고할 수 있는 홈택스를 도입하는 등 납세자의 편의를 위한 많은 노력을 하고 있다. 그럼에도 불구하고 앞으로도 개선의 여지가 있는 곳이 많을 거라고 생각한다.

첫 차를 산 지 벌써 20년이 되었다. 당시에 차에 관한 세금이나 등록과정에 대해 아무것도 몰라 자동차 영업사원에게 모든 것을 맡겼고 나중에 그 사람을 통해 등록대행업체에서 발행한 간이 영수증을 받았다. 그러고 나서 몇 년간 그 차를 잘 타고 다녔다.

차를 산 지 5년 가까이 되었을 때 자동차 취득세 미납통지서가 날아왔다. 번호판을 붙이고 잘 타고 다니는데 세금미납이라니? (지금은 취득세를 안 내도 차량 등록이 된다는 것을 알고 있다. 그런데 왜 그런지는 모르겠다.)

아무리 뒤져도 취득세 영수증을 찾을 수 없었다. 애초부터 없었던 건지 분실한 건지도 모르겠다. 세금을 안 냈으면 빨리 통지해줄 것이지 5년이 다 돼서 가산세와 함께 부과하다니! 과세담당자에게 전화를 했다. 왜 미납 사실을 빨리 알려주지 않았느냐고.

대답은 이랬다. 그동안 취득세 미납에 대한 조사를 안 하고 있었는데 감사가 다가와 과세 소멸시효가 가까운 것부터 일괄적으로 조사를 했다는 것이다. 참 훌륭한 공무원이다. 그 사람 때문에 가산세가 커져 정부수입이 늘어났을 테니 말이다.

취득세를 냈는지 안 냈는지도 확인할 수 없어 나한테 차를 판 영업사원을 찾았다. 중고차 매매업소로 직장을 옮겼단다. 전화로 취득세 미납 사실을 통보받았다는 얘기와 함께 등록대행업체에서 받은 간이영수증에는 취득세 부분이 적혀 있지 않아서 취득세 납부 여부를 모르겠다고 했다.

그리고 서로 간에 사실관계를 확인할 수 없으니 과세 금액을 절반씩 부담하는 것이 어떠냐고 했다. 실은 바라지도 않고 한번 해본 말이었는데 곧바로 절반에 해당하는 금액이 내 통장으로 입금되었다. 고마워했는데 나중에 생각해보니 의심스러운 점이 있었다.

그 일이 있은 지 얼마 후에 모 금융기관 여직원이 장기간에 걸쳐 자동차 취득세를 착복했다가 들통이 났다는 보도가 있었다. 빼돌린 금액도 상당했다. 연이어 여러 군데서 (금융기관, 자동차 영업사원, 심지어 세무공무원까지도) 자동차 취득세를 빼돌려 왔던 사실이 밝혀졌다. 모두들 그 당시 훌륭한 세무공무원의 업무방식을 알고 있었던 것이다(5년 동안은 적발되지 않는다).

지금은 위와 같은 일은 없을 것이다. 하지만 기본적으로 납세관련 영수증을 5년간 보관해야 한다는 것은 유지되고 있다. 그런데 꼭 그래야만 하는가?

아파트 관리비를 보면 미납액이 적혀 있어 미납액이 없는 사람은 마지막 영수증만 보관하면 된다. 모든 세금관련 영수증을 그렇게 만들 수는 없겠지만, 정기적으로 과세되는 자동차세나 주민세, 재산세 등에는 그동안의 미납액을 표시하여 미납액이 없는 사람들은 마지막 영수증만 보관하면 되도록 하자.

이것은 그 이전에 자신이 낸 세금이 제대로 처리됐는지 확인할 수 있는 방법이기도 하다. 그 외의 세금도 제대로 처리됐는지 납세자가 알 수 있도록 '납세 감사장'이라도 보내면 좋지 않을까?

지난 2000년 7월과 8월, 2001년 1월과 2월 여름방학과 겨울방학 동안 KAIST에 초빙교수로 간 적이 있다. 한 달에 250만 원씩을 받았고 매주 4일 정도 근무했다.

2001년 6월 소득세 자진신고기간에 추가적인 소득을 신고하러 천안세무서에 갔다(지금은 인터넷으로도 신고가 가능하다). 한 직원에게 물어보니 2000년 7월과 8월에 받은 500만 원에 대해 5만 원의 세금만 내면 된다고 했다. 아마 기타 소득으로 산정했거나 근로소득공제 같은 것을 이중으로 공제하지 않았나 싶다. 이럴 때는 아는 게 병이다. 그냥 모르는 척하고 5만 원만 내고 말면 될 것을 아니다 싶어 옆의 직원에게 다시 확인해줄 것을 요청했다. 그 직원은 100만 원 가량을 내야 한단다. 과세 고지서를 발급받아 은행에 가서 100만 원 가량을 내고 왔다(대전에 있는 과학원에 갈 당시 서울에서 살았기에 교통비가 많이 들어 세금 내고 실제로 남는 건 별로 없었다).

학교로 돌아와 주변 사람들에게 그 이야기(5만 원과 100만 원)를 했더니 모두들 왜 신고하냐고 했다. 신고 안 하면 세금이 안 나오는 경우도 많단다. 내가 바보 같다는 생각이 들었다. 그래서 2002년 6월에는 2001년의 추가소득 500만 원을 신고하러 가지 않았다(솔직히 세금을 안 내겠다고 생각한 것은 아니었다. 과세자료는 KAIST에서 국세청으로 통보가 됐을 것이다. 다만, 5천원이면 짜장면도 배달해주는데 받는 것도 없이 적지 않은 돈을 직접 가서 내야 하는 것도 싫었고, 혹시라도 세금이 5만 원만 나오지 않을까 하는 바람도 있었다).

그 뒤 세금통지서가 언제 오나 하고 기다리다 잊고 있었다. 그런데 3년쯤 됐을까? 드디어 소득세 미납통지서가 날아왔다. 기본 100만 원에 신고불성실 가산세와 납부불성실 가산세 등이 붙어 150만 원 가량의 세금이 부과되었다. 신고불성실 가산세야 각오한 바이지만 납부기한부터 미납고지일까지의 기간 동안 붙은 가산세는 조금은 억울했다. 자신들(세무 당국)의 업무가 늦어져 부담이 커진 것이 아닌가 싶다. 과세자료는 이미 3년 전에 통보가 됐을 텐데 말이다. 어쨌든 내 궁금증은 충족되었다. 세금은 100만 원이 맞았다. 따라서 이전에 낸 100만 원이 억울한 건 아니었다.

그런데 아직도 궁금한 것이 있다. 왜 장관후보자들의 경우는 자녀교육비 이중 공제나 소득액 탈루 같은 것이 후보자가 되기 전에는 밝혀지지 않는 것일까? 혹시 국세청에서 힘 있는 사람과 힘 없는 사람을 차별하는 것은 아닐까?

국회 청문회에서 장관후보자들은 대부분 세금을 내지 않은 이유를 '규정을 몰랐기 때문'이라고 한다. 장관이 되려는 사람들조차 잘 모르는 세무 규정이라면 고쳐야 되는 건 아닐까? 순진한 사람만 손해를 보는 조세제도는 문제가 있는 것이다.

높은 세율이 좋은 것이 아니라는 하나의 사례로 금에 대한 부가가치세(부가세)를 들 수 있다. 대부분의 국가가 밀수 등의 문제로 금에 부가세나 관세를 부과하지 않는데 반해 우리나라에서는 10%의 부가세와 3%의 관세가 부과된다. 그 결과 무자료 거래나 밀수 등으로 유통되는 물량이 전체의 60~70%에 달해 금 거래에 있어 정직한 사람이 상대적으로 손해를 보는 구조가 되어버렸다(정직한 사람은 보석 관련 사업을 하면 안 된다는 얘기다).

한편 국제경쟁력 차원에서 수출된 금지금(순도 99.5% 이상인 금괴나 골드바와 같이 화폐처럼 통용되는 금)에 대해 부가세를 환급해주는 제도를 만든 결과 내지도 않은 부가세를 받아가는 지능적인 범죄도 발생하였다(2008년에 적발된 것만 2조 원대이다).

지난 1997년 말 외환위기가 발생했을 때 우리나라의 선량한 국민들은 장롱 속의 금을 꺼내 금 수출에 동참하여 외환위기 극복에 일조를 하였다. 이와 같이 금은 환율정책에 있어 달러를 보유하고 있는 것 이상의 효과를 발휘할 수도 있다. 부정한 사람이 이익을 볼 수 있는 구조를 가진 금에 대한 높은 세율을 대폭 낮춰 정직한 사람들도 안정적인 자산 유지의 한 방법으로 금에 대한 투자를 할 수 있도록 해야 한다.

그 밖에 이자소득에 대한 종합소득세를 피하기 위한 수법으로 일본 국채를 보유하는 등 세율이 높으면 그것을 회피하기 위한 다양한 방법이 동원된다. 합리적이고 적절한 세율의 조정이 필요한 것이다.

합리적인 조세는 적절한 정책도구로 사용될 수 있다. 법인세율의 경우도 일방적인 인하보다 정규직 채용에 대한 정부의 지원을 위해 법인세액 계산 시에 정규직원 1명당 일정한 금액을 법인 소득에서 공제해주는 방법을 고려할 수도 있다.

지금까지의 세금과 지원제도에 대한 이야기를 읽고 부자들을 위한 제안이라고 생각하는 사람들도 있을 것이다. 소득세율을 낮춘다고 부자들을 위하는 건 아니다. 근로소득이 많다고 부자인 것은 아니다. 근로소득은 지속적으로 들어오는 수입도 아니다. 오히려 다양한 형태의 재산에 대해 적절한 과세제도를 만듦으로써 부의 편중을 억제할 수 있을 것이다.

필자는 대한민국이 가난한 사람들과 부자들이 조화롭게 사는 나라가 되길 희망한다.

교육에 관한 단상

　우리 사회의 가장 중요한 이슈 가운데 하나가 교육문제로 많은 사람들이 교육에 대하여 이야기하고 있다. 그러한 논의들이 융합되어 바람직한 교육제도에 대한 사회적 합의가 이루어지면 좋겠지만, 현실에서는 자신의 주장만을 내세워 오히려 갈등을 야기시키는 경우가 많다. 따라서 여기에서는 교육제도에 대한 또 하나의 논쟁거리를 제공하기보다는 현재의 시스템 하에서 좀 더 합리적인 방향으로 나갈 수 있는 방안들을 제안해보고자 한다.

촌지와 기부금

지난 1989년 교사들의 노동조합단체가 결성되어 1999년 전국교직원노동조합(전교조)이 합법화되기까지 "교사들은 노동자가 아니므로 노동조합은 구성할 수 없다"라는 말이 있었다. 현대 사회에서 교사라는 것도 엄연한 하나의 직업(생활의 수단)으로 일정한 자격을 갖춘 사람이면 누구나 선택할 수 있는 것이므로, 위의 말은 우스운 이야기일 수도 있지만 그만큼 교사라는 직업이 신성하다는 뜻을 내포하고 있기도 하다.

물론 교사라는 직업만 신성한 것은 아니다. 함께 살아가는 사회를 구성하는 데 필요한 모든 직업이 신성하다. 다만, 미래 사회의 주역이 될 인재들을 키운다는 점에서 교사라는 직업을 가진 사람들의 직업윤리가 더욱 중요시 될 뿐이다.

'촌지(寸志)'라는 것이 있다. 촌지의 사전적 의미는 마음이 담긴 작은 선물이라는 뜻인데, 일부 교사들의 경우 촌지라는 명목으로 학부모들에게서 돈 봉투를 받고 있는 것이 현실이다. 그 수가 많지는 않겠지만 이러한 행위는 사회 전체에 상당히 심각한 부정적인 영향을 끼친다. 반칙하는 사람이 대우받는 정서가 형성되는 것이다.

조선시대에는 벼슬을 마치고 낙향한 선비가 후학을 양성할 목적으로 보수와 관계없이 학문을 가르치거나, 수업료를 낼 수 없는 가

정의 아이들을 서당에서 무료로 가르치는 경우가 있었다. 이런 경우 스승에게 감사하다는 의미로 아이의 부모가 조그마한 선물이라도 가져다주는 것이 촌지의 진정한 의미였을 것이다.

그런데, 앞에서 얘기했듯이 현대 사회에서 교사는 직업이다. 즉, 자신의 일에 대해 합당한 보수를 받고 있다는 말이다. 이 경우 촌지란 자신의 아이를 잘 봐달라는 하나의 뇌물에 지나지 않는다. 역으로 말하자면 교사에게 공정하지 못한 행동을 하도록 요구하는 것이다. 만약 보수를 받지 않았던 조선시대 훈장이 받았던 것과 동일한 의미로 촌지를 받고 있는 교사가 있다면, 그런 교사에게는 급여를 지급할 필요가 없다.

서울시교육청의 경우 "교직원들은 직무관련자로부터 3만 원을 넘는 현금이나 선물, 식사 등을 받아서는 안 된다"라고 규정하고 있다. 그에 대해 일부에서는 거의 모든 선물이 촌지로 해석될 수 있다고 우려하기도 하는데, 자신의 자녀가 다니는 학교의 교사에게 금품이나 향응을 제공하는 행위는 당연히 금지되어야 한다. 다만, 스승에 대한 감사의 표시는 졸업한 뒤에 할 수 있을 것이다.

한편, 자신의 자녀가 다니는 학교의 발전을 위한 기부행위는 어떻게 해야 할까?

타인을 위한 자발적 기부야 사회적으로 장려해야 할 행위이지만, 자녀가 다니는 학교에 기부하는 경우는 그에 상응하는 대가를 바라는 것일 수도 있다. 따라서 그러한 기부에 대해서는 당연히 그 용도에 대해서 감시가 뒤따라야 된다. 마찬가지로 학교 운영위원회 같은 곳을 통해 학부모들에게 반강제적으로 기부금을 걷는 행위 또한 감시되어야 한다.

이와 같이 문제점을 내포하고 있는 학교에 대한 기부금은 학교의 재량에 맡기지 말고 교육청에서 관리할 것을 제안한다. 즉, 기부금의 수령 및 지출을 교육청이 담당하는 것이다. 만약, 기부금을 학교에서 직접 수령하였을 경우는 일정한(10일 정도의) 기간 내에 교육청에 신고 · 접수하도록 해야 한다. 이 경우 신고되지 않은 금액은 모두 부정행위로 간주해야 한다(일부 사립 초교의 경우 전학의 대가로 돈을 요구하기도 했다).

그리고 자신의 자녀가 다니는 학교에 지정 기부한 경우 기부금의 절반을 교육청에서 교육환경이 열악한 다른 학교에 지원하도록 규정을 만들자. 이것이 자신의 자녀가 다니는 학교에 대가를 바라고 한 것이 아니라 교육환경 개선이라는 기부의 본질적 목적과 부합할 수 있다. 아울러 이러한 것이 지역에 따른 교육환경의 편차를 줄일 수도 있을 것이다.

'사랑의 매'를 주장하는 사람들을 위한 대안

우리나라에서는 오랜 기간 동안 교육현장에서 체벌이 소위 '사랑의 매' 라는 이름으로, 훈육의 한 방법으로 인정되어 왔다. 그러나 '사랑의 매' 라는 것은 없다고 생각한다. 다만, 개인과 집단을 손쉽게 통제하기 위한 수단으로 사용되어왔을 뿐이다.

TV 프로그램 가운데 주로 동물과 인간의 교감을 중심으로 다루는 '동물 농장' 이라는 것이 있다. 그곳에서 가끔씩 행동에 문제가 있는 동물들의 이상행동을 어렵지 않게 교정하는 것을 보여주곤 한다. 이상행동의 원인은 다양하지만 주로 감정의 문제가 개입되어 있다. 그런데 이러한 동물들의 이상행동을 교정하는 데 있어서 매를 대지는 않는다. 이상행동의 원인을 이해하는 것이 기본이고, 그 바탕 하에서 바람직한 방향으로 변화시키기 위한 다양한 처방이 제시된다.

물론 사람과 동물은 같지 않다. 매를 맞을 경우 동물들은 그 이유를 이해하지 못해 저항하거나 두려움에 떨겠지만, 사람들의 경우 자신의 잘못 때문이라는 것을 이해하고 매를 수용할 수도 있다. 그러나 이러한 것이 사람을 때리는 것을 정당화시킬 수는 없다. 자신이 맞는 이유를 이해하고 수용할 정도의 사람이라면 매를 대지 않아도 자신의 잘못을 알게 할 수 있기 때문이다. 또한 자신이 맞는 이유를 이해할 수 없는 경우의 매는 '매질' 이외에는 아무런 의미가 없다.

다만 동물의 경우 주인의 완전한 통제 하에 있지만, 사람의 경우 통제하기가 어려운 상황이 있는 것도 사실이다. 그러나 손쉬운 통제를 위하여 매를 대는 경우 감정이 개입되어 심각한 문제를 야기하는 경우가 많이 있었다. 언론에 보도된 다음의 몇 가지만 살펴보아도 그 심각성이 어느 정도였는지 쉽게 알 수가 있다.

씨름부 중학생, 코치에게 맞아 전치 11주 중상 – 동아일보, 2007.07.30, A12면.
수원 초등생, '체력 약하다' 며 유도부 코치에게 쇠파이프로 수십 대 맞고 입원 – 연합뉴스, 2009.12.18.
파주 축구부 초등생 사인(死因), 체벌로 인한 뇌출혈 – 연합뉴스, 2010.10.07.

위의 사건들은 폭행범으로 처벌할 정도의 수준이지만, 그 외에도 정당하지 못한 체벌이 많이 있다(촌지를 받는 교사의 경우 촌지를 내지 않은 학생만을 때리는 경우도 있다고 한다). 이러한 현실에서 서울시교육청이 체벌을 전면적으로 금지시킨 것은 그 의미가 상당히 크다고 하겠다.

그런데 일부 언론에서는 체벌금지 이후 교권이 무너지고 있다는 이야기를 중심으로 보도하고 있다. 매를 대지 않고도 학생들의 존경과 신망을 받고 있는 교사들도 많이 있는데 교권과 체벌이 무슨 직접적인 상관관계가 있는지 의심스럽다. 다만 일부 학생의 경우 체벌을 통하지 않고는 통제하기가 어려운 현실에서 체벌금지에 대한 국민적 합의가 아직은 이루어지지 않았다는 걸 알 수 있을 뿐이다.

궁극적으로는 교육현장뿐만 아니라 모든 곳에서 체벌이 금지되어야 하겠지만, 아직도 '사랑의 매' 라는 걸 주장하는 사람들을 위해 다음과 같은 대안을 제시해본다. 이러한 방법은 체벌금지가 쉽게 수용되지 않는 현실 속에서 체벌지지자들과의 타협점으로 구상했었던 것이다. 따라서 체벌금지가 전면적으로 이루어진다면 아무런 의미가 없는 것이다.

체벌금지가 규정되지 않은 곳에서 소위 '사랑의 매'라고 여기면서 (또는 솔직히 '사랑의 매'가 아닌 건 알지만 손쉬운 통제를 위해) 체벌을 행하는 교사들은 나름대로 체벌의 정당성을 가지고 있을 것이다. 따라서 체벌을 한 경우에는 체벌의 시점과 대상, 이유, 방식 등을 일일 보고서에 작성하여 감독자에게 보고하도록 만들자. 그리고 체벌을 하고도 당일 내에 보고서를 작성하지 않은 경우는 체벌의 경중에 관계없이 단계적으로 경고와 감봉 등의 징계를 내릴 수 있도록 하자.

귀찮게 왜 이런 규정을 만드냐고?

바로 귀찮게 하자는 것이 목적이다. 자신이 체벌의 정당성을 가지고 있다면 귀찮아도 체벌을 할 것이고 귀찮아서 그만둘 정도라면 '사랑의 매'라고 말할 자격도 없다. 이러한 규정을 만들면 체벌 전에 항상 다시 한 번 생각할 것이고 그에 따라 감정적인 매질의 형태도 감소하리라 본다. 한편으로는 이러한 것이 체벌에 대해 거부감을 가지고 있는 사람들과 공존하기 위한 최소한의 규제라고 본다.

학부모들로 구성된 배심원제도를 만들자

앞에서 얘기한 촌지와 체벌이 사회적으로 커다란 관심의 대상이 되는 경우는 그 정도가 너무 심하고 언론을 통해 보도가 된 경우일 뿐이다. 실제로는 심각한 피해를 받으면서도 대중의 관심을 받지 못하는 경우도 많이 있다. 사회적 관심이 있었던 사건조차도 가해교사의 처벌 수위에 있어서 보편적인 상식을 가진 사람으로서는 이해할 수 없는 경우가 종종 있다. 예를 들어 상습적인 체벌(폭행)을 일삼은 교사가 몇 달간의 정직으로 마무리되거나, 여학생을 성폭행한 교사가 일정한 기간이 지나 재임용된다든지 하는 것들이다.

이러한 것에 대해 제 식구 감싸기라는 관점으로 바라보는 경우도 있으나 대부분의 교사들의 입장에서는 오히려 그러한 사람들이 동료 교사라는 것이 부끄러울 것이다. 어쩌면 비리교사와 학교당국 또는 처벌 권한을 가진 사람들과의 유착관계가 있을지도 모른다.

한편으로는 교사로서 문제가 있는 행위들을 모두 법으로 처벌해 달라고 소송을 거는 것도 쉽지 않은 것이 현실이다. 이와 같은 상황에서 형사범으로 처벌될 정도는 아니지만 부당한 체벌을 일삼는 교사, 성적조작, 시험문제 유출, 성 추행 등을 하는 교사와 같은 부적격 교사들을 퇴출시킬 수 있는 새로운 방안을 만들어야 한다. 왜냐하면 부적격 교사의 퇴출문제를 기존의 제도에 맡길 경우 일반적인 학부모의 입장에서 용납될 수 없는 일들이 반복될 수 있기 때문이다.

부적격 교사를 퇴출시키는 새로운 방안으로 해당 학교의 학부모들로 구성된 배심원제도의 도입을 제안한다. 배심원은 기존의 학교운영위원과 같은 것이 아니라 사안별로 학부모 전원을 대상으로 무작위로 선발된 사람들로 구성한 것을 의미한다. 이러한 것은 교사라는 직업을 가진 사람들에게 사회적으로 요구되는 최소한의 직업윤리를 확립시켜나간다는 의미도 있다. 물론 교사의 직업안정성이라는 문제와 충돌할 가능성이 있으나, 교사의 퇴출 문제를 배심원제도에 일임할 경우 역으로 교사의 지위가 정권이나 부도덕한 기관으로부터 독립될 수도 있는 것이다.

한편 초·중·고 교사뿐만 아니라 대학 교수들 가운데도 체벌을 하거나, 학점을 가지고 학생들을 농락하는 사람들이 있다. 모 대학에서는 여학생을 성희롱하고 그 부모를 폭행한 교수가 1개월 정직으로 마무리되고, 그 문제를 제기한 학생회 대표들에게 정학이라는 처벌이 내려진 경우도 있다. 결국은 해당 교수와 학교 당국과의 유착관계를 의심할 수밖에 없는 것이다. 이러한 불합리한 문제가 발생하는 것을 막기 위해서는 대학에서도 학부모로 구성된 배심원제도를 운영하도록 강제할 수밖에 없다.

왜 이렇게 교원들에게 엄격한 도덕적 윤리를 요구하느냐고 반문할지도 모르겠다. 그 이유는 교사라는 직업이 가지는 특성 때문이기도 하지만, 하나의 직업에서 시작된 도덕적 의식과 제도가 다른 직업(공무원과 검사 등)에도 확산되기를 기대하기 때문이다.

초과학점에 수혜자부담 원칙을
적용시키는 것은 어떨까?

대학교의 등록금은 계속해서 오르고 있다. 학생들의 입장에서야 등록금이 작을수록 좋겠지만 등록금을 낮추는 것은 현재의 여건상 쉽지 않은 일이다. 교육여건의 개선을 위해 교수 1인당 학생 비율도 지금보다 더 낮춰야 하고, 교수들의 연구 활동을 장려하기 위해 강의 시수에 대한 부담도 줄여줘야 한다. 대학에 대한 정부의 지원이 대폭적으로 확대되지 않는 한 앞으로도 등록금은 계속해서 오를 것이다. 물론 수천억 원의 적립금을 쌓아 놓은 대학도 있지만 그 수가 많지는 않다.

모든 대학에서 그렇지는 않겠지만 필자가 재직하고 있는 대학의 1학년 학생들의 경우 F학점을 많이 받는다(최근에 서울 소재 대학들이 워낙 학점을 좋게 주는 편이라 예전보다 후하게 주려 노력하지만 필자가 맡은 과목의 경우 1학년 수강생의 20% 이상이 F학점을 받는다). 1학년 학생들이 F학점을 받는 이유는 여러 가지가 있겠지만, 나중에 재수강하면 될 거라는 생각도 한몫할 것이다. (1학년 학생들이 F를 받는 이유로는 억압된 고등학생의 신분에서 벗어났다는 해방감에서 당분간 공부에서 손을 놓는 경우도 있을 것이고, 많지는 않겠지만 F가 갖는 의미를 모르는 학생들도 있을 것이다. 참고로 말하면 고등학교에서는 0점을 맞아도 졸업하지만 대학에서 필수 과목의 경우 F를 받은 과목을 재수강해서 다른 학점을 받지 않는 한 졸업이 안 된다.)

그런데 나중에 별다른 부담 없이 재수강을 할 수 있다고 생각하는 데 문제가 있다(물론 본인의 시간을 투자해야 하지만 시간의 기회비용이 쉽게 느껴지지는 않는다). 재수강 학생이 많을 경우 교수들의 강의 부담이 늘어나고, 강좌 수를 늘려야 하는 경우에는 학교당국의 재정적 비용이 발생한다. 요즘은 F를 받지 않았어도 더 나은 학점을 받으려고 재수강하는 학생들도 증가하고 있다. 이제는 비용을 발생시키는 사람들에게 그 비용을 부담시키는 방법을 강구할 때가 아닌가 싶다.

물론 이것은 학생들의 부담을 가중시키고자 하는 의도가 아니다. 오히려 수혜자에게 비용을 부담하게 함으로써 그렇지 않은 학생들의 등록금 인상 부담을 완화시키고자 하는 것이다. 또한, 수강하는 과목이 공짜가 아니라는 것을 학생들에게 확실히 인식시켜줌으로써 학생들로 하여금 열심히 공부해야 하는 이유를 직접적으로 느끼게 하고자 하는 의도도 있다.

그럼 어떤 방식으로 비용을 부과시켜야 할까? 재수강과목에 모두 비용을 부담시키면 될까?

그런데 이렇게 하면 형평성에 어긋날 수도 있다. 재수강 때문에 다른 과목의 수강을 포기했어야 할 수도 있기 때문이다(즉, 다른 과목을 듣는 학생은 추가 부담을 하지 않는다). 따라서 이 방법보다는 일정한 학점을 초과해서 수강신청을 하는 학생에게 초과학점에 대한 비용을 부담시키는 것이 나을 것 같다. 초과학점은 학기별로 계산할 수도 있고 전체 학점에 대해 계산할 수도 있으나 여기에서는 학기별 계산 방식을 고려해보자.

일반적으로 4년제 대학교에서 졸업을 하기 위해 이수해야 할 학점(이후 졸업학점이라 하자)은 일반적으로 120~140학점이다. (과거에는 대부분 140학점이었으나 최근에 졸업학점이 낮아지는 경향이 있다. 필자의 경우 많은 과목을 수강하는 것보다 하나라도 제대로 배우는 것이 낫다고 생각해서 졸업학점을 낮추는 것이 좋다고 생각한다. 그러나 배움에 목마른 일부 학생들은 한 과목이라도 더 듣고 싶어 하는 것 같다. 서울의 모 대학에서 졸업학점을 낮추려고 하자 '등록금은 낮추지 않고 강좌 수만 줄이려 한다' 고 학생회에서 반대한 적이 있다.)

먼저 졸업학점이 140학점인 경우를 생각해보자. 이 경우 대부분의 대학에서 한 학기에 18~21학점을 수강하도록 하고 있다(특별한 경우 24학점까지 신청할 수도 있고 18학점 미만으로 신청할 수도 있다).

한 학기에 18학점씩 8학기이면 144학점으로 졸업학점을 넘게 되므로 한 학기 18학점을 기준 학점으로 삼고 18학점을 초과하는 학점에 대해 학점당 10만 원 정도를 부과하는 것을 고려해보자는 것이다. 이렇게 하면 18학점을 초과해서 재수강하거나 7학기 만에 조기 졸업하고자 하는 학생들은 다른 학생들보다 더 많은 비용을 부담해야 한다(한 학기 최대 초과 학점을 3학점으로 제한해도 두 학기는 18학점씩, 다섯 학기는 21학점씩 수강하면 141학점으로 7학기만에 졸업학점을 넘게 된다). 물론, 대부분의 경우 여유 학점이 4학점밖에 없으므로 4학

년에도 18학점 가량 들어야 하는 부담이 있다. 따라서 두 학기 정도
는 추가적인 비용 부담 없이 21학점까지 신청할 수 있게 보완할 수
도 있다. (1학년 때 21학점을 신청하도록 유도할 수도 있고, 원하는 때 21
학점을 신청할 수 있도록 유도할 수도 있다. 그런데 필자의 생각으로는 한
학기에 21학점[보통 7과목 이상]을 제대로 듣는 것은 쉽지 않을 거라고 생각
한다[위와 같은 방법을 사용해 개설할 강좌 수가 줄어 교수들의 강의 부담이
줄어든다면 한 과목 듣는 것에 대한 학생들의 부담은 오히려 증가할 것이
다]. 따라서 두 학기 정도 비용 부담 없이 21학점까지 신청할 수 있게 하는
것보다는 졸업 학점을 6학점 정도 낮춰주는 것이 나을 거라 생각한다.)

한편, 졸업학점이 120학점인 경우는 한 학기에 15학점씩 8학기
이면 120학점이 된다. 따라서 이 경우에는 한 학기 15학점을 기준
으로 하고 초과학점에 대해 일정한 비용을 부담시킬 수 있다. 물론
여유를 주기 위해 네 학기 정도는 추가적인 비용 부담 없이 18학점
까지 신청할 수 있게 하면 된다. 또한 한 학기 최대 수강 학점을 18
학점으로 제한함으로써 교수와 학생 모두 강의에 대한 집중도가 높
아질 것이다. (이 경우에도 두 학기는 15학점씩, 다섯 학기는 18학점씩 수
강하면 120학점으로 조기졸업이 가능하다. 그런데 조기졸업자의 경우 시간
을 절약하는 대신 초과학점에 대한 비용은 부담해야 되지 않을까? 물론 조기
졸업자들은 대부분 성적우수 장학금을 받는다.)

제2부
자유로운 사회

: 열린 생각

국민은 통제의 대상이 아니라 국가의 주인이다.

대한민국은 규제공화국인가?

스위스 로잔에 있는 IMD(국제경영개발연구원)의 경쟁력보고서(2005년 기준)에 따르면 기업을 설립하는 데 걸리는 기간이 캐나다(1일), 싱가포르(5일) 등에 비해 한국은 97일로 처져있다. - 매일경제, 2006.09.19, A3면.

"한국 시장진입 환경 175개국 중 116위(세계은행 분석 2006년 기준)." 한국은 창업을 하는 데 평균 12개의 절차를 거쳐야 하고 22일이 걸리는 반면 미국은 5개 절차만 걸치면 5일 만에 사업을 시작할 수 있다. 등록비 등 창업을 하는 데 드는 각종 비용이 1인당 국민소득에서 차지하는 비율은 15.2%로 OECD 평균(7.5%)의 2배를 넘었다(미국과 영국의 창업비용 비율은 0.7%). - 동아일보, 2007.08.25, A1면.

조사 내용과 방식에 따라 조금씩 다르긴 하지만 위의 자료들은 한국에서 기업을 설립하거나 창업을 하는 것이 다른 국가들에 비해 얼마나 어려웠는지를 보여주고 있다. 어려웠던 이유는 대부분 법적인 규제와 복잡한 행정적인 절차 때문이다. 참여정부(노무현 정부)는 규제개혁위원회를 운영하며 규제를 없애겠다고는 했지만 실제로 사업을 하는 사람들이 느끼는 불합리한 행정규제는 개선된 것 같지가 않다.

이명박 정부는 경제활동에 대한 규제철폐를 내세우며 들어선 정부이기도 하기에 나름대로 꾸준하게 불필요한 규제를 없애왔지만, 아직도 개선의 여지는 많이 남아있는 것 같다. 미국 헤리티지재단과 「월스트리트저널」이 발표한 '2011년 경제자유지수'에서 조사대상 179개국 가운데 한국의 순위는 35위이고 아시아 · 태평양지역의 41개 국가 중에서는 8위이다. 대한상공회의소의 자료에 따르면 기업들의 정부 규제정책에 대한 만족도 수준은 2009년 38.9%에서 2010년 41.6%로 증가했지만 여전히 50%를 밑돌고 있다. 세계은행의 기업환경평가(Doing Business 2011)에서 한국은 창업분야에서 60위를 하고 있다.

기업활동에 관한 규제에 대해서는 기업단체들이 계속해서 완화를 요구하고 있고, 이명박 정부도 규제개혁을 지속적으로 추진하고 있으니 여기에서 그 세부적인 내용들을 얘기할 생각은 없다. 다만 규제에 대한 공무원들의 의식과 불합리한 규제의 영향 등에 대해서 생각해보고자 한다.

참여정부가 국가발전을 위한 훌륭한 정책들을 많이 내세웠지만 서민들을 위한다는 명목으로 지나치게 많은 분야에 규제를 가한 점도 있었다. 상황에 따라 적절한 규제가 필요한 점도 있지만 대부분의 규제의 피해는 서민들에게 돌아온다. 본 장의 내용은 원래 이러한 불합리한 규제에 대한 거부감으로 참여정부 시절에 쓴 것이다. 따라서 지금은 그 상황이 바뀐 것도 많아 글의 일부는 삭제하였다. 그러나 일부는 원래의 내용을 남겨 놓고 바뀐 내용을 추가적으로 설명하였다. 이 글의 목적은 불합리한 규제에 대한 것을 보여주고자 하는 데 있기 때문이다.

'평'을 사용하면 과태료를 내야 한다고?

산업자원부(2008년 2월에 지식경제부로 개편되었다)는 2007년 7월부터 통일된 단위를 사용한다는 명목으로 '평'이나 '돈'과 같은 비(非)법정계량단위의 사용을 단속하고 있다. '평' 대신에 'm²'를, '돈' 대신에 'g'을 사용해야 한다. 통일되지 않은 여러 단위를 사용함으로써 오는 생활의 혼란을 방지하고자 하는 의도는 이해가 되지만, 우리가 사용하는 다양한 용어와 단위는 나름대로의 의미가 있고 그것은 우리의 삶의 방식과 표현을 다양하게 만든다.

먼저 개수를 세는 용어를 생각해보자. 개수를 세는 기본 용어는 한 개, 두 개 할 때 사용하는 '개'이다. 그러나 세어지는 대상의 종류에 따라 다양한 용어를 사용한다.

간단한 예로 자동차를 셀 때는 한 대, 두 대라는 '대'를 사용하고 배를 셀 때는 한 척, 두 척과 같은 '척'을 사용한다. 집을 셀 때는 '채'를 사용하고, 나무를 셀 때는 '그루'를, 연필이나 붓·초·총 등을 셀 때는 '자루'라는 용어를 쓴다. 사람을 셀 때는 '명'을, 동물을 셀 때는 '마리'라는 용어를 사용한다.

낱개를 세는 경우에는 사용하는 용어만 다를 뿐 하나, 둘과 같은 개수를 세는 동일한 크기의 단위지만 묶음을 셀 때는 사용하는 용어에 따라 단위의 크기가 달라지는 경우가 많이 있다.

몇 가지 예로 오징어 한 축은 오징어 스무 마리를 의미하고, 마늘 한 접은 통마늘 백 개를 나타낸다. 바늘 한 쌈은 스물네 개의 바늘을 이르는 말이고, 계란 한 판은 서른 개의 달걀을 의미한다. 오이 한 거리는 오십 개의 오이를 나타내고 한약의 경우 한 제는 스무 첩을 말한다.

그 외에도 개수를 세는 수많은 용어와 단위가 사용돼 복잡한 점이 있지만 법으로 '개'라는 용어로 통일하도록 강제할 수는 없다. 그 많은 용어들은 나름대로의 의미를 지녀왔고, 언어는 사회 속에서 자연스럽게 생성·성장·소멸되는 것이기 때문이다.

물론 이러한 용어나 단위들은 하나라는 단위의 정수배라는 점에서 '평'과 'm²'의 차이와 같은 차원에서 말할 수는 없지만, 과연 일방적으로 '평'의 사용을 규제하는 것이 올바른 일일까?

우리는 10을 기본단위로 하는 십진법에 익숙해져 있다. 그러나 일상생활에서 십진법만 쓰이는 것은 아니다. 연필의 묶음을 나타내는 단위로 12자루를 말하는 '다스'라는 단위가 사용된다. 왜 연필 한 묶음을 나타낼 때 10진법에 기초한 단위를 사용하지 않고 12진법에 기초한 '다스'라는 단위를 사용할까? 10진법이 일반화된 지금 12개를 기본으로 하는 단위를 사용하지 못하도록 법으로 막아야 할까?

일반적으로 수학적 계산에 있어선 10진법이 가장 편리하다. 그럼에도 불구하고 12개를 하나의 묶음으로 하는 '다스'라는 단위를 사용한 이유는 생활 속에서는 12진법이 유용하기 때문이다.

10이라는 숫자는 2나 5로는 나누어떨어지지만 3과 4로는 나누어떨어지지 않는다. 그러나 12는 2, 3, 4뿐만 아니라 6으로도 나누어떨어진다. 이것이 무슨 의미가 있을까?

가령 자녀가 3명이나 4명 또는 6명이 있는 가정을 생각해 보자. 연필을 한 통 사왔는데 연필이 열 자루 들어 있다면 어떻게 나누어 주겠는가? 연필 한통에 연필이 열 자루가 있다면 동일하게 나누어 줄 수가 없다. 그러나 열두 자루가 있다면 똑같이 나누어 줄 수 있다. 물론 자녀가 5명인 경우는 예외지만 말이다. 지금이야 자녀가 한두 명밖에 없는 집이 많지만 과거에는 자녀가 여럿 있었으므로 좀 더 효율적으로 동일하게 나눠줄 수 있는 묶음이 필요했던 것이다.

이러한 12진법에 기초한 묶음 단위는 서양에서만 사용된 것이 아니라 우리나라에서도 사용되어 왔다. 앞에서 얘기한 바와 같이 바늘 한 쌈은 스물네 개의 바늘을 이르는 말인데, 그것은 12개의 2배수이다. 옛날에 바늘은 하나씩 구하기는 어렵고 한꺼번에 여러 개를 구입해서 가까운 사람들과 나누어 사용했던 모양인데, 24라는 숫자는 2, 3, 4, 6, 8로 나누어떨어진다.

지금도 12진법에 기초한 단위가 현실에서 유용하게 사용되고 있다.

1년은 열두 달로 이루어져 있다. 4계절을 동일한 기간으로 나눌 수 있도록 말이다.

하루도 24시간으로 구성되어 있다. 따라서 2교대뿐만 아니라 3교대 작업의 근무시간도 쉽게 계산할 수 있다. 만약 하루가 10시간 또는 20시간으로 구성되어 있다면 3교대 작업의 근무시간은 3.333 또는 6.666시간이 될 것이다.

물론 우리의 전통적인 시간도 자시 · 축시와 같이 12간지로 구성되어 있다.

그 밖에 분 · 초 · 각도 등은 60진법에 기초하여 이루어져있다. 60이라는 수는 12에 5를 곱한 것으로 그 또한 12진법에 근거하고 있는 것이다. 이것은 12가 5로는 나누어지지 않는 단점을 극복하고 있다.

우리의 전통적인 연도도 60갑자로 이루어져 있다.

한편, 길이의 단위가 가지는 의미를 살펴보면 다음과 같다.

시대에 따라 크기가 다르긴 하지만 한 자(尺: 척)는 애초에 성인 남
성의 열 손가락의 폭으로 정해졌다. 그것은 대략 한 뼘의 크기와 비
슷하다. 한 치는 한 자의 10분의 1이니, 한 치는 평균적인 한 손가락
의 폭이 된다.

서양에서의 1인치(inch)는 성인 남성의 엄지손가락의 폭으로 정
의되었다. 피트(feet)는 발의 크기를 의미한다.

표준적인 기구가 없던 시절에는 동서양 모두 신체의 일부를 측정
도구로 사용했던 것을 알 수 있다.

표준단위가
필요하긴 하지만

위에서 말한 신체의 일부를 기준으로 한 길이의 단위는 사람마다
조금씩 그 크기에 차이가 있으니 정확한 것은 아니다. 따라서 국가
에서 기준이 되는 단위의 크기를 나타내는 도구를 제작하여 사용하
였으나 지역별·시대별로 다르게 사용하고 있었다.

위의 열 손가락의 폭을 기준으로 한 것을 지척(指尺)이라고 하는
데, 현재의 미터법으로 환산해보았을 때, 중국의 주(周)나라에서는
19.54cm였다가 진시황 때 20.152cm가 되었고, 한나라 혜제 초에
20.158cm이 되었다. 우리나라의 경우 세종 때 기록에 의하면 지척

이 19.41cm였다.

통일신라 때 도입되어 우리나라에서 사용된 주척(周尺)의 길이는 19.34~20.83cm였고 조선시대에 도입된 영조척(營造尺)의 경우 29.91~31.24cm였던 것으로 추정된다.

국립중앙박물관 소장 놋쇠 주척의 경우 길이가 19.342cm인 것이 있고, 고려대학교 박물관 소장 나무 주척의 경우 길이가 20.37cm인 것이 있다. 현존하는 건축물과 문헌상의 자료를 고증한 내용은 시대에 따라 조금씩 다르지만 영조 때의 주척의 길이를 20.83cm로 보기도 한다. 고려대박물관 소장의 영조척 반 척의 경우 14.957cm이니 1척은 29.914cm가 된다. 창덕궁 유물관 소재의 놋쇠로 만든 영조척들의 길이는 30.515~30.655cm이다. 문헌상의 고증으로는 세종 때 영조척의 길이를 31.24cm로 보고 있다. 그 밖에 통일신라 때 사용된 당대척(唐大尺)은 29.5~31cm였고 한(漢)나라 시대의 1척은 23.1cm라고 보고 있다. – 자료: 이종봉, "조선후기 도량형제 연구"

따라서 척이라는 명칭을 사용해도 시대에 따라 그 크기가 다르니 우리가 고전을 읽을 때 8척 장신이라고 나오면 그것이 어느 시대의 척을 말하는지 알 수 없으면 정확한 키를 가늠해볼 수 없다.

이와 같이 동일한 단위라 하여도 시대에 따라 그 크기가 조금씩 달라지는 것은 서양에서도 마찬가지였다. 1150년경 스코틀랜드의 데이비드 1세에 의해서 엄지손가락 손톱의 뿌리 부분의 폭으로 정의된 인치(inch)의 경우, 하나는 작고, 또 하나는 중간이고, 나머지

하나는 큰 세 사람의 엄지손가락 폭을 더해서 그 수를 3으로 나누어 측정했다. 14세기 초 에드워드 2세의 통치 기간에는 1인치가 '마르고 둥근 보리 낱알 3개를 길게 늘어놓은 것'으로 정의되었다. 피트(feet)의 경우 옛날에는 재는 사람의 발 크기에 따라 25~34cm로 다양했다(자료: 브리태니커 세계 대백과사전).

산업사회가 도래함에 따라 정확한 계량과 단위를 통일할 필요성이 중요해지자 국제적인 표준단위가 논의되기 시작했다. 그에 따라 1875년, 프랑스 주최로 열린 국제회의에서 미터법 조약이 체결되었다. 미터법은 18세기 말부터 프랑스에서 사용되던 미터를 길이, 리터를 부피, 킬로그램을 무게의 기본 단위량으로 하는 십진법의 도량형 단위법이다.

길이의 기준을 살펴보면 초기엔 1799년 프랑스 과학 아카데미에서 1m를 '북극점에서 파리를 통과해 적도에 이르는 지구 사분원의 1천만 분의 1'로 정의했다. 그 뒤 계측의 정밀성과 미터원기가 없어도 재현할 수 있도록 1960년에 크립톤 원자에서 발생하는 특정한 파장의 16억 5076만 3732배의 길이를 1m로 하였다가, 1983년에 빛이 진공에서 2억 9979만 2458분의 1초 동안 이동한 길이로 규정되어 오늘날에 이르고 있다.

미국의 경우 1875년 미터협약에 가입했으나 아직도 기존의 단위가 사용되고 있다. 다만, 1959년에 1인치를 2.54cm로 공식적으로 정의함으로써 기존 단위와 미터와의 관계를 확립하였다. 이 경우 1

피트는 1인치의 12배로 30.48cm가 되고, 1야드(yard)는 1피트의 3배(1인치의 36배)로 91.44cm가 된다.

우리나라에서는 1961년에 계량법이 제정되어 미터법을 도입하였으나 '평'은 그대로 사용하다가, 1983년부터 '평'의 사용도 금지하여 토지대장이나 등기부등본의 면적단위를 m²(평방미터) 단위로 전환하였다. 그러나 '평'이라는 단위가 광고나 상거래에서는 존재하여 2007년 7월부터 '평'의 사용을 단속하기에 이르렀다.

우리나라에서 현재 가구의 크기와 같은 것에 일상적으로 사용되고 있는 '자'의 크기는 일제강점기에 도입된 것이다. 당대척이 우리나라를 거쳐 일본으로 전해져서 곡척(曲尺)이라는 용어로 사용되다가, 1874년에 일본에서 1척이 1m의 10/33으로 정의되어 다시 우리나라에 들어온 것이다. 그 크기는 대략 30.3cm를 의미하는데, 여기서 대략이라고 한 이유는 10을 33cm으로 나누면 소수점 아래 30이라는 숫자가 반복해서 나오는 무한소수이기 때문이다.

우리는 일상적으로 1자를 30cm로 알고 지내는데, 실제로 10자짜리의 장롱을 보면 300cm인 것도 있고 303cm인 것도 있다. 이와 같은 혼란이 법정계량단위의 사용을 추진하는 하나의 이유가 된다.

면적의 단위인 '평'도 옛날의 우리의 면적단위가 일본으로 넘어가 변형되어 사용되다가 일제강점기에 다시 우리나라에 도입된 것이다. 1평의 크기는 한 변의 크기가 6자인 정사각형의 넓이를 의미한다. 1자를 30.3cm로 보면 6자가 1.818m가 되니 1평을 m² 단위로 계산하면 3.30514m²가 되고, 1자를 30.303cm로 보면 1평은 3.30578m² 정도가 된다(산업자원부의 계량단위표를 보면 1자가 30.303cm로 되어있고 1평이 3.305m²로 나오니 근사치로 표시된 것임을 알수 있다. 실제 1자는 10/33m이니 1평 또한 3.305785123…m²과 같이 끝없는 무한소수 값이다).

이와 같이 '자'를 기준으로 한 단위를 '미터'를 기준으로 한 단위로 변환함에 따른 부정확성을 막기 위해 '평'의 사용을 금지시킨 것은 이해가 간다.

그러나 과연 일방적으로 '평'의 사용을 금지시키는 것 외에 다른 대안은 없었을까?

국민생활의 편의를 위한 생각은 했는가?

국제적으로 통일된 단위에 맞춰 나가는 것은 당연히 해야 할 일이다. 그러나 하나의 단위만을 사용하는 것만이 편리한 것은 아니다. 수의 체계에 있어서도 10진법이 기본이지만 12진법이 때때로 사용되는 이유와 같다.

102.45m², 118.98m², 142.52m²짜리 아파트? 감이 잡히는가?

이것들은 대략 31평, 36평, 41평 정도의 아파트를 의미한다. 정확한 수치를 사용하는 것도 중요하지만 생활의 편리성도 중요하다.

혹자는 우리가 과거의 '평' 단위에 익숙해져 혼란이 오는 것일 뿐, 새로운 단위인 'm²'에 익숙해지면 적응이 될 것이라고 말한다. 과연 그럴까?

대지나 일반적인 면적을 나타낼 때는 그럴 수 있다. 그러나 집의 크기를 나타낼 때는 기존의 '평'이라는 단위보다 'm²'가 편리할 것 같지는 않다.

왜 그럴까? 그 이유는 다음을 생각해 보면 알 수 있다.

292초, 4500초, 85700초. 어느 정도 시간인지 감이 잡히는가?

다른 단위로 바꾸면 각각 4분 52초, 1시간 15분, 1일 5분이다. 이제 감이 잡힐 것이다. 대략 5분, 1시간, 1일 정도라고 말 할 수 있다. 시간의 국제표준단위는 '초(second)'이다. 그런데 정확하게 표현한다고 생활 속에서 표준단위인 '초' 이외의 시간 단위를 사용 못하게 법으로 막는다면 그것이 합당한 일일까?

아마도 '초'보다는 '분'이나 '시간'이 익숙하기 때문이라고 말하는 사람도 있을 것이다. 정말로 '초'에 익숙해지면 앞의 85700초가 어느 정도인지 감이 잡힐까?

우리가 '시간(hour)'이라는 단위에 가장 익숙하다 하여도 생활 속에서는 '360시간'보다는 '15일'이 낫다. 실생활에서는 큰 수보다는 어느 정도 의미를 갖는 수로 나누어 좀 더 작은 수로 만든 것이 이해하기 쉬운 것이다.

'1평'의 의미를 생각해보자. 앞에서 말한 바와 같이 1평의 크기는 한 변이 약 1.818m인 정사각형의 면적이다. 이것은 보통의 키를 가진 한 사람이 편하게 누울 수 있는 공간을 의미한다. 그래서 아파트 1평의 차이는 한 사람이 누울 수 있는 공간의 차이만큼이라고 생각할 수 있다.

자, 이제 앞에 나왔던 $102.45m^2$짜리와 $118.98m^2$짜리의 아파트를 다시 생각해보자. 두 아파트의 넓이의 차이는 정확하게 $16.53m^2$이다. 그런데 이것이 어떤 의미인지 잘 느껴지지 않을 것이다. 평으로 약 5평의 차이라고 표현하면 그 차이의 의미가 좀 더 쉽게 느껴질 것이다.

에어컨과 같은 가전제품도 '$20m^2$용', '$50m^2$용' 보다는 '6평용', '15평용'이 이해하기 쉽다. 292초보다는 약 5분이라고 말하는 것이 알기 쉬운 것과 마찬가지이다.

물론, '초'와 '분'의 관계와 'm^2'와 '평'의 관계가 동일하지는 않다. 후자의 경우 서로의 환산 값을 정확하게 계산하기 어렵다는 점이 있다. 그러나 생활 속에서 사용하기에 불편할 정도는 아니다.

한편으로는 법정계량단위를 사용하게 한다고 무조건 생활계량단위를 못쓰게 하려는 일방적인 사고방식에서 벗어나 '미터법'과 공존할 수 있도록 생활계량단위를 재정비하는 것도 중요하다.

‘미터법’도 무조건 미터에 대한 십진법의 개념을 강요하고 있지
는 않다. 각도의 단위는 60진법에 기초를 두고 있고, 바다에서의 길
이도 1852m로 정의되는 ‘해리(n mile)’라는 단위를 사용하도록 허
용하고 있다(‘해리’를 사용하는 이유는 1해리가 위도 1분의 평균거리를 의
미함으로써 항해에 편리하기 때문이다. 노트[knot]는 배가 시간당 몇 해리를
갈 수 있는 지를 나타내는 값인데 결국 60노트의 속도란 배가 1시간에 위도
1도를 항해할 수 있다는 것을 의미한다).

법정계량단위와 생활계량단위가 공존할 수 있는 방안은 없을까?

앞에서 얘기했듯이 ‘m²’라는 단위보다는 ‘평’이라는 단위가 우
리의 생활 감각에는 좀 더 사용하기 편한 면이 있다. 따라서 ‘m²’라
는 단위를 면적의 법정계량단위로 하되 ‘평’이라는 단위를 일상생
활 속에서 생활계량단위로 활용할 수 있다고 본다.

그런데 ‘평’은 앞에서 얘기한 바와 같이 ‘m²’ 단위로 정확하게
환산할 수 없는 문제점이 있다. 그럼 생활 속에서 ‘m²’보다 편리하
게 사용할 수 있는 다른 면적 단위를 만들 수는 없을까?

우선 한 변이 2m인 정사각형의 면적인 ‘4m²’를 기준 단위로 하

는 면적을 생각해 볼 수 있다. 그 이름을 가칭 '방'이라고 해보자.

이러한 '방'의 의미는 'm²' 단위와 환산이 쉽다는 점과 현대인의 키가 옛날보다 커져 한 명의 사람이 좀 더 넓은 공간을 필요로 한다는 것을 반영했다는 점이다.

사람들이 점차로 '방'의 크기(2m×2m)를 인식한다면 아파트의 크기에서 100m², 112m²로 표시하는 것 보다는 25방, 28방으로 표시하는 것이 이해하기 쉬울 것이다.

다른 한편으로는 기존의 '자'와 '평'의 개념을 유지하면서 'm' 단위로 정확하게 변환할 수 있는 방법을 생각해보자.

'자'를 'm'로 정확하게 표현할 수 없는 근본적인 이유는 앞에서 얘기한 바와 같이 애초부터 '자'의 크기에 대한 정의에서 시작된 것이다.

왜 '자'의 크기에 대한 정의를 일본에서 도입된 그대로 유지해야만 하는가? 시대가 바뀌면 단위의 크기에 대한 정의도 변하기 마련이다. '미터'의 사용이 일반화된 지금 '자'의 크기를 10/33m와 같이 무한소수로 나타날 수밖에 없도록 하지 말고 0.3m, 즉 30cm로 새롭게 정의하자. 이것은 생활 속에서 아직도 30cm나 30.3cm와 같이 혼란스럽게 사용되는 '자'의 크기에 대한 것을 명확히 하는 것에도 의미가 있다.

새로운 '자'를 하나의 단위로 생활 속에서 사용하는 것에는 12자 장롱과 같이 간단히 표시할 수 있다는 것 외에 또 다른 편리함이 있

다. 1m는 2로는 나누어지지만 3으로는 나누어지지 않는다. '자'를
30cm로 할 경우 2뿐만 아니라 3으로도 정확히 'cm' 단위로 나눌
수 있다.

이 경우, 외국의 계량단위 사용방식에 대해 우리가 관여할 바는
아니지만, 인치에 대한 정의를 2.5cm로 하도록 유도할 수만 있다면
1인치의 12배인 1피트는 30cm가 되니 피트는 우리의 '자'와 동일
한 단위가 된다.

미국이 '인치'의 새로운 정의를 받아들이지 않는다면 우리가
2.5cm로 정의되는 'k-인치'를 만들어 사용하는 것도 고려해볼 수
있다. 'k-인치'는 기존의 '인치'와 1.6% 정도만 차이가 있고, 4k-
인치는 10cm, 40k-인치는 1m 등 미터법으로의 환산이 쉬운 이점
이 있다.

이러한 생활계량단위가 편리한 이유는 다음과 같다. 남성 바지의
경우 허리둘레를 'cm' 단위로 표시하여 75cm, 80cm 등으로 표시
할 수 있다. 그러나 모든 제품을 1cm 간격으로 만들 수 없는 현실에
서 회사별로 76cm, 77cm 바지를 만드는 것보다는 2.5cm 간격으로
31k-인치, 32k-인치로 표시하는 것이 낫다. 우리들도 조금씩 변하
는 자신의 사이즈를 기억하는 것보다는 k-인치 단위로 기억하는 것
이 낫지 않은가?

TV나 컴퓨터 모니터의 크기도 현재 인치의 개념이 더 일상적으
로 사용되고 있는데, 1cm별로 제품을 차별화하기 어려운 현실에서
'cm' 단위보다는 'k-인치' 단위로 구별하는 것이 낫다.

다시 '평'의 얘기로 돌아가자. 새로운 면적의 생활계량단위로 이전의 '평' 대신에 새로 정의된 '자'를 사용한 면적을 이용할 수 있다 (새로운 면적의 용어를 따로 만들 수는 있지만 이전의 용어인 '평'을 사용해도 큰 무리는 없을 것이다).

이 경우 새로운 '평'의 크기는 한 변이 1.8m(6자)인 정사각형의 면적인 3.24m²로 기존의 평의 크기의 98% 정도가 된다. '평'의 정의를 이렇게 바꿀 경우 대략적으로 이전의 30평 아파트는 30.6평이 되고 40평은 40.8평, 50평은 51평이 된다. 일시적인 불편은 있겠지만 장기적으로 큰 무리 없이 사용될 수 있을 것이다.

앞에서 얘기한 '방'을 사용하는 것이 나은지 새로운 '평'이 나은지는 건축과 가구제작 분야 실무자들의 여러 의견을 들어봐서 검토해보아야 할 것이다.

'방'은 'm²'로의 전환이 쉬운 이점이 있고, '평'은 가구의 단위 등에 사용되는 '자'의 단위를 활용할 수 있으며 기존의 개념과 유사하다는 장점이 있다.

물론 등기부등본이나 주택거래계약서 등에는 당연히 법정계량단위인 'm²' 단위로 표시되어야 한다. 다만, 분양설명서나 부동산 중개업소 등에서 소수점 한 자리 정도까지 새로운 '평'이나 '방' 단위의 표시를 부기할 수 있도록 허용하자는 것이다.

세계적으로 통일된 단위로 표시하기 위하여 미터법에 의한 표시를 법으로 규정하는 것은 당연하다. 그러나 그렇다고 생활의 편의를

위하여 사용하는 생활계량단위를 보조적으로 사용하는 것을 막을
이유는 없다.

여러 분야에서도 나름대로 새로운 단위를 개발하여 사용하고 있
다. 컴퓨터 분야에서는 8비트(bit)를 하나의 단위로 하는 '바이트
(byte)' 라는 단위를 사용한다. 우리가 개발한 와이브로(Wibro)가 3세
대 이동통신 기술표준 가운데 하나로 인정받았듯이, 미터와 공존할
수 있는 우리의 새로운 생활계량단위인 'k-인치', '자(k-피트)',
'방' 또는 '평' 등도 세계적으로 사용될 수 있을 것일지도 모른다.

무게의 단위에 대해서도 간단히 살펴보자. 1돈은 3.75g이고 1냥
은 10돈으로 37.5g이다. 1근은 16냥으로 600g이지만, 때로는 10냥
인 375g을 의미하기도 한다. 재래시장에서는 육류나 한약재의 경우
1근이 600g이고, 야채나 과일의 경우 375g에 가까운 400g을 1근으
로 사용한다.

이 가운데 현재 문제가 되는 것은 금은방에서 사용하는 '돈' 이라
는 단위이다. 산업자원부에서는 반 돈(1.875g)의 정확한 계량이 어려
워 '돈' 의 사용을 금한다고 한다. 틀린 말은 아니겠지만 과연 그 방
법밖에는 없었을까?

'돈' 의 사용을 금지하였지만 2007년 11월에 서울시에서 실시한
조사에 의하면 금은방의 60%가 아직도 '돈' 을 사용하고 있으며
91.1%가 'g' 단위 상품의 판매에 부정적이라고 한다. 귀금속의 무게
를 나타내는 단위를 'g' 단위와 병행할 수 있는 방법을 생각해보자.

길이의 단위와 마찬가지로 무게의 단위도 시대에 따라 변하였다. 1근이 600g이 된 것은 1902년 일제강점기 시대이다.

이제 생활계량단위인 '돈'을 4g으로 정의하자. 이 경우 1냥은 40g이 되고, 1근도 10진법에 맞춰 400g으로 정의하자. 이렇게 하면 1근이 375g과 400g이 혼용되는 것을 막을 수 있다.

숫자가 큰 '초'보다는 '분'이 나은 것처럼 g보다, '돈'이나 '냥'이 금제품의 단위를 표현하는 데 편리하다. 한편, 1돈을 4g으로 정의하면 1캐럿은 20분의 1돈이 된다. '캐럿' 단위의 사용은 허용되어 있다.

과거 군주정치 시대에도 관리들은 어떻게 하면 백성의 삶을 편안하게 만들 수 있을까 고민하였다. 그런데 국민이 주인이라는 민주국가에서, 우리의 관료들은 일방적인 규제 이외에 어떻게 하면 국민의 생활을 편리하게 만들 수 있을지를 과연 고민했는지 묻고 싶다. 우리 국민은 하나의 단위만 써야 할 정도로 우매하지 않다. 법정계량단위도 중요하지만, 실제 사용하는 생활계량단위도 중요하다. 관료들이 국민들을 위한 마음을 조금이라도 가진다면 법정단위와 생활단위가 공존할 수 있는 방법들을 찾을 수 있을 것이다.

❦

단위의 규제에 대한 이야기를 쓴 뒤(2007년 가을)에 디지털 TV를 사러갔다. 어떤 매장에서는 화면 크기에 대한 표시가 전혀 없이 고객이 문의할 때 40인치, 42인치, 50인치인지를 얘기해 주었고, 어떤 매장에서는 제품에 40형, 42형, 50형이라고 쓴 종이를 붙여 놓았었다. 아마 대다수 시민들은 그것이 인치 표시임을 금방 알 수 있었을 것이다.

제품 안내책자에는 크기에 대한 설명이 없었고 다만 모델명에 42, 50과 같은 숫자가 중간에 들어 있어 크기를 추측할 수 있었다. 물론 제품 사양에는 화면크기가 107cm, 127cm 등이 표시되어 있었으나 차라리 42형, 50형이라고 표시된 것이 이해하기 쉬웠다.

'평'이나 '인치' 등과 같은 용어를 사용하지 못하게 하니까 아파트도 42형, TV도 42형과 같이 서로 다른 단위인데도 불구하고 똑같은 '형'이라는 용어를 사용하고 있었다. 결국 시민들은 나름대로 '평'이나 '인치'를 대신하는 용어를 개발하여 사용하고 있지만 '평'이나 '인치'를 구별하여 사용하던 때보다 나은 것 같지는 않다.

그래도 시민들은 똑같은 '형'이라는 단어를 사용해도 전자제품에서는 '인치'의 표시이고 아파트에서는 '평'의 의미임을 대부분 알고 있었다. 즉 같은 명칭이라도 대상에 따라 그 단위가 다르다는 것을 시민들은 이해하고 있었던 것이다.

그런데 우리나라 관료들의 지적 수준은 시민만 못한 것 같다. 미터 이외에는 사용하지 못하게 했던 것을 보면 산업자원부 관리들은 단위가 두 종류만 돼도 구별할 능력이 없었나 보다.

'평'이라는 용어의 사용을 금지한지 3년 반이 지난 지금도 TV 뉴스에서 아파트 시세를 얘기할 때 3.3m²당 얼마라는 표현을 사용한다. '평'이라는 용어만 사용하지 않을 뿐이지 지금까지도 평의 개념이 사용되고 있는 것이다.

한편, 국제유가 시세를 얘기할 때는 '배럴' 당 얼마라는 표현을 사용한다. 배럴은 국제표준단위가 아니다(부피의 표준단위는 '리터' 다).

국제표준단위가 아닌 점은 같은데 우리나라에서 사용되어 오던 '평'이나 '돈'이란 용어는 사용을 못하면서 미국에서 사용하는 '배럴'이란 용어는 사용하는 것이 우습지 않은가?

배럴의 용량도 대상과 지역, 시대에 따라 변해오다가 현재 미국에서 1배럴을 158.9873리터로 정의하고 있어 우리도 그것을 따르고 있다(계량에 관한 법률 시행령에는 158.987리터로 나와있다. 정확하지 않은 것은 평과 마찬가지다).

독자들은 타이어에서 R16, R17, R18 등의 숫자를 본 적이 있을 것이다. 그것은 그 타이어가 장착될 휠의 크기를 인치로 나타낸 것이다.

인치 또한 그 크기가 다양하게 사용되어 오다가 미국에서 1866년 미터법을 제정하면서 39.37분의 1m로 정의하였다가 다시 1959년에 2.54cm로 정의하였다.

이와 같이 생활계량단위의 용어를 법으로 사용하지 못하게 막는 것보다 미터법과 공존할 수 있도록 재정비하는 것이 좋을 것이다. 사회주의 국가인 중국도 '근'을 500g으로 정의하여 사용하고 있다.

일단 '1자'를 30cm로 정의하여 사용해 보자.

규제가 모두 불필요한 것은 아니다. 경제학에서는 한 사람의 행위가 제삼자의 후생에 영향을 미치고 그에 대한 보상이 이루어지지 않는 현상을 '외부효과'라고 한다. 이러한 외부효과에는 긍정적 외부효과와 부정적 외부효과가 있다.

외부효과와 같이 어떤 행위의 결과가 시장에 제대로 반영되지 않는 경우 정부가 시장에 개입하여 시장의 성과를 개선할 수 있다. 긍정적 외부효과를 나타내는 것에 대해서는 정부가 지원을 통해 장려하고, 부정적인 외부효과를 나타내는 행위에 대해서는 정부가 적절한 규제를 통해 자원의 효율적 배분을 유도할 수 있다.

그러나 정부의 규제는 불합리하게 작용하는 경우가 많이 있다. 이러한 불합리한 규제의 피해는 대부분 서민들에게 돌아간다.

도시의 교통체증을 해결할 방법으로 승용차 운행제한이 종종 거론되곤 한다. 국제 석유 가격이 급등할 경우에도 국내 석유소비량 감소를 위하여 승용차 10부제나 5부제, 심지어 2부제까지도 얘기되는 경우가 있다. 참으로 손쉬운 발상이다.

규제가 가해지면 시민들의 생활은 당연히 불편을 겪게 된다. 물론 국제적인 행사의 원활한 진행을 위한 것과 같은 특별한 경우에는 일시적으로 시민들의 협조를 구할 수는 있다. 그러나 강제적으로 규제를 가할 경우 그 피해는 주로 서민의 몫이다. 그러한 예는 다음에서 볼 수 있다.

　지난 1990년 8월에 이라크가 쿠웨이트를 침탈한 것이 계기가 되어 1991년 1월 17일 미국·영국·프랑스 등 33개 다국적군이 이라크와 쿠웨이트 지역에서 이라크를 상대로 한 걸프전이 시작되었다. 전쟁이 발발하자 1차 오일쇼크(1973년 10월 제4차 중동전쟁 발발로 페르시아 만의 6개 산유국들이 가격인상과 감산에 돌입하여 원유가격이 3개월 만에 4배나 폭등한 사건)와 2차 오일쇼크(1978년 12월 회교혁명을 일으킨 이란이 전면전인 석유수출 중단에 나서고 1980년 9월 이란-이라크 전쟁으로 원유가격이 단기간에 3배 정도 인상된 사건)를 경험한 우리 정부는 원유가격이 폭등할 것에 대비하여 전쟁 개시 다음날인 1991년 1월 18일 곧바로 '승용차 10부제 운행' 이라는 규제를 실시하였다(승용차 10부제 운행이란 차량번호 끝자리 수와 날짜의 끝자리 수가 일치하는 승용차의 운행을 금지시키는 것이었다).

　규제 초기엔 도심에 차량 수가 줄어 좋아하는 사람들도 있었다. 그러나 일시적이었다. 곧바로 어떤 일이 벌어졌을까?

　우선 자신의 차가 다닐 수 없는 날에 차의 운행이 꼭 필요한 사람들은 자신의 차와 끝번호가 다른 렌터카를 예약했다. 대부분의 렌터카 예약이 끝나 갑자기 차가 필요했던 사람들은 차를 임대하여 사용하기 어렵게 되었다.

　경제적으로 여유가 있는 사람들은 승용차를 한 대 더 구입했다. 경제적으로 별로 여유가 없어도 차를 꼭 사용해야 하는 사람들은 어쩔 수 없이 중고차를 추가로 구입해야만 했다. 1가구 2차량의 바람이 불고 중고차 가격이 오르기 시작했다. (국세청이 발표한 1991년 1월부터 6월까지 각 월별 '주요물품 출고 동향'에 따르면 1990년 같은 기간보다 승용차 출고량은 각각 18.7~84.0% 증가했고, 휘발유 출고량은 각각 12.8~69.5% 증가했다.)

승용차 운행 규제로 어려움을 겪은 사람들은 서민들뿐이었다. 관료들은 예비차량을 이용하고, 기업 임원들은 회사차를 이용할 수 있었다.

직업상 승용차를 이용해야만 하는 세일즈맨들은 어려움을 겪었다. 짐을 싣고 가야 하거나 환자나 노약자와 함께 가야 하는 경우에도 어려움이 있었다.

그나마 대중교통이 발달한 도시에 사는 사람들은 다행이었다. 직장이 읍면에 있는 사람들은 더 큰 어려움을 겪어야 했다. 그러한 곳에서는 버스도 몇 시간에 한 대씩 다녔고 택시도 많지 않았다. 도시에 살며 시골에 있는 직장에 출근해야만 했던 사람들은 난감할 수밖에 없었다. 기차나 시외버스를 타고 중심지에 가도 그곳에서 직장까지의 이동 수단이 어려웠다.

다행히 걸프전은 40여 일 만에 끝났고 원유가격은 별로 오르지 않았다. 정부는 승용차 10부제를 시행한 지 두 달 만인 3월 18일에 해제하였다.

휘발유 소비를 억제하려던 승용차 운행 규제 정책은 소기의 목적을 달성하기보다는 '1가구 2차량 대중화의 시작'이라는 엉뚱한 결과를 초래하고 말았다.

불합리한 규제는
편법을 낳는다

앞에서 얘기한 바와 같이, 1991년 1월에 '승용차 10부제 운행'을 실시하자 여유 있는 사람들은 차량을 한 대 더 구입하기 시작했다. 이에 서민들만 불편하게 만든다는 불만이 생기자 정부는 10부제 운행이라는 규제를 풀 생각은 하지 않고 한 가구에 2대 이상의 차량이 있는 경우에 중과세하는 추가적인 규제를 생각했다.

그러나 그 당시 자동차등록원부가 전산화되어 있지 않아 시행하지 못하고 있었다. 그러다가 걸프전이 일찍 끝나고 승용차 운행 규제에 대한 불만이 더욱 커지자 결국 10부제 운행이란 규제를 없애는 것으로 마무리되었다.

그 후 도심의 교통난이 더욱 심해지자 정부는 또다시 차량에 대한 규제를 생각하기 시작했다. 이미 10부제 운행에 대한 시민의 불만을 경험한 정부는 1993년 중반 자동차등록원부의 전산화가 마무리되자 (운행에 대한 직접적 제한을 하지 않고) 이전에 미처 시행하지 못했던 '1가구 2차량 중과세'를 1994년부터 시작했다. 과연 그 새로운 규제의 결과는 어땠을까?

‘1가구 2차량 중과세’의 내용은 자동차를 소유한 가구가 추가적인 차량을 구입할 때 취득세와 등록세를 2배로 내게 하는 것이었다. 다만 차량을 직접 사용하는 65세 이상의 직계존비속이 각각 1대의 승용차를 취득하는 경우 중과세 대상에서 제외되었다. 그러나 미혼의 경우 단독세대주라도 독립적인 가구로 인정하지 않고 부모와 동일한 1가구로 보았다.

이러한 중과세의 부담은 누구에게 돌아갔는지 살펴보자.

이미 두 대 이상의 차량을 소유한 사람들은 문제가 없었다. 중과세는 신규 등록 차량만 대상이었다.

또한 65세 이상의 노인이 자신의 차량을 사용하고 있는 경우는 경제적인 여유가 있는 사람들이었다. 아마 국회의원이나 고위직 관료들이 자신들의 노후를 생각해서 이런 예외를 만들었는지도 모른다.

사업을 하는 사람들은 가족이 사용할 차를 사업체 명의로 등록하여 중과세를 피하였다. 실제로 부자들에게 중과세의 부담은 그리 크지 않았다. 다만, 여유도 없는 사람들이 차를 두 대씩 구입해 교통체증이 발생하는 것이 싫었을지 모른다. 그런데 왜 여유도 없는 사람들이 차를 두 대나 구입해야만 했을까?

결국 중과세의 부담은 도시가 아닌 (대중교통 수단이 미흡한) 지방에서 직장이 떨어져 있는 맞벌이 부부, 부모에게서 독립하여 다른 지역에서 직장생활을 하는 미혼자와 사업상 차량이 2대 이상 필요한 자영업자들이 지게 되었다.

그럼 어쩔 수 없이 차량이 두 대 이상 필요한 가구는 어떻게 했을까?

가족이나 친척이 사업을 하는 경우 회사 명의로 차량을 등록했다. 이 경우 구입비, 감가상각비 등이 법인비용으로 처리돼 법인세까지 절감됐다.

65세 이상의 부모님을 둔 가정은 실제 사용자가 아닌 부모님 명의로 차량을 등록했다. 그 차량이 실제로 65세 이상의 노인이 직접 사용하는지 확인할 수는 없었다. 일부는 차량이 없는 친척의 명의까지 사용했다.

결론적으로 1가구 2차량 중과세는 도심교통난 해소 효과는 보지 못하고, 사람들로 하여금 편법을 사용하게끔 유도하고, (편법을 사용하지 못하는) 배경이 없고 순진한 서민만 세금 부담을 떠안게 되었다.

부모와 떨어져 사는 독신자들의 불만이 계속되자 정부는 1996년부터 30세 이상 미혼자 중 소득이 있는 경우 중과세 대상에서 제외하였다.

그럼에도 편법은 계속되었고 정부는 결국 1998년 말에 1가구 2차량 중과세를 폐지하기로 하고 1999년부터 중과세를 적용하지 않았다.

이와 같이 불합리한 규제는 편법을 유도한다. 이러한 편법을 유도하는 많은 규제는 국민들로 하여금 편법을 쓰면 이익을 얻고, 원칙대로 하면 손해 본다는 의식을 갖게 하며 결국 국민들이 법을 경시하게 만들고 있다.

편법을 쓰는 사람들만 이득을 볼 수 있는 규제라면 차라리 없애는 것이 낫다(주택정책에 있어 일정기간 전매를 금지하는 규정도 그런 면이 있다. 대부분은 규정을 지키겠지만 일부는 근저당설정과 같은 편법적인 법률적 수단을 사용해서 권리를 넘기기도 한다. 정부가 국민의 재산에 관한 모든 것을 감시할 수는 없지 않은가?).

✻

지난 2007년 6월에 개점한 여주 프리미엄 아웃렛의 경우 판매시설의 규모가 1만 5천 m²(4537평) 이하로 제한되어 있어 건물을 3862평짜리와 4342평짜리 두 동으로 나누어 짓고 각각의 명의를 달리하여 규제를 피하였다. 규제가 없었다면 회사가 원하는 규모와 형태로 지으면 될 것을 규제 때문에 새로운 법인을 설립하는 등 불필요한 비용을 써야만 했다. 도대체 작은 규모의 판매시설을 여러 개 짓는 것과 큰 규모의 시설을 하나 짓는 것과의 차이점이 무엇인지 규제의 이유를 모르겠다.

불합리한 규제는 부정적인 결과를 가져온다

앞의 사례에서와 같이 어떤 목적을 가진 규제가 그 목적을 달성하기보다는 오히려 바람직스럽지 못한 결과를 초래하는 경우가 많이 있다.

비정규직 직업의 안정성을 보장하기 위한 '비정규직보호법'이 오히려 그들의 생활을 더욱 불안정하게 만들기도 한다.

필자가 소속된 대학 학부의 경우 시간강사 몇 분을 고용한다. 예전에 시간강사 가운데 미국 대학에서 박사학위를 받은 분과 국내 대학에서 박사과정은 마쳤으나 학위를 받지 않은 분이 있었다. 전자는 학교에 뜻이 있어 연구소 같은 곳에 취업하지 않고 시간강사를 하고 있었고, 후자는 여성인데 박사학위 취득은 포기하고 안정된 시간강사 자리가 계속되기를 원하였다.

그런데 2006년 11월에 국회를 통과한 비정규직보호법 때문에 학교 당국에서 2007학년도의 시간강사에 대한 강의시간 제한과 2년 연속 계약을 하지 말라는 기본 방침이 내려와 곤란했던 적이 있었다. 두 분의 강의에 대한 학생들의 평가도 좋은 편이어서 2년 이상 연속해서 강의를 맡기고 있었던 것이다. 서울 소재 대학은 몰라도 지방에 있는 대학에서 훌륭한 강사를 구하기란 쉽지 않았다(몇 시간 강의 때문에 서울에서 내려와 달라고 부탁하기가 힘들기 때문이다).

어쩔 수 없이 강의를 계속해 왔던 두 분은 다른 곳에서 강사 자리를 알아봐야 했다. 다행히 전자는 그 후 다른 학교에 전임교수로 취업을 하였으나 후자는 그러지 못했다.

혹자는 학부에서 필요한 분이면 전임으로 뽑으면 되지 않느냐고 할지도 모르겠다. 그러나 전자는 경영학 분야가 아닌 경제학 박사였고 후자는 교수임용에 필요한 박사학위가 없었다. 또한 두 분이 맡은 과목들이 전임을 뽑아야 할 정도로 많은 것도 아니었고 굳이 전임교수가 맡아야 할 과목들도 아니었다.

다행히 2007년 4월에 개정된 비정규직보호법 시행령에서 박사학위를 가진 대학 시간강사는 2년 이상 근무 시 정규직으로 전환시켜야 하는 의무조항에서 제외하였다. 그러나 박사학위 없이 시간강사를 하는 사람은 보호법 때문에 앞으로 2년마다 새로운 학교를 찾아다녀야 하는 처지에 놓이게 되었다.

(애초부터 시간 강사는 전임이 아니라는 것과 전임임용과는 전혀 별개의 일이라는 것을 시간강사들 모두가 알고 있다. 그래서 대부분 부업으로 생각하고 있을 것이다. 그런 상황에서 의무적인 정규직 전환이란 결국은 같은 사람을 시간강사로 2년 이상 사용하지 말라는 말밖에 안 되는 것이었다. 실제로 2009년에 많은 대학교에서 2학기를 앞두고 박사학위가 없는 시간강사들을 대량으로 해고하는 사태가 발생했다. 결국은 2010년 1월에 시간강사와 연구기관의 연구원을 비정규직 사용기간 제한대상에서 제외하는 비정규직 시행령 개정안이 통과되었다.)

비정규직의 보호는 중요하다. 그러나 2년 이상 고용 시 무조건 정규직으로 전환해야 하는 규정은 오히려 비정규직의 고용 불안정을 초래할 수도 있다. 비정규직의 보호와 기업의 영업환경 등을 고려한 합리적인 조정이 필요할 것이다. 한편으로는 다양한 고용형태를 지원할 필요도 있다. 예를 들어 단순한 대민 업무를 하는 공무원과 같은 경우 시간제 근무 등으로 일자리를 나눌 수도 있다. 오전·오후 근무로 나누어 학업과 직장을 병행하려는 사람이나, 가사와 경제활동을 병행하려는 경력 있는 주부를 고용할 수도 있을 것이다. 물론 이러한 시간제 근무자를 적정 수준으로 보호할 장치도 필요하다.

✾

지방에 공장 설립을 유도하기 위한 수도권 공장설립 규제는 본래의 취지와는 다르게 해외에 공장을 설립하게 만드는 결과를 낳기도 한다. 기업을 지방에 유치하기 위해서는 수도권 규제로 접근할 것이 아니라 지방의 주거·교육·대중교통 환경 등에 대하여 정부가 과감하게 지원하여 지방의 삶의 질을 높인 뒤 기업에 대한 지원도 병행되어야 한다.

지난 1999년 덴마크 레고 사가 경기도 이천에 '레고랜드' 테마파크를 조성하려다가 1만 8150평 이상의 대규모 관광지 개발을 금지하는 법에 걸려 포기하고 홍콩으로 옮겼다고 한다. 규제의 결과는 서민의 새로운 일자리만 만들지 못한 것이다.

규제는 시민 전체를 위한 것이어야 한다

모든 규제가 불필요한 것은 아니다. 시민의 안전과 환경을 위한 적절한 규제는 필요하다. 그러나 특정 집단을 위한 반시장적인 규제는 사라져야 한다. 다음의 경우를 생각해보자.

"D시는 '대형 마트 입점 제한'을 2020년까지 연장하기로 최종확정했다고 밝혔다. D시의 이 같은 조치는 홈플러스, 홈에버, 이마트, 롯데마트 등 대형 유통점은 인구 15만 명당 1개가 적당하다는 각종 연구 자료를 근거로 한 것이다." - 자료: 동아일보, 2007.11.29, A20면

위의 내용을 보면 사회주의 국가의 계획경제를 보는 듯하다. 그런데 D시뿐만 아니라 많은 지방자치단체(지자체)들이 이와 같이 대형 마트의 개설을 제한하고 있다.

대형 마트를 입점하기 위하여 어느 정도의 인구가 적당한지를 파악하는 것은 해당 기업이 할 일이지 공무원이 할 일은 아니다. 마찬가지로 시장경제에서 대형 마트를 입점할 것인지 아닌지는 기업이 결정할 문제이지 지자체가 결정할 문제는 아니다.

왜 관료들이 시장에 진출할 유통점의 규모와 개수를 결정하는지 알 수가 없다(정책입안자들이 쓸데없이 시장에 개입하지 말고 자신들이 해야 할 일이나 제대로 했으면 좋겠다. 그들의 잘못된 예측으로 엄청난 예산낭비를 가져오는 사례는 많이 있다. 민자 고속도로의 적자를 국가 재정으로 보전해주고 있고, 몇몇 국제공항은 국제노선이 없으며 공항 유지비조차도 건지지 못하고 있다).

대형 마트는 매장면적이 3천 m^2 이상인 소매업체를 의미한다. 기본적으로 제조업자가 표시한 정찰가격보다 할인된 가격으로 상품을 판매한다. 대부분의 서민의 입장에서는 바람직한 일이다. 그럼에도 불구하고 대형 마트의 입점을 제한하려는 가장 큰 이유로, 기존의

소규모 점포와 재래시장의 매출 감소를 이야기하고 있다.

그러나 소규모 점포와 재래시장의 이익이 시민 전체의 이익보다 중요한 것은 아니다. 상품에 대한 신뢰나 가격, 고객에 대한 서비스 등을 고려하여 재래시장, 소규모 가게, 대형 마트 어디를 선택하느냐 하는 것은 전적으로 소비자의 몫이다.

재래시장의 몰락은 안타까운 일이지만 그 책임이 전적으로 대형 마트에 있는 것도 아니다. 오히려 경제수준의 향상에 의한 생활방식의 변화에 따른 어쩔 수 없는 결과이기도 하다. 대부분의 가구가 자동차를 소유한 상황에서 자동차를 가지고 다니기 편리한 곳에서 구매를 하는 것은 자연스러운 일이다. 또한 맞벌이 부부가 많아진 상황에서 필요한 물품을 구매하기 위해 여러 가게를 돌아다니기보다 한 곳에서 다양한 물품을 구입할 수 있는 곳이 편리한 것도 사실이다. 재래시장의 문제는 대형 마트에 대한 규제로 해결할 수 있는 것이 아니다.

한편으로는 대형 마트가 생긴다고 동네의 가게가 다 사라지는 것도 아니다. 대형 마트와 이웃한 아파트 단지 상가 내에도 슈퍼마켓, 정육점, 과일가게, 화장품가게 등이 운영되고 있다. 물론 매출액에 영향을 받기는 하겠지만 대형 마트와는 차별화된 근접성 · 친근함 · 신뢰로 경쟁하고 있다. 어떤 곳에서는 대형 마트가 들어섬으로써 주변에 새로운 상권이 형성되기도 한다.

구멍가게가 사라지는 것도 경제성장과 시장 변화의 영향이다. 기존에는 구멍가게에서 들어오는 작은 수입에 만족했는지 몰라도 지금은 차라리 다른 일을 하는 것이 나아 문을 닫는 경우도 있다. 실제로 구멍가게는 사라져도 좀 더 깨끗한 24시간 편의점은 많이 생기고 있다.

　사회의 변화가 경제적 약자에게 피해만 가져오는 것도 아니다. 서민들에게도 새로운 기회가 창출되고 있다. 대형 마트 취업의 기회뿐만 아니라 사라진 구멍가게보다 훨씬 더 많은 수의 휴대폰 판매점이 생기고 있다.

　사람들은 더욱 편리한 생활을 추구한다. 기업들은 소비자의 욕구에 맞는 새로운 서비스를 제공해주고 이윤을 창출한다. 그러면서 세상은 변해가는 것이다. 변하는 세상 속에서 과거의 형태는 점차 사라져간다. 멀티플렉스 영화관이 들어서면서 기존의 극장은 사라져간다. 찜질방이 들어서면서 옛날 목욕탕의 수입은 적어진다. 이동통신이 생기면서 유선전화의 이용이 적어지고 공중전화도 사라져가고 있다. 과거의 모습이 사라진다고 새로운 변화를 막을 수는 없다. 사람들은 더 나은 것을 선택한다. 무엇이 나은지는 소비자가 결정할 문제이다.

　구멍가게나 재래시장이 사라지는 것을 막기 위해서는 애초부터 모든 변화를 거부해야 했다. 대형 슈퍼마켓도 못 만들게 하고 기존 상인들이 가게를 키우는 것도 막아야 했다. 재래시장과 소규모 가게의 매출에 영향을 미치는 것은 대형 마트뿐만은 아니다. 인터넷 쇼핑·TV 홈쇼핑·농협에서 운영하는 매장 등도 기존의 시장에 피해를 준다. 그렇다고 이러한 새로운 사업을 강제로 막을 수는 없다. 새로운 사업을 막는 것은 시민들에게 더 나은 삶을 선택할 수 없도록 막는 것과 같다.

규제로 새로운 사업을 막기보다는 소규모 가게나 재래시장이 더 나은 서비스를 제공할 수 있도록 도와주어야 한다. 소규모 가게의 경우 공동 구매할 수 있도록 도와주고 재래시장의 경우 시에서 무료 주차공간을 확보해주는 등의 방안을 마련해줄 수도 있다. 그러나 무엇보다도 먼저 시에서 생각할 것은 시민 전체의 이익이지 상인들의 이익이 아니다.

한편 새로운 사업은 새로운 일자리를 창출한다. 인터넷 쇼핑 · 홈 쇼핑 등은 쇼핑호스트, 전화상담원, 택배원이라는 일자리를 만들었다.

혹자는 대형 마트가 비정규직과 같은 고용이 불안정한 일자리만 제공한다고 대형 마트를 반대하고 있다. 그런데 그런 반대를 하는 사람들은 그러한 일자리나마 제공해주고 있는가? 그곳에 취업을 할 수 있는 기회가 생기는 것만으로도 행복한 사람들이 있다. 물론 근무조건에 대한 어느 정도의 감독은 해야 한다. 대형 마트가 많아지면 고용경쟁 때문에 직원에 대한 대우가 더 좋아지지 않을까?

대형 마트들은 일차적으로 도시의 중심부부터 개점을 하였다. 그런 상태에서 도시 외곽의 주거단지 부근에 대형 마트 개설을 막는 것은 어떠한 효과를 가져오는지 생각해보자.

자신이 사는 지역의 인근에 대형 마트가 없다는 이유만으로 대형 마트를 이용하지 않고 재래시장을 이용하는 사람은 별로 없을 것이다. 어차피 차를 가지고 쇼핑을 하러 간다면 그들이 편리하다고 생각하는 곳으로 갈 것이다. 그리고 현 상태에서는 재래시장보다 도심에 있는 대형 마트를 선택할 사람이 많을 것이다.

그들은 도심에 있는 아파트에 사는 사람보다 시간과 비용을 더 들여 쇼핑을 해야 한다. 도시 외곽에 대형 마트가 들어서지 못하도록 규제하는 것은 그곳에 사는 서민들의 생활의 질을 향상시키지 못하도록 막는 것과 같다. 서민들을 위한다는 규제가 서민들의 일자리를 못 만들게 하고 그들의 주거환경을 상대적으로 악화시키고 있다.

시에서 대형 마트의 적절한 수를 고려하여 새로운 대형 마트의 입점을 막는 것은 이미 설립된 대형 마트의 이익을 보장해주는 결과를 초래할 뿐이다. 한편으로는 기업 활동에 규제를 가하면서 다른 한편으로는 기업의 이익까지 고려해주는 행정당국의 행태는 이해하기 어렵다.

(앞의 D시는 대형 마트 신규입점에 대한 규제는 계속하지만 2013년부터 백화점 신규입점은 전면 허용하기로 하였다. 대형 마트와 백화점 어느 것이 진짜로 [도시 외곽에 사는] 서민을 위한 것일까?)

대형 마트
규제의 영향

앞에서 불합리한 규제는 편법을 유도한다고 했다. 많은 지자체들이 소규모 가게를 보호한다는 명목으로 대형 마트의 입점을 제한하자 기업들은 어떻게 했을까? 유통사업의 확장을 포기했을까? 그럴 리는 없다. 기업은 이윤을 창출할 수 있는 곳이면 어디든지 간다. 그런데 기업의 이윤 창출을 부정적으로 볼 것이 아니다. 기업은 소비자가 원하는 상품이나 서비스를 제공하고 이익을 얻는다. 직접적인 대가없이 돈을 가져가는 것은 세금뿐이다.

규제로 대형 마트의 입점이 어려워지자 유통사업을 확장하려는 기업은 대형 마트 대신에 규제대상이 아닌 3천 m² 미만의 대형 슈퍼마켓(Super Supermarket: SSM)을 만들었다. SSM은 식품과 생필품도 취급하고 편의점보다 저렴한 가격으로 상품을 공급함으로 소비자에겐 바람직한 면이 있지만, 주거지역 가까이 들어섬으로써 슈퍼마켓에는 기존의 대형 마트보다도 더 위협적인 존재이다.

그런데 소비자의 입장에서는 의류나 화장품 등 다양한 매장이 있는 대형 마트가 더 바람직할 수도 있다. 대형 마트는 값비싼 백화점의 경쟁상대가 되기도 한다. 어느 것이 소비자에게 바람직한 것인지는 기업이 파악하고 공급할 문제인데, 지자체들의 일방적인 규제가 기업의 선택권을 막고 소비자의 편익을 저해하고 있다. 시민의 세금으로 운영되는 자치단체가 시민 생활의 편의를 막고 있으니 아이러니한 일이다.

SSM이 점차 늘어나 소규모 가게들의 불만이 고조되자 지난 2010년 11월에 국회는 '유통산업발전법'에 전통시장 또는 전통상점가 500m 이내를 전통시장보호구역으로 지정해서 SSM의 등록을 규제하는 내용을 담았다. 대형 마트와 SSM을 규제하면 소규모 가게와 재래시장의 모든 문제가 해결될까?

대형 마트를 규제하니 SSM을 만들고, SSM을 규제하니 SSM과 편의점 중간 형태의 소규모 점포가 문제다. 그래서 이제는 '대·중소기업 상생 협력촉진에 관한 법률'에 대기업이 운영하는 직영점, 체인점을 사업조정대상에 포함시키는 내용을 담았다.

아예 자본금이 일정 규모 이상인 기업의 유통업 진출을 막지 그러는가? 그렇게 해 봤자 대기업들은 소규모 자회사를 만들어 유통업에 진출할 것이다. 그러면 또 다시 새로운 규제를 만들고 그 규제를 피하기 위해 새로운 방법을 사용하는 악순환만 계속될 것이다.

소규모 점포와 대형 유통업체가 공존하기 위해서는 처음부터 대형 마트의 설립을 규제할 것이 아니라 오히려 일정 규모 이상의 점포에 대해서는 자유롭게 설립하도록 하되, 매장 위치에 따라 취급할 수 있는 품목에 제한을 두고 대기업이 직영하는 소규모 점포의 설립을 조정하는 것이 나았을 수도 있다. 만약에 농수산물을 주로 취급하는 재래시장 옆에 농수산물의 취급만을 제한한 대형유통업체가 들어선다면 오히려 그 옆에 있는 재래시장이 활성화될지도 모른다.

중국의 대도시에 가면 외국 자본의 대형 마트들이 있다. 물론 이마트와 같은 우리나라의 업체들도 진출해 있다. 우리보다 경제적으로 발전하지 못한 동남아 국가들을 가도 대형 마트들이 존재하고 수많은 손님들이 있다. 반기업적 정서로 대형 마트에 계속적인 규제를 가하면 우리나라의 유통산업은 동남아 국가들보다 뒤떨어질 수도 있다.

현재 우리의 생활 물가는 유럽이나 일본과 같이 우리보다 경제적으로 발전된 나라보다 높은 것으로 알려져 있다. 그 이면에는 아직도 덜 발달된 유통산업의 영향도 있을 것이다. 우리의 유통산업은 규제의 대상이 아니라 오히려 지원·육성해야 할 대상이다. 그런데 대기업을 규제하고 재래시장을 지원하는 것이 유통산업의 현대화를 위한 것인지는 의심스럽다. 재래시장 상인들은 자신들의 자녀도 재래시장에서 일하길 바랄까?

지역 백화점이 진정 지역발전에 도움이 될까?

서울에 본사를 둔 백화점이 지방에 입점을 하려고 하면 그 지역에 기반을 둔 백화점이 중심이 되어 반대 여론을 형성하는 경우가 있다. 반대 이유로는 주로 외부자본에 의한 지방상권의 약화를 들고 있다. 지자체들도 이러한 여론을 이유로 유통시장에 외부자본이 들어오는 것에 대해 부정적인 태도를 취하곤 한다.

그런데 일반 시민의 입장에서, 과연 외부자본이 들어오는 것보다 지역에 기반을 둔 유통기업이 더 바람직한지에 대하여 의문을 갖지 않을 수 없다. 지역에 기반을 둔 기업에 대하여 정서적으로 호의를 가질 수는 있으나 그러한 기업이 실제로 그 지역에 도움이 되는지는 냉정하게 생각해보아야 한다.

어느 지역에 사는 기업의 소유주가 이윤을 얻을 경우 그것이 모두 그 지역에서만 사용되는 것일까?

그 기업의 소유주는 해외여행을 가고, 그 자녀들도 서울이나 해외로 유학을 가서 그 지역에서 번 돈 가운데 많은 부분을 외부에서 사용할 것이다. 어쩌면 돈을 더 벌게 되면 서울로 이사갈지도 모른다.

냉철히 얘기하면 외부자본의 유입을 반대하여 경쟁상대의 진입을 막는 것은 지역기업의 소유주나 그와 관련된 일부의 사람들에게만 이익이 될 뿐이지 일반 시민에게는 아니다. 시민의 입장에서는 외부자본이건 지역 내 자본이건 더 나은 일자리를 제공하고 더 좋은 상품과 서비스를 제공하는 기업이 바람직한 것이다.

실제로 어느 지방 백화점의 경우 새로운 지점을 신축하는 과정에서 부도가 났다. 부도 이유에 대해서는 여러 소문이 있었으나 그 내막을 자세히 알 수는 없고, 부도 결과 외부자본이 그 백화점을 인수하여 서울 소재 백화점의 분점이 그 지역에 진출하게 되었다. 사라져버린 백화점 관계자에게는 미안한 말이지만 결과는 지역 주민들에게는 바람직한 것이었다.

기존보다 향상된 운영방식으로 새로운 백화점의 서비스는 개선되었고 상품의 질도 좋아졌다. 물론 직원들의 급여도 상승하였다.

이후 대형 유통업에 외부자본이 들어오는 것을 반대하던 중심세력이 사라져 더 많은 백화점이 그 지역에 들어섰다. 외부자본이 유입되어 시민들의 생활수준이 향상되고 지역 내 새로운 일자리도 생긴 것이다.

서울이 발전한 것이 서울에 사는 기업인만을 우대하기 때문이 아니다. 어느 지역 출신이건 다 받아들이기 때문에 서울이 발전하는 것이다.

지방에 외부 유통업체가 들어올 경우 관리직의 일부는 외지 사람일 수도 있다. 그러나 그러한 사람들도 그 지역에 들어와 살면 그 지역 주민이 된다. 지방의 인재가 자꾸 서울로 빠져 나가는 것은 지방에 좋은 일자리가 없기 때문이다.

외부자본의 유입을 막는 것은 지역 내 새로운 일자리를 막아 젊은 지역민을 자꾸 외지로 쫓아내는 것과 같다. 좋은 일자리와 젊은 이들을 외지에 뺏기고 그냥 남아있는 사람들끼리 발전 없이 그럭저럭 살자는 것일까?

기본적으로 중앙정부에서는 유통시장에 대한 규제를 반대한다. 그럼에도 불구하고 많은 지자체들은 제조업이나 여타의 기업이 들어오는 것에 대하어는 호의적이면서도 외부의 백화점·대형 마트·대형 서점 같은 유통업체에 대해서는 그다지 협조적이지 않다. 제조업체보다 유통업체가 시민 생활에 직접적으로 도움이 되는데도 말이다.

지역에 기반을 둔 대형 유통업체도 소규모 상인들에게 피해가 되기는 마찬가지인데 유독 외부자본에 의한 대형 유통업체에 대하여 부정적인 태도를 보이는 이유는 무엇일까?

근본적인 이유는 유통업은 지역의 기업과 경쟁하기 때문일 것이다. 어쩌면 시의원이나 정책 결정권자 가운데 그 지역의 기업과 관련된 사람들이 있을지도 모른다. 어쨌건 외부의 대형 유통업체가 들어오는 것을 반대하는 것이 그 지역 시민 전체를 위한 것은 아니다.

유통산업 발전을 통한 지방재정 확충 방안

지자체에서 외부 대형 유통업체의 진입을 규제하는 또 다른 이유로 지역자본의 외부 유출을 말하고 있다. 본사를 서울에 둔 유통업체들이 매출액 대부분을 지역 금융기관에 유치하지 않고 서울로 보내서 그 결과 지역 내 기업의 자금조달이 어렵다는 것이다. 국제금융시장도 개방하는 마당에 참으로 '우물 안 개구리' 식의 사고방식이다.

국내기업이 새로운 투자를 위해 해외자본을 끌어오듯이 지역 내 기업의 사업전망이 좋다면 충분히 지역 금융기관이 아니어도 자금을 융자받을 수 있다. 역으로 지역 금융기관은 무조건 지역 내 기업만을 지원하도록 한다면 지역 금융기관의 부실을 초래할 것이다.

한편 매출액 모두가 서울의 본사로 들어가는 것도 아니다. 지역 내 직원들의 임금으로 돌아오는 돈도 있고, 상품 매입비용은 상품 공급업체에게 돌아간다. 결국 본사로 들어가는 것은 순이익 부분인데 서민 입장에서 지역기업의 소유주가 가져가는 것과 아무 차이가 없다. 소유주가 누구이든 주민이 원하는 상품과 서비스를 제공하고 그에 합당한 이익을 얻는 것은 동일하다.

그럼에도 불구하고 그 지역에서 번 수익을 서울로 가져가는 것에 대하여 정서적 거부감이 있을 수는 있다. 비록 지역의 서민들에게 일자리를 제공해주고 수익의 일부를 지자체에 지방소득세로 내지만 말이다(본사에서 법인세를 낼 때 영업장의 종업원 수와 건축물 면적에 비례하여 법인세에 붙는 지방소득세를 안분하여 영업장 소재지에 내고 있다).

그런데 지방소득세가 매출액에 비하여 금액이 그다지 크지는 않다. 간단한 가정 하에서 독립적인 매장에 대한 지방소득세를 추산하면 다음과 같다. 연간 매출액이 1천억 원인 영업장의 경우 모든 비용을 제외한 순이익이 10% 정도라면 100억 원이 순이익이 된다. 그에 해당하는 법인세율을 25%라고 하면 25억 원이 중앙정부가 가져가는 세금이고, 25억의 10%인 2억 5천만 원이 영업장 소재지에 내는 지방소득세다. 지역 주민이 1천억 원을 지출하였는데 중앙정부가 가져가는 세액에 비해 지방소득세는 너무 적다.

물론 지자체가 하는 일이 부정적인 면도 있지만(청사나 새로 짓고 시의원 급여나 올리는 등), 지방세가 지역 주민을 위하여 사용된다는 가정하에 주민이 사용한 돈이 지역에 더 많은 혜택으로 돌아갈 수 있는 방법을 생각해보자.

가장 간단한 방법으로 매출액의 일정부분(1~2% 정도)을 영업장 소재지 지자체에 내는 '판매세'를 생각해볼 수 있다. 위에서 말한 바와 같이 매출액이 1천억 원이라면 10억에서 20억 정도를 지방정부에 내는 것이다. 그런데 이러한 세금이 추가로 부과되면 결국 판매가격이 상승하여 그 부담은 소비자가 지게 된다.

그렇다면 시민들에게 추가적인 세금 부담 없이 이러한 판매세를 도입하여 지방재정을 확충할 수는 없을까?

그 방법 또한 별로 어렵지 않다. 상품의 판매가에는 상품가격 10%에 해당하는 부가가치세가 포함되어 있다. 부가가치세 또한 중앙정부가 가져가는 돈인데 그 부담은 최종소비자가 지고 있다. 기업이 부가가치세를 낼 때 매입세액만큼을 공제하는데, 공제 또는 환급대상으로 지방정부에 납입한 판매세액도 포함시키는 것이다. 이 경우 국세인 부가가치세의 일부를 지방세로 전환하는 것일 뿐이므로 소비자가 추가로 부담할 세금은 없다.

물론 중앙정부의 세수가 줄어들게 되겠지만 어차피 중앙정부 예산의 많은 부분을 지방교부금으로 주고 있어 지방정부의 독립적인 예산 확보를 위한 여러 가지 방안을 고려하고 있는 상황이다. 앞에서 얘기한 판매세의 경우 시민들의 추가적인 세금 부담 없이 지방재정을 확충할 수 있는 하나의 방법이다. 논리적으로도 최종소비자가 부담하는 세금을 소비가 이루어지는 지역에 나누어 주는 것이 옳다(어차피 최종소비자가 부담하는 세금이므로 실제로는 판매세가 아니라 소비세라고 하는 것이 맞다. 다만 세금을 직접 납부하는 것은 판매자이어서 일단은 판매세라고 칭하였다).

한편으로는 매출액의 일정 비율이 아니라 판매가 이루어지는 영업소에서 납입하는 부가가치세의 일정 부분을 지방정부에 교부하는 방법도 있다. 이 경우 새로운 항목의 세를 만들지 않아도 된다. 중간 유통단계에서 발생하는 부가가치세액은 중앙정부가 가져가고 최종 소비단계에서 발생하는 부가가치세액은 지방정부로 돌아가게 하는 것이다(2010년부터 부가가치세액의 5%를 '지방소비세'로 전환하여 지자체에 납부하는 제도가 시행되고 있다).

이러한 판매세를 대형 유통업체부터 시행하고 점차로 주유소와 같이 비교적 매출액이 투명한 소규모 소매점으로 확대해 나간다면 아마도 지방정부는 재정수입 확대를 위해 유통산업의 현대화를 위한 지원에 적극 나설 것이다.

필요한 규제에 대해 공무원들은
도우미 역할을 해야 한다

지난 2006년 12월 문화방송의 '불만 제로'라는 프로그램에서 '소화기 사기단'이라는 내용을 방영한 적이 있다. 그 이후 2007년 5월에도 다른 방송의 뉴스에서 유사한 내용을 보도한 것을 보면 소화기 교체 사기 사건이 지속적으로 이루어지고 있는 것 같다. 그 내용은 다음과 같다.

소방공무원처럼 보이는 복장을 입은 사람들이 PC방, 노래방, 숙박업소, 약국, 재래시장 등을 돌며 소화기 점검을 나왔다고 하고는 멀쩡한 소화기를 불량하다고 말하며 가져간다. 그 뒤 다른 소화기를 갖다 주며 개당 3만 원씩 받는다는 것이다(새로운 소화기는 다른 영업장에서 가져와 겉만 닦아낸 것이다).

그런데 그 일을 했던 사람들의 말에 의하면 일부 업소에서는 잘 봐 달라며 봉투에 돈을 넣어 건네주는 경우도 종종 있었다고 한다. 물론 그들은 공무원이 아니었다. 그러나 돈을 건넨 업주는 그들을 단속 공무원으로 알았을 것이다.

위의 내용으로 일반 서민들이 가진 공무원에 대한 의식의 일면을 볼 수 있다. 서민들에게 공무원은 행정서비스를 제공하는 사람들이 아니라 단속을 하는 사람들로 생각되는 것이다. 반대로 일부 공무원 또한 시민들을 단속대상으로 여기고 있다.

공무원은 시민들을 단속하기 위해서 존재하는 것이 아니다. 공무원은 시민 생활의 안전과 복지 증진을 위한 공공서비스를 제공하기 위하여 존재한다.

생활의 안전을 위한 규제는 필요하다. 그러나 그 경우에도 단속 위주의 방식이 아니라 규정을 지키도록 도와주는 방식이 필요하다. 그런데 공무원들보고 아무리 서비스 정신을 가지라고 해도 과연 그들이 시민 위에 군림하려는 자세를 버릴 수 있을까?

말로만 서비스 정신을 강조한다면 아마도 공무원들의 자세는 쉽게 바뀌지 않을 것이다. 그들이 아쉬운 것이 무엇이 있는가. 결국 공무원들의 업무 평가에 대한 제도를 바꾸어야 한다. 그런데 어떻게 바꾸어야 할까?

그 방법 중 하나로 규정 준수 여부에 대한 책임을 담당 공무원이 함께 지도록 하는 방안을 생각할 수 있다.

소방시설에 대한 예를 들어보자. 일반인들은 소방법에 대하여 잘 모르고 있다. 영업장을 관리하는 대부분의 사람들도 소방법 규정에 대하여 자세히 알지 못할 것이다. 따라서 점검 공무원이 오면 미비한 것이 걸릴까봐 두려워할 수밖에 없다.

이제 소방시설을 담당하는 공무원들을 지역별로 할당하여 자신이 맡은 지역에 책임을 함께 지도록 하자. 즉 자신이 담당한 지역에서 소방법 규정을 어긴 것이 적발될 경우 담당자에 대해서도 업무를 성실히 이행했는지 여부에 대해 책임을 묻도록 하는 것이다. 이 경우 담당자는 자연히 자신의 책임지역에서 문제가 발생하지 않도록 노력할 것이다.

그런데 담당자가 아무리 노력해도 건물주나 업주가 법규를 준수하지 않으면 어쩔 수 없다. 따라서 담당자가 책임질 수 있는 한계를 두어야 한다.

담당자가 할 일은 법규 준수를 위하여 이행해야 할 일이 무엇인지를 대상별로 구체적이고 알기 쉽게 설명해주는 것이다. 즉, 단순하게 법규 이행만 요구할 것이 아니라 PC방, 여관, 신축 건물 등에 대해서 그 업종과 규모에 따라 어떤 설비를 얼마만큼 어디에 설치해야 하는지 문서로 알려주어야 하는 의무를 두는 것이다.

신축 건물에 화재가 나면 소방시설이 갖춰지지 않았는데도 준공검사가 난 것이 적발되곤 한다. 이 경우 검찰이 담당 공무원의 뇌물수수 여부에 대하여 조사하는 데 뇌물수수 여부와 관계없이 소방시설 담당 공무원의 직무유기에 대한 책임을 묻는 규정을 두어야 한다. 담당자가 명확하게 필요한 시설에 대한 설명과 현장 확인을 했는지 물어야 한다는 것이다.

소방시설 점검도 범죄현장이 아닌 다음에야 불시 점검보다는 충분한 기간 전에 점검 대상에게 준비해야 할 것과 점검 내용에 대해 구체적으로 알려주어야 한다. 지역 담당자와 점검반이 독립되어 있다면 담당자는 자신의 지역이 단속에 걸리지 않도록 업주들이 충분한 준비를 하도록 협조할 것이다. 소방법은 단속하기 위해서 존재하는 것이 아니라 시민의 안전을 위해 필요한 시설을 확보하도록 하는 데 그 목적이 있다.

안전에 대한 규제가 단속만을 위한 것이어서는 안 된다. 오염물질 배출에 대한 규제도 실제로 오염물질이 배출되지 않도록 담당공무원이 감독과 함께 행정적인 지원이 이루어지도록 해야 한다.

실제로 많은 중소기업들이 법규의 애매한 조항 때문에 곤란을 겪고 있다. 소방법뿐만 아니라 여러 규정에 대한 정확하고 상세한 설명을 해주고 그 이행여부에 대한 책임을 담당공무원들이 함께 지도록 하는 방안을 마련해야 한다.

속도위반 카메라는 범칙금 수입을 위한 것이 아니다

그 밖에도 안전을 위한 규정을 단속 위주의 사고를 갖고 이행하는 경우는 많이 있다. 2007년 여름에 자동차 과속 방지를 위해 시행한 구간단속에 대한 내용이 TV에 소개된 적이 있다. 구간단속은 두 지점에 카메라를 설치하고 카메라 사이에서의 평균속도가 제한속도를 초과하는지를 단속하는 것이다. 물론 교통안전을 위한 것이겠지만, 혹시라도 구간단속을 확대하는 것이 범칙금이나 과태료 부과를 통해서 재정 수입을 확충하려는 의도로 사용되지 않을까 염려스러웠다. 만약 범칙금 부과가 목적이 아니라면 먼저 현실을 고려한 제한속도를 재설정하고 속도 단속에 대한 충분한 고지가 우선되어야 한다.

먼저 이 글이 2007년 8월에 작성된 것임을 양해해주시길 바란다. 그 당시에는 경부고속도로의 제한속도는 100km였다. 지난 2010년 9월부터 경부고속도로 양재에서 천안 사이 구간의 제한속도가 110km로 바뀌었다.

경부고속도로의 서울-대전 구간을 승용차로 주행해보면 다른 대부분의 차량이 시속 120km 정도로 달리고 있다. 물론 필자도 100~120km 속도로 달린다. 제한속도를 지키지 않는 것은 다들 공감하듯이 도로에서 교통 흐름을 따라가는 편이 혼자만 천천히 가는 것보다 오히려 안전하기 때문이다.

경부고속도로의 서울-대전 구간은 한쪽 방향의 도로가 3차선 이상으로 되어 있다. 그런데 2차선인 서해안고속도로나 중부고속도로의 제한속도가 110km인데 경부고속도로의 제한속도가 100km인 것은 이해가 가지 않는다. 도로 상태도 중부고속도로보다 경부고속도로가 나은데도 말이다.

아마도 규제를 만드는 데만 익숙한 공무원들이라 기존의 규제를 완화하는 데는 관심이 없기 때문이 아닐까 싶다. 혹시 대전 이남의 도로 사정이 좋지 않아 그런 거라면 서울-대전 구간만이라도 제한속도를 올려야 하지 않을까? 지금은 감시카메라가 있는 곳에서 갑자기 속도를 줄이는 차 때문에 오히려 사고의 위험이 증가하고 있다.

예전에는 과속을 단속하기 위한 고정 감시카메라가 많지 않았고 주로 교통경찰이 스피드건을 가지고 단속하는 경우가 많았다.

필자가 처음으로 차를 가지게 된 20년 전, 경부고속도로를 타고 대전에서 서울에 가던 길이었다. 구간에 따라서는 많은 차량들이 시속 120km 이상으로 달리고 있었다. 제한속도를 지키려 애썼지만 교통의 흐름을 방해할 수 없어 나도 110km 정도의 속도로 가곤 했다.

그런데 죽전 휴게소 부근의 직선 구간에서 필자의 차가 너무 늦다고 여겼는지 뒤따라오던 많은 차량이 내 차를 추월하여 달렸다. 아마도 나보다 20km 이상은 빨리 달리는 것 같았다. 필자도 앞선 차량들과 같은 속도를 낼까 하였지만 지나치게 빠른 것 같아 그냥 110km를 유지하였다. 그 결과 당연히 앞선 차량 무리에 뒤쳐져 홀로 가고 있었다.

그런데, 이런!

곧바로 저 앞에 있는 교통경찰이 눈에 띄었다. 경찰은 손짓하며 나를 불렀고 과속에 따른 범칙금을 부과하였다. 무리지어 가던 앞선 차량들은 잡을 수가 없으니 상대적으로 천천히 홀로 가던 차를 잡은 것이다.

그 후부터는 필자도 고속도로 주행 시 속도와 관계없이 일단의 차량 무리를 뒤쫓아갔다. 그 뒤로는 고속도로에서 과속으로 걸린 적이 없다. 다만, 주말인지 모르고 아침에 서울에 가다가 '왜 이리 고속도로가 한가하지?' 하면서 1차선으로 느긋하게 가다가 버스전용차선 위반으로 걸린 적은 있지만 말이다.

고속도로뿐만 아니라 지방도로에서도 상대적으로 천천히 가다가 과속으로 단속된 적이 있다. 태안에서 대전으로 오던 길이었다. 지방도로라 제한속도가 대부분 60km였다. 언덕에서 내려가던 길이었는데 뒤에 오던 두 대의 차량이 필자의 차량을 추월해 빨리 달리고 있었다. 뒤쫓아갈까 하다가 그냥 느긋하게 가야지 하면서 60km를 유지했다.

언덕이 끝나고 우측으로 돌아서자 마을 어귀가 시작되는 곳에 교통경찰이 서 있었다. 경찰이 손짓하기에 가까이 가서 창문을 열었다. 과속이란다. 60km로 달렸는데 무슨 과속이냐니까 여기는 제한속도가 40km란다. 40km 제한속도 표지판은 본 적도 없었다. 함정단속이었다. 내 앞에 가던 차들은 왜 안 잡았느냐고 하니까 경찰도 미안했던지 싼 걸로 끊어주겠다며 안전벨트 미착용으로 범칙금을 부과하였다(아주 오래전의 얘기다).

교통경찰에 의한 단속이 일부 차량만을 단속한다거나 범칙금대신 경찰에게 직접 돈을 건네는 문제점이 발생하고 함정단속에 대한 불만이 제기되자 경찰에 의한 단속보다 고정 카메라에 의한 단속이 확대되었다.

고정 카메라 방식은 제한속도를 위반하는 모든 차량이 공평하게 단속된다는 면에서 바람직했다. 그러나 지나치게 많은 차량이 단속되어 운전자들의 불만이 많아지자 카메라 위치를 미리 표시해주는 서비스가 제공되었다.

단속 카메라가 범칙금 부과를 위한 것이 아니라 교통안전을 위한 것이라는 점에서 바람직한 방향이었다. 그렇지만 현실적인 상황을 고려하지 않은 제한속도가 존재하고, 때로는 범칙금 부과를 목적으로 한 단속 카메라라는 의심이 드는 곳이 있는 것도 사실이다.

앞에서 얘기한 경부고속도로의 서울–대전 구간의 차량이 대부분 제한속도를 넘어서 달리고 있을 뿐만 아니라, 1번 국도의 천안–조치원 사이의 일부 구간(약 15km 정도)도 건널목이 없어 대부분의 차량이 자동차 전용도로 수준인 시속 100km 이상으로 달리고 있지만, 실제 제한 속도가 80km이다.

일부 고속도로는 진출로로 들어서자 곧바로 50km 표시와 단속 카메라가 나타나고, 톨게이트를 지나 거의 고속도로 수준인데 80km 제한속도가 유지되다가 갑자기 60km로 바뀌면서 단속 카메라가 나타나기도 한다. 혹시 가짜 카메라일지도 모르겠지만, 이런 카메라는 오히려 운전자를 놀라게 만들어 사고를 유발하기도 한다.

지방도로에서도 동일한 도로 상황인데, 이유를 알 수 없는 곳에서 갑자기 제한속도가 낮아진 표지판과 함께 단속 카메라가 동시에 나타나기도 한다.

교통안전을 위한 단속 카메라의 존재를 반대할 이유는 없다. 그러나 도로 상황을 고려하지 않은 제한속도와 갑작스런 제한속도의 변경 등은 재정수입 증대를 위한 목적이 아닐까 의심스럽다.

이런 상황에서 TV에 구간단속이 소개되는 것을 보면서, GPS나 내비게이션 등을 장착한 차량이 많아지면서 단속에 걸리는 차량이 줄어들자 구간단속이라는 새로운 시스템을 확대하려고 하는 것이 아닐까 염려스러웠던 것이다.

교통안전을 위한 단속은 당연한 것이다. 그러나 단속이 목적이 아니라 교통안전이 목적임을 확실히 해야 한다. 단속을 강화하기 이전에 도로 상황에 맞는 제한속도의 재설정이 필요하고, 갑작스러운 제한속도 변경 이전에 충분한 안내가 선행되어야 한다.

같은 도로라도 차량이 없을 때는 좀 더 속도를 낼 수도 있다. 현재는 단속 카메라가 없는 곳에서는 운전자들이 나름대로 교통 상황에 따라 속도를 조절하며 달리고 있다. 그런데 구간단속이 확대되면 운전자들은 도로 상황과 상관없이 규정을 강요당하게 된다.

구간단속이 바람직한 면도 있겠지만 시민 운전 생활의 모든 면을 통제하게 되지 않을까 염려스럽다. 통제와 자유의 적절한 조화를 고려해야 할 것이다.

지난 2009년 9월에 경찰청은 규제완화의 일환으로 도로의 제한속도를 조정하는 방안을 추진하겠다고 발표하였다. 그 1년 뒤 경부고속도로 일부 구간의 제한속도가 상향 조정되었다. 하지만 아직까지는 그게 전부인 것 같다. 물론 급격한 변화보다 변화의 결과를 살펴보며 점차 변화시켜 나가는 것도 나름대로 의미는 있다. 그러나 제한속도가 오히려 사고를 유발할 가능성이 많은 곳은 빨리 조정이 되어야 한다.

예를 들어 고속도로 진출로의 경우 대부분의 차량이 60km를 넘는 속도로 달린다. 그런데 진출로의 제한속도가 50km이내이고 단속 카메라가 설치된 곳도 많이 있다. 이런 곳에서 갑자기 50km로

속도를 낮추면 뒤에 오는 차와 추돌을 일으키지 않을까 염려스럽다. 이러한 진출로는 대부분 커브길이라 제한속도 표지판이 보이는 곳에서 그 속도를 지키려면 급격하게 속도를 낮추어야 한다.

필자가 자주 다니는 고속도로의 진출로도 그렇다. 제한속도를 지키려면 제한속도 표지판이 안 보이는 곳에서부터 뒤차의 눈치를 보며 미리 속도를 낮추어야 한다. 그러면 뒤차는 신경질을 내며(아마 그럴 것이다) 내 차를 추월한다. 그리고는 곧바로 제한 속도 표지판과 단속 카메라와 맞닥뜨린다. 어쩌란 말인가?

용기 있는 자는 카메라를 무시하고 그냥 지나갈 것이다. 소심한 사람은 고민에 빠진다. 그냥 지나쳐 범칙금을 낼 것인가? 뒤차는 무시하고 급격히 속도를 낮춰 사고의 위험을 감당할 것인가?

사고 위험 때문에 몇 번 그냥 지나치다 보니 알게 된 것이지만, 다행스럽게도(?) 필자가 자주 다니는 진출로의 단속 카메라는 고장이 난 것 같다. 그래도 그 길을 다닐 때마다 경찰이 언제 그 카메라를 고쳐서 내 뒤통수를 때릴지 조금은 불안하다(이럴 때는 힘 있는 사람이 조금은 부럽기도 하다. 힘 있는 사람이라면 언제 단속 카메라가 제대로 작동하는지 미리 알 수 있을 텐데 말이다). 필자는 그냥 앞차와 같은 속도로 다닐 수밖에 없다. 앞차가 범칙금을 각오하고 빨리 달리는 차가 아니길 바랄 뿐이다.

고속도로 하이패스 전용 진출로의 제한속도도 문제가 있다. 대부분 60km 정도로 달리고 있는데 갑자기 30km 이하로 속도를 줄이라고 한다. 차가 밀려있을 때는 문제가 없다(그 경우에는 속도를 제한할 필요도 없다). 그런데 차가 밀려있지 않고 뒤에 다른 차량이 따라오고 있는 경우가 문제다. 급격히 속도를 낮추면 사고가 나기 쉽다. 결국 속도를 낮춰도 40km를 넘는다. 규정을 지키려면 사고를 감수해야 한다. 실제로 지난 2010년 10월에 있었던 한국도로공사 국정감사에서 하이패스 통행속도를 30km로 제한한 이후 사고 건수가 한달 평균 2.7건에서 4건으로 늘어났다는 지적이 있었다.

법을 지키려는 사람들이 오히려 위험해지는 것이 문제다. 그냥 적당히 알아서 하라고? 이제는 제발 이러지 말자. 지킬 수 있는 법을 만들고 법을 지키는 사람들이 안전한 사회를 만들자.

어느 섬 이야기

동남아시아 어느 마을에서 바구니 배에 한 사람씩 타고 고기를 잡는 모습을 TV 방송 프로그램을 통해 본 적이 있다. 일거리가 없는 그곳에서는 바구니 배를 타고 하루에 고기 몇 마리를 잡는 것이 생계수단이었다.

제법 큰 규모의 개발되지 않은 한 아름다운 섬을 상상해보자. 섬 토지 대부분은 몇 명의 대지주가 소유하고 있다. 대다수 주민들은 지주가 소유하고 있는 농장에서 일하거나 바구니 배를 타고 근해에서 고기 몇 마리를 잡는 것으로 생계를 유지하고 있다. 나름대로 자신들의 생활에 만족하고 있는 지주들은 특별히 다른 산업에 투자할 생각이 없다. 어쩌면 새로운 산업에 도전할 기업가 정신이 없기 때문일 수도 있고, 투자할 자본이 없기 때문일 수도 있다.

섬 주민들은 그저 그렇게 살아가고 있다. 교육을 받는다고 해도 사용할 곳도 없는 그들이 자신의 삶을 바꿀 수 있는 유일한 길은 타지에 나가는 것뿐이다. 경쟁이 없는 그들의 삶이 평화롭고 행복해보일지도 모르겠다. 그러나 그들에게도 자연재해나 질병이 존재하고 지주의 횡포도 있다. 경제적 풍요로움이 행복을 보장하는 것은 아니지만, 행복한 삶을 살기 위해서는 최소한의 경제적 안정이 필요한 것도 사실이다.

어떤 시점에서 그 섬에 외부의 자본이 들어오기 시작했다. 그 이유를 상상해보자. 대지주 가운데 한 명이 섬 주민의 생활을 개선하고자 시혜적 차원에서 사업을 시작했을 수도 있다. 그러나 이것은 현실성이 그다지 높지는 않다. 또한 시혜적 사업은 그 추진력이 강하지 않아 발전 가능성 또한 낮은 편이다. 그보다는 대지주 가운데 한 명이 보다 더 큰 경제적 이익을 얻고자 새로운 사업을 시작했다고 보는 편이 낫다.

다음과 같은 상상도 할 수 있다. 대지주 가운데 한 명이 해외여행을 갔다. 카지노에 들른 그는 도박의 매력에 흠뻑 빠져 며칠간 그곳에 머물렀다. 물론 그 결과는 참담했다. 수십억 원의 빚을 진 것이다. 많은 현금을 지니고 있지 않았던 그는 자신이 보유한 섬의 토지를 담보로 돈을 빌렸다. 돈을 갚을 길이 없던 그는 결국 자신이 보유한 땅을 카지노에 넘겼다. 만약 대지주들이 투자의욕이 없을 뿐만 아니라 변화를 싫어해서 외부자본의 유입을 반대하고 있었다면 이와 같은 상상이 오히려 현실적이다.

그 땅의 가치를 어느 정도 파악하고 있던 카지노의 재무담당자는 새로운 관광 사업을 찾고 있던 기업가에게 더 큰 이익을 남기고 땅을 넘겼다. 본래 그 땅을 보유하고 있었던 지주에게는 안 된 일이다. 그러나 그 땅이 별장이나 짓고 한가한 삶을 즐기려는 사람에게 넘어가지 않고 사업을 하는 사람에게 넘어간 것은 섬 주민에게는 경제적으로 좋은 일이다.

관광 사업을 염두에 둔 사업가는 우선 작은 규모의 배가 들어올 수 있는 선착장을 만든다. 처음부터 대규모 호텔을 짓는 것은 위험 부담이 커서 방갈로를 여러 채 짓고 조그마한 유람선을 운영했다.

이제 그에 따라 섬 지역주민에게 발생하는 경제적 변화를 상상해 보자. 비록 단기간이지만 선착장과 방갈로를 만드는 곳에서 일할 기회가 생긴다. 선착장과 방갈로를 관리하고 청소하는 일도 생긴다. 관광객을 상대로 민속공예품 가게를 열 수 있다. 관광객에게 음식을 제공하는 가게도 할 수 있다. 비록 조그만 변화이지만 섬 주민들에게 새로운 일자리를 찾을 기회가 생긴 것이다.

그 섬에 왔었던 관광객들은 아름답고 평화로운 그곳에 매료되었다. 아름답고 깨끗한 섬, 백사장, 바다에 대한 얘기를 들은 많은 사람들이 그 섬에 가보고 싶어 했다.

사업가는 더 많은 자본을 끌어들여 사업을 확장하기로 했다. 대규모 호텔을 건립하고 식사를 하고 공연을 볼 수 있는 시설도 만들었다. 대지주들을 설득하고 회유하여 필요한 도로도 만들고 레저용 차량도 들여와서 정글투어 프로그램도 개발했다.

이제는 교육을 받지 못한 섬 주민만으로는 확장된 사업을 영위할 수 없었다. 외부에서 호텔 운영 전문가를 초빙하고 교육받은 직원들을 선발해서 데려왔다. 공연을 할 무희들도 데려오고 레저프로그램을 운영할 사람들도 모집해왔다. 물론 외부에서 온 사람들이 거주할 수 있는 아파트와 같은 주거시설도 제공해주었다.

시설이 확장되고 외부인과 관광객이 급증함에 따라 섬 주민들에게는 전보다 훨씬 더 많은 일할 기회가 생겼다. 물론 가게를 운영하는 사람도 있지만 일자리는 대부분은 단순 노무직이었다. 호텔 및 아파트의 청소 같은 기초적인 관리, 세탁업무, 주방보조 등이 주종이다. 경험도 없고 교육도 받지 못한 그들에게는 당분간 어쩔 수 없는 일이다. 그러나 그들에게도 선택의 기회와 발전할 희망이 생겼다. 기존에 했던 농장일이나 고기 잡는 일 외에도 다른 직업을 선택할 기회가 생긴 것이다.

섬 경제가 활성화됨에 따라 교육을 받으려는 동기가 생긴다. 현지인을 고용하면 좀 더 저렴한 임금을 지불해도 될 것 같다는 호텔 경영자의 판단에 의해 호텔 직원이 되려는 현지인에 대한 영어교육 프로그램이 생긴다. 영어를 배워 호텔 직원이 될 수도 있고 레저프로그램 가이드가 될 수도 있다. 외부인들이 사용하는 자동차가 늘어

남에 따라 자동차 정비기술을 배워 차량 서비스센터 직원이 될 수도 있다. 경험이 쌓이면 외부 자금을 지원 받아 정비기계를 갖추고 직접 서비스 센터를 운영할 수도 있다. 외부인과 관광객을 위한 의료 시설과 의료진이 들어오면 그 병원을 사용할 수 있는 주민들에 대한 의료 혜택 또한 증가한다.

이제 더 나은 삶을 위해 섬을 떠나야 하는 방법만이 존재하는 것은 아니다. 섬 내에서도 나은 삶을 위한 선택의 기회가 생긴 것이다.

섬 주민들의 경제적 여건이 향상됨에 따라 더 나은 주거환경을 원하는 주민들이 많아졌다. 기존의 주택은 태풍이 불면 다시 지어야 했다. 호텔 직원을 위해 지은 아파트 값이 오르기 시작했다. 주택 가격이 상승함에 따라 외부의 건설업체가 들어와 신규 주택을 짓기 시작했다. 물론 신규 주택의 가격은 기존의 주택에 비해 상당히 비싸다. 그러나 더 좋은 집을 짓는다고 기존의 집이 사라지는 것은 아니다. 신규 주택에서 살 것인지, 기존의 주택에서 살 것인지는 주민이 선택할 몫이다.

이 이야기에서 다음과 같은 시장경제의 기본적인 내용을 알 수 있다.

첫째, 외부자본이 경제를 활성화시키는 요인이 될 수 있다. 위에서 기존의 권리를 유지하려는 지주들은 외부자본의 유입을 반대할 수도 있다. 우리나라의 지방에서 대형 유통업에 대한 외부자본의 유입을 반대하는 사람들은 대부분 자신의 이익을 유지하려는 것이지

지역경제나 주민을 위한 것은 아니다.

둘째, 앞에서 기업가는 자신의 이익을 위해 사업을 했지만 결과적으로 섬 전체의 경제를 성장시켰다. 즉 정당하기만 하다면 개인의 이익을 창출하기 위한 경제행위가 시장경제의 핵심이다.

셋째, 경제성장에 따라 부동산 가격은 오른다. 그것은 더 나은 주거환경을 원하는 자연스런 욕구에 따른 것이다. 이를 규제로 해결하려고 해서는 안 된다.

투기는 무조건 나쁜 것인가?

미국의 부동산 재벌 도널드 트럼프(Donald J. Trump)는 "오를 때를 기다리는 것은 투기, 오르게 만드는 것은 투자"라고 했다.

그런 이야기야 재산이 많은 부동산 사업가와 같은 사람들이나 할 수 있는 이야기고, 일반인의 입장에서는 자신의 자산을 어떻게 수익성이 높은 곳에 투자(투기)하느냐에 관심을 가질 수밖에 없다.

매매에서 나오는 시세차익을 목적으로 어떤 물건을 거래하는 행위 모두를 투기로 규정하기도 하나, 투기를 우연히 단기간에 발생하는 가격변동에 의해 얻을 수 있는 차익을 목적으로 행하는 매매활동으로 한정함으로써 동일한 시세차익을 목적으로 하더라도 정상적이고 합리적인 투자와 구별하기도 한다. 투기와 투자를 이와 같이 구별하더라도 둘 모두 매매에서 나오는 시세차익을 목적으로 한다는 점에서 부정적인 시각으로 바라보는 사람들이 있는 것이 사실이다.

그런데 시세차익을 목적으로 거래하는 행위가 부정적이기만 한 것일까? 몇 가지 사례를 가지고 그 영향에 대해서 생각해보자.

시세차익을 목적으로 거래하는 가장 일반적인 행위로 주식투자를 생각해볼 수 있다. 장기적인 보유를 목적으로 하는 투자야 그 자금이 기업의 설비 확장이나 신규 투자와 같은 산업자본으로 사용된다는 면에서 긍정적인 면을 굳이 얘기할 필요는 없다.

그럼 투기로 보이는 단기적인 주식투자는 어떨까?

단기적인 주식투자자의 형태는 크게 일정기간의 시세차익을 목적으로 하는 포지션 거래자(position trader)와 당일 내에 매수와 매도를 완결 짓는 일일거래자(day trader)가 있다(일일거래자 중에서 수분 내에 시세의 흐름에 따라 매수와 매도를 반복하는 사람을 스캘퍼[scalper]라고도 부른다).

단기투자자들은 주가상승에 따른 이익을 함께 나누기도 하지만 주가하락에 따른 피해도 함께 나눈다. 단기투자자들이 없다면 주가하락에 따른 손실을 고스란히 장기보유자들이 안게 되는 것이다.

주식투자의 가장 큰 장점은 바로 유동성에 있다. 즉 자신이 투자한 자금을 필요할 때 언제든지 현금화시킬 수 있다는 보장이 주식시장으로 투자자들을 이끄는 가장 큰 요인이다. 일일거래자들이 별로 없다면 주식거래가 쉽게 이루어지지 않는다. 결국 주식시장이 활성화되지 않으면 기업은 자금 조달이 어렵게 되고, 일반인에게는 소액이나마 투자하여 기업의 성과를 함께 누릴 수 있는 기회가 사라진다.

배추가격이 폭락하면 배추재배 농부가 배추밭을 트랙터로 갈아엎는 장면이 TV 뉴스에 등장하곤 한다. 반대로 배추가격이 폭등하면 가격 상승의 이익이 농민에게 돌아가는 것이 아니라 밭떼기업자가 일방적으로 폭리를 취하고 있다고 보도된다.

일방적으로 농민의 입장만을 대변하고 중간상인(밭떼기업자)을 시세차익을 노리는 투기업자로 매도하고 있다. 그러나 과연 밭떼기업자가 부정적인 것일까?

계약방식에 따라 다르지만 일반적으로 밭떼기는 수확 이전에 미리 가격을 정해 농부와 계약을 함으로써 농부가 발생할지도 모르는 위험(자연재해나 가격하락 등)을 피해 안정적으로 농사를 지을 수 있게 해준다.

앞에서 배추밭을 갈아엎는 농부의 경우 파종 시에 밭 전체의 수확량을 밭떼기업자에게 미리 매도해 놓았다면 자신의 손해는 하나도 없다. 배추가격 폭락의 피해는 밭떼기업자가 고스란히 지게 되는 것이다. 밭떼기업자에게 미리 매도한 농부는 아무 부담 없이 밭을 갈아엎고 새로운 작물을 심을 준비를 할 수 있다.

밭떼기와 같은 투자형태는 규제해야 할 대상이 아니라 오히려 농민의 안정적인 수입을 보장하기 위하여 장려해야 할 선물거래의 한 형태이다.

밭떼기와 같은 농작물의 선물거래가 활성화된다면 농민들은 선물시장에서 미리 형성되는 농작물의 가격에 따라 수익성을 따져 해당 작물의 재배여부를 결정할 수 있다. 농작물의 경우 중간상인이 농민보다 더 많은 정보(재배면적이나 기후 예측 등)를 가지고 선물시장에 참여하여 적절한 생산량을 결정하게 된다.

이와 같이 시세차익을 목적으로 하는 거래도 시장경제의 한 부분으로 시장을 활성화시키고 위험을 분산시키는 커다란 역할을 하고 있다.

주택 시장에서도 그 기본 개념은 동일하다. 다만 주택의 경우, 가격 상승에 따른 공급의 증가가 단기간에 이루어지지 않고 상당한 시간을 필요로 한다는 점에서 다른 상품과 차이가 있다. 그러나 주택 시장에서도 시세차익을 바라고 매매하는 행위가 장기적으로는 주택 시장의 활성화와 주택 가격의 안정화에 상당한 역할을 한다.

정부의 양도세 중과세와 같은 규제 때문에 아파트 수요가 위축될 경우 그 피해는 누가 보게 될까?

투기건 투자이건 신규 아파트에 대한 수요가 줄어들 경우 당연히 신규 아파트의 공급은 줄어든다. 주택 시장에 대한 규제로 일시적으로 주택 가격의 상승폭은 작아지겠지만 신규 아파트 공급의 축소는 장기적으로는 주택 가격의 상승요인으로 작용하게 된다.

실수요자가 아닌 사람들이 신규 아파트를 산다고 해도 결국은 전세라는 형태를 통해서 다시 주택 시장에 나오게 된다. 사재기를 해서 창고에 싸두는 다른 상품과는 다른 것이다.

이 경우 현재 시점에서 신규 아파트를 살 여력이 없는 사람도 전세를 통해 보다 나은 주거환경을 선택할 수 있다. 만약 신규 아파트 공급이 축소된다면 돈이 있는 사람들의 투자 기회만 사라지는 것이 아니다. 현 시점에서 아파트를 살 수 있는 경제적 여력이 없는 사람도 더 나은 주거환경을 선택할 기회가 사라지고 나중에 아파트를 사려고 할 때 아파트 물량이 부족해 더 비싼 가격에 사야 한다. 앞에서 말한 바와 같이 시세차익을 바라고 미리 신규 아파트에 투자하는 사람들이 장기적으로는 시장의 안정화에 기여하는 것이다.

정부는 부동산 투기지역에 대해 투기사범을 단속하고 있다. 그러나 명확히 얘기하면 투기사범이 아니라 내부 정보 이용, 조세포탈, 불법매입, 불법명의신탁, 불법주소이전 등과 같은 불법행위자들이다.

즉 투기가 문제가 아니라 불법행위가 문제인 것이다. 이와 같은 불법행위는 투기지역 여부와 관계없이 지속적으로 단속해야 하고 불법행위로 취한 이득의 2배 이상을 추징금으로 물리는 등 보다 강력한 제재가 필요하다.

장관 후보들의 국회청문회에서 투기 의혹이 종종 제기되고 있다. 그런데 투기냐 아니냐의 논란은 문제의 본질을 흐리고 있다. 문제의 본질은 '내부 정보 이용 여부와 불법을 저질렀느냐' 여야 한다.

주식시장에서 미공개 내부 정보를 이용하여 이득을 취한 경우 처벌받는 것처럼 공직자가 내부 정보를 이용하거나 불법을 저질러 이익을 취한 경우, 최소한 공직 박탈과 부당이득을 환수하는 처벌법을 만들어야 한다.

부동산 규제의 효과

지난 1997년 말 외환 위기 이후 주택 가격이 하락하면서 신규 아파트 공급이 줄었다. 그 후 정부가 부동산 경기부양책을 내놓고 국내 경제가 안정을 찾기 시작하면서 아파트에 대한 수요가 증가하고 저금리를 바탕으로 투기 세력까지 가세하면서 아파트 가격이 급등하기 시작했다.

가격 상승은 장기적으로 공급의 증가를 가져와 시장의 균형을 찾게 되겠지만 참여정부의 부동산 규제로 2002년 이후 주택의 공급물량은 오히려 감소하였다(그에 따른 아파트 분양가의 폭등으로 2007년에만 주택의 공급물량이 일시적으로 증가하였다).

재건축 규제, 종합부동산세 도입, 양도세 강화 등과 같은 참여정부 부동산 대책의 많은 부분이 강남의 아파트를 목표로 하고 있었다. 마치 강남의 집값이 대한민국의 표준가격인 것처럼 강남의 집값이 오르면 부동산 규제 대책을 세우는 등 온 나라가 들썩였다.

그런데 서민의 입장에선 강남의 집값이 폭등하건 말건 별 상관이 없다. 모든 사람이 강남에 살아야 하는 것도 아니고 강남에 살아야만 행복한 것도 아니다. 물론 강남에 집이 없는 사람의 입장에서 상대적 박탈감을 느낄 수 있다. 그러나 주택정책이 그러한 감정적인 것에 기초하여 설립되어서는 안 된다. 규제가 아니라 오히려 강남이 아니더라도 주거환경이 더 좋은 곳을 개발할 수 있도록 정부가 지원하는 것이 바람직했다.

참여정부 시절 주택정책 입안자 가운데 일부는 가구 수와 주택 수를 비교한 주택보급률이 100%를 넘어섰기 때문에 주택 가격 상승은 실수요가 아닌 투기적 요인 때문일 뿐이라고 했다. 과연 그럴까?

국토해양부의 자료를 보면 2006년 전국의 주택 보급률을 107.1%로 추정하고 있다. 그 수치는 2004년도 프랑스 주택 보급률 120.5%보다는 낮지만 2003년도 미국과 2004년도 일본의 주택보급률 108.5%와 109.3%에 가깝다. 그런데 이 수치는 전국을 대상으로 한 것이고 수도권과 서울의 주택 보급률을 보면 각각 96.9%와 91.3%로 참여정부의 주장과는 달리 주택 가격의 상승이 심한 서울은 주택보급률이 100%에 미달했다(최근에 우리나라의 주택 보급률이 100% 이하로 나오는 것은 2008년 12월에 새로운 주택 보급률 산정방식을 사용했기 때문이다. 새로운 주택 보급률은 1주택으로 봤던 다가구 주택을 실제 거처에 따라 복수로 처리하고 그동안 가구수에 포함시키지 않았던 1인

가구도 가구수에 포함시킨 것이다). 또한 인구 1천 명당 주택 수는 우리의 2005년도 자료를 선진국(미국, 영국, 일본, 독일)의 2003년 이전 자료와 비교해봐도 70%도 채 되지 않는다.

주택 가격이 상승하는 이유는 기본적으로 수요가 공급을 초과하기 때문이다. 그런데 참여정부는 아파트 공급가를 낮춘다는 명분 아래 분양가 상한제와 같은 또 다른 규제를 가하였다. 이러한 것은 결국 주택의 공급을 줄이고 분양받은 사람의 이익을 보장해줄 뿐이다. 아파트 분양이 복권 당첨인가? 규제에 의한 주택 공급 물량의 감소는 차후에 또다시 주택 가격의 급등을 가져올 수 있는 불안 요소로 작용하게 된다(결국은 2011년 현재 전세값 대란으로 돌아왔다).

한편 앞에서 얘기했던 바와 같이 분양가 상한제와 같은 불합리한 규제는 또 다른 편법을 낳을 뿐이다. 건설 업체는 분양가를 낮춘 뒤 발코니 확장과 같은 거의 필수적으로 해야 하는 옵션비용을 높게 잡았다. 또한 건설비를 낮추기 위해 품질 낮은 자재를 사용하거나 제반 시설을 저렴하게 만들기도 했다.

주택 가격 안정은 사회주의 국가가 최고다. 사회주의 국가에서는 정부가 주택을 공급해주니 집값 걱정을 할 필요가 없다. 다만 주거 환경이 만족스럽지 못할 뿐이다. 사회주의 국가의 주택정책이 성공적이라고 보는가?

소득수준이 높아짐에 따라 더 나은 주거환경을 원하는 것은 자연스러운 일이다. 그에 따라 입지가 좋은 곳에 위치한 주택의 가격이 상승하는 것은 당연한 것이다. 주택 가격의 상승은 자연히 기존보다 더 좋은 신규 주택의 공급을 유도하게 된다. 결국은 주택도 시장 기능에 맡겨야 한다. 다만 서민들의 주거 안정을 위한 서민 주택의 공급에만 정부가 관여해야 한다.

주택정책의 목표는 주거 수준의 향상과 서민을 위한 주거 지원에 두어야 한다. 따라서 정부는 서민을 위한 주택공급정책 이외의 주택에 대한 규제는 과감히 폐지해야 한다.

주택의 처분을 어렵게 하는 양도세를 낮추고 그 밖의 각종 부동산 관련 세금들도 적절한 수준으로 재검토해야 한다. 토지에 대한 규제 완화를 통해 분양가의 많은 부분을 차지하고 있는 토지 비용을 낮춤으로써 분양가가 낮아질 수 있도록 유도해야 한다. 토지개발부담금제나 채권입찰제 등을 폐지하여 보다 저렴한 가격에 주택이 공급될 수 있도록 해야 한다.

앞에서 시세차익을 바라고 상품을 거래하는 행위는 시장을 활성화시킨다고 했지만, 한편으로는 상품 가격의 급격한 변동은 경제적 비용과 사회적 혼란을 야기시키기도 한다. 특히 부동산 가격의 지나친 급등은 자금 흐름의 왜곡을 가져와 경제 전체적인 면에서 부정적인 영향을 미칠 수 있다.

그래서 참여정부는 부동산 가격 폭등을 막기 위해 수많은 규제를 가하였으나 그러한 정책이 다시 경제 전반에 나쁜 영향을 미쳤었다. 부동산 가격 폭등을 막기 위한 정책의 기본 방향은 거래나 공급에 대한 규제가 아니라 지나친 가수요를 막는 데 있어야 했다. 주택에 대한 가수요를 막기 위한 정부의 정책 중 가장 효과적이었던 것은 주택담보대출에 대한 제한이었다. 그것도 여유 자금을 가지고 있는 사람들에게는 별다른 의미가 없을 수 있으나, 사회적으로 문제가 되는 부동산 투기 열풍을 잠재우는 데는 성공하였다.

여기에서 금융권에 직접적인 제한을 가하지 않고도 주택담보대출제한과 유사한 효과를 볼 수 있는 새로운 방법을 생각해보자. 그 방법은 금융기관이 주택이나 상가에 근저당을 설정했더라도 세입자에게 공시가격의 50% 정도를 우선적으로 보호해주는 것이다. 물론 법의 안정적 운용을 위해 법 시행 이전에 한 근저당설정에 대해서는 현행법이 정한 순서에 따라 우선순위를 인정해야 하지만 말이다.

현행법에서는 근저당설정보다 앞서서 전세권을 설정한 경우에만 세입자가 보호를 받을 수 있다. 그러나 소유주가 전세권설정에 동의하지 않는 경우도 있고 동의를 하더라도 전세권설정의 비용을 세입자가 부담하게 된다. 제안한 방법은 전세권설정이나 전세 일자와 무관하게 행정관서의 확인을 통한 공식적인 계약서를 가지고 있는 세입자에게 일정한 수준의 금액만큼 우선순위를 주자는 것이다.

이 경우 금융권은 자신들의 우선순위를 확보할 수 없으므로 새로운 주택담보대출을 해주고자 할 경우 전세 유무에 상관없이(대출 후에 전세를 줄 수도 있으므로) 대출금에 제한을 둘 것이다. 결국 신용대출 없이 소유한 주택에 상당하는 자금을 구하기 위해서는 주택을 처분하는 방법밖에는 없게 된다.

세입자 보호, 부동산 담보대출을 이용한 투기 억제, 금융권의 담보대출보다는 신용대출을 강화시키는 측면 등을 종합적으로 고려하여 긍정적으로 도입을 고려할 만한 방안이라고 생각한다(신축 건물의 건설자금을 대출받기 어려울 수 있으니 보완할 수 있는 방법은 필요하다). 이 방안이 도입되면 주택을 투자대상으로 여기는 풍토도 조금은 감소할 것이다.

신뢰 받는 정부가 되길 바라며

노무현 정부는 5년 동안 일자리 창출과 관련된 노동부 예산만 12조 1000억 원을 사용했지만 실업자는 오히려 10% 증가했다. – 동아일보, 2007.09.21, 1면.

위의 내용은 참여정부에 대해 비판적인 입장을 갖고 쓴 것이겠지만, 정부가 직접적으로 시장에 개입해봤자 별다른 성과가 나타나지 않음을 보여주고 있다. 경제를 활성화시키는 것은 기업이지 정부가 아니다. 정부가 시장에 개입하기보다는 기업이 자유롭게 활동할 수 있도록 여건을 조성해주는 것이 오히려 낫다.

마찬가지로 2003년부터 5년간 중소기업에 30조 원이 넘는 자금 지원이 이뤄졌지만 영업이익률 등 중소기업의 경쟁력 지표는 오히려 나빠졌다는 보도도 있었다. 중소기업의 기술개발과 품질향상 등에 정부의 지원이 필요하긴 하지만 직접적인 자금 지원은 오히려 기업의 경쟁력을 약화시킬 수도 있음을 보여준다.

규제 개혁을 내세운 이명박 정부는 친기업적 입장에서 지속적으로 규제를 정비해왔다. 이러한 규제 정비의 효과가 앞으로 경제성장으로 나타나길 기대한다. 불합리한 규제는 우리나라에만 있는 것도 아니다. 가까운 일본도 지속적으로 규제를 정비해왔고, 미국도 오바마 대통령이 2011년 1월에 "명백하게 멍청한 규제들은 뿌리 뽑아야 한다"는 말을 했다고 한다.

한편 사람들은 불합리한 규제의 원인을 규제로 먹고사는 공무원들 때문이라고 말하기도 한다. 실제로 이명박 정부가 들어서며 방만한 정부조직이 기업이나 사회발전의 걸림돌이 된다며 정부조직과 공무원 정원의 축소를 시도하였다.

그런데 공무원의 정원을 줄이는 것보다 더 중요한 것은 공직자들의 의식이다. 공직자들은 국민을 통제의 대상으로 보는 것이 아니라 국가의 주인으로 생각해야 한다. 이명박 정부에 들어와 반시장적인 규제들은 많이 없어졌지만 국민을 국가의 주인으로 보는 것 같지는 않다. 다음의 일련의 과정을 보면 이명박 정부의 고위 공직자들은 국민을 통제의 대상으로 보고 있는 것 같다.

지난 2008년 MBC 'PD수첩'에서 광우병 위험에 대해 보도하며 미국산 쇠고기 수입 협상의 문제점을 지적하자 그 당시 농림수산식품부의 수장이었던 사람이 명예훼손으로 PD수첩 제작진을 고소했다. 같은 해 검찰은 '촛불시위' 관련자들을 집시법 위반으로 기소하고, 인터넷 논객 미네르바가 정부 정책에 대한 허위 사실을 유포했다며 2009년 1월에 미네르바를 긴급체포했다. (촛불시위 참가자들의 기소와 관련된 야간 옥외 집회를 금지한 집시법 10조에 대해 지난 2009년 9월에 헌법재판소에서 헌법 불합치 결정이 내려졌다. 2010년 12월에는 PD수첩의 광우병보도에 대해 1심과 마찬가지로 2심에서도 무죄판결이 내려졌고, 미네르바 체포의 근거가 된 법률 조항에 대해 위헌 결정이 내려졌다.)

그 외에도 2008년부터 행해진 총리실 민간인 사찰(2010년 6월 MBC PD수첩에 의해 알려졌다)과 여름에는 냉방 온도 규제, 겨울에는 난방 온도 규제 등을 쉽게 결정해버리는 것을 보면 공직자들의 의식이 바뀌려면 아직도 먼 것 같다. 정부는 국민을 규제할 것이 아니라 공직자의 업무처리가 정당하게 이뤄지고 있는지 여부에 대해 국민의 감시와 규제를 받아야 한다.

한편으로 이명박 정부의 인사들이 사기업에까지 낙하산 인사를 하고 있다는 말들이 들려온다. 이명박 정부가 기업친화적인 정책을 펴다가 지나치게 기업과 친해진 것이 아닌가 염려스럽다. 혹자는 진 징한 '비즈니스 프렌들리'는 정부가 기업에 가까워지기보다는 정부 가 기업으로부터 멀어지는 것이라고 한다. 일본의 경우 낙하산 인사 를 감시 · 조사할 기구를 설치한다고 하는데 우리도 이와 유사한 기 구를 만들어야 하지 않을까 싶다.

성(姓)도 법으로
규제해야 하는가?

이전 민법 제781조 1항: 자는 부의 성과 본을 따르고 부가에 입적한다.

개정된 민법 제781조 1항: 자는 부의 성과 본을 따른다. 다만, 부모
가 혼인신고 시 모의 성과 본을 따르기로 협의한 경우에는 모의 성과 본
을 따른다. (시행일 2008년 1월 1일)

우리의 민법은 성의 사용 방식에 대해 위와 같이 규정하고 원칙
적으로 성의 변경을 불허하고 있다. 국민의 자유로운 성을 사용할
권리를 이와 같이 법으로 제한할 필요가 있을까?

한국 축구국가대표 선수들의 유니폼에
성이 아니라 이름을 쓰는 까닭은?

축구를 좋아하는 사람들은 2006년 독일 월드컵부터 한국 축구국가대표 선수들의 유니폼 등 쪽에 성이 아닌 이름이 영문으로 표기되고 있는 것을 알고 있을 것이다. 외국 선수들은 성을 쓰는데 왜 유독 우리나라만 이름을 표기했을까?

대부분의 독자들이 짐작한 바와 같이 한국에는 같은 성을 가진 사람들이 너무 많아 외국인들이 보기에 혼란이 야기됐기 때문이다. 국제축구협회(FIFA)는 유니폼 등 쪽에 이름을 표기할 때 기본적으로 성을 표기하도록 하고 있다. 그러나 특별한 사정이 있는 경우 유니폼에 표기되는 별도의 이름을 허용한다. 한국 대표팀의 경우 같은 성이 너무 많아 구별이 어렵다는 지적에 따라 2006년 5월부터는 성 대신 이름을 적고 있는 것이다.

2010년 남아공 월드컵 대한민국 국가대표 선수 23명의 성을 보면 김 7명(김남일, 김동진, 김보경, 김영광, 김재성, 김정우, 김형일), 이 6명(이운재, 이정수, 이영표, 이청용, 이동국, 이승렬), 박 2명(박지성, 박주영), 그 외 강민수, 정성룡, 차두리, 조용형, 염기훈, 오범석, 기성용, 안정환 서로 다른 성이 8명으로 김이라는 하나의 성이 국가대표 선수의 3분의 1가량이 되고 김과 이 두 종류의 성을 가진 사람이 전체의 절반을 넘는다.

웹사이트 '성씨정보'를 보면 통계청 2000년 자료를 기준으로 한국에서 사용되는 성은 모두 286개로 나온다. 사용 비율이 높은 성의 점유율을 보면 김(金) 21.6%, 이(李) 14.8%, 박(朴) 8.5%, 최(崔) 4.7%, 정(鄭) 4.4%다. 즉 우리나라 사람 5명 가운데 1명은 김씨라는 얘기고 상위 5개의 성이 전체 인구의 54%를 차지한다.

좀 더 자세히 살펴보면 비율이 높은 10개의 성이 전체 인구의 64.1%, 50개의 성이 94.4%, 100개의 성이 99.1%를 차지하고 있다. 또, 정(鄭,丁), 조(趙,曺), 임(林,任), 신(申,辛), 전(全,田) 등과 같이 한글은 같고 한자만 다른 성이 상위 50개 성 중에는 6개, 상위 100개 성 중에는 18개가 있다. 즉 한글로만 보면 상위 44개의 성이 전체인구의 94.4%, 82개의 성이 99.1%를 차지하고 있다.

통계청이 2003년 1월 28일 발표한 자료에 따르면 2000년 말 현재 귀화 거주자들의 성씨는 총 442개 인 것으로 나온다. 즉 앞에서 말한 한국에서 사용되는 성의 종류에는 외국에서 귀화한 사람들의 성은 제외되어 있다. 귀화한 외국인도 한국인이므로 앞으로는 한국인의 성에 귀화한 사람들이 사용하는 성도 넣어야 할 것이다.

역사 학습을 위한 웹 사이트 '히스토리아'에 있는 '일본의 성씨 연원과 성씨의 분포'에 따르면 일본 성씨의 개수를 약 17만여 개로 보고 있다(그 내용은 2006년에 진기범이 일본성씨연구가 모리오카 히로시[森岡 浩]의 사이트에서 발췌한 것을 번역·내용추가·편집한 것이다). 한편 일본 스자키의 웹사이트에는 수집된 10만 개 이상의 일본 성씨에 대한 자료를 가지고 사용 순위와 세대수, 읽는 방법 등을 소개하고 있다.

일본의 성씨가 이렇게 많은 이유는 새로운 성의 등록이 허용되고 하나의 성에서 다양한 형태의 성이 파생되기 때문이다. 간단한 예를 들면 다음과 같다. 우리나라의 김(金)씨 성을 가진 사람이 일본으로 건너갔다고 하자. 그 자손들이 번창하여 여러 지역으로 퍼져나가 다음과 같은 성을 쓸 수 있다. 金本(가네모토: 본래 성이 김씨), 金子(가네코: 김씨 자손), 金田(가네다: 김씨 밭), 金村(가네무라: 김씨 마을) 등. 물론 이것은 설명을 위한 예일 뿐 그들이 실제로 김씨의 후손인지는 알 수 없다.

미국도 수시로 새로운 성이 등록되니 그 수를 정확히 알 수는 없지만 미국통계조사국(U.S. Census Bureau)이 2000년 인구센서스에서 수집된 이름을 가지고 성(last name)을 분석하여 제공한 자료를 살펴보면 다음과 같다.

사용 빈도가 1위인 성은 스미스(Smith)로 분석 대상에서 차지하는 비율이 0.88%이고, 2위는 존슨(Johnson)으로 비율이 0.69%이다. 즉, 사용비율이 1%가 넘는 성은 하나도 없다. 그 외 사용비율이 0.001% 이상인 것이 1만 886개로 나와 있고 100명 이상이 사용하는 15만 1671개의 성이 소개되어 있다. (2010년 현재 미국의 인구는 약 3억 875만 명이나 2000년 인구센서스에서 분석한 대상은 약 2억 7천만 명이었다. 1990년 인구센서스에서는 '스미스'가 차지하는 비율이 1.006%였고, 사용비율이 0.001% 이상인 성이 1만 8839개이었던 것을 보면 성을 바꾸는 경우가 제법 많을 거라고 추정할 수 있다.)

그런데 소개된 성을 사용하는 사람들의 누적 비율이 89.8%로 되어있으니 미국 인구의 10.2% 정도가 사용하는 성은 나와 있지도 않다. 2000년 미국 인구센서스 기준으로 약 2750만 명의 성은 소개되지 않은 것이다. 인구센서스의 원자료(raw data)에 나오는 'last name'을 요약한 자료를 보면 5명 이상이 사용한 것이 115만 개 정도이고 2명 이상이 사용한 것이 221만 개 정도, 한 사람만 사용한 것이 404만 개 정도로, 서로 다른 'last name'의 종류가 총 624만 8415개로 나온다.

이 모든 것을 성으로 볼 수는 없다. 일부는 전체 이름을 연결하거나, first name과 last name의 순서를 잘못 기재했거나 철자상의 오류가 있을 거라고 추정되고 있다. 또한 미국에서 성은 family name으로 사용되는 것이라

혼자만 사용하는 것을 family name의 개념으로 보기 힘들다. 어쨌든 미국에서는 자기 마음대로 'last name'을 사용할 수 있다는 것을 알 수 있다.

　중국의 경우, 중국과학원 유전연구소가 1982년 인구센서스 자료를 표본추출하여 조사한 결과 사용되는 성씨가 대략 3천 개 전후라고 추정한 것이 있다(자료: 원정식, 역사비평 2000년 겨울호).

　지난 2007년 4월에는 중국 공안부가 현재 4100개에 이르는 것으로 알려진 중국인의 성씨 가운데 상위 100개의 성씨를 가진 인구가 전체 인구의 84.77%를 차지한다고 밝혔다(왕[王]씨는 전체 인구의 7.25%, 리[李]씨는 7.19%, 장[張]씨는 6.38%). 또한 중국과학원의 한 전문가가 발표한 중국 성씨 조사결과 중국에서는 역사적으로 모두 2만 4천 개의 성씨가 나타났으나 지금은 그 대부분이 사라졌다고 한다(자료: 연합뉴스, 2007.04.24).

　한편 2010년에 중국사회과학원이 발간한 『중국성씨대사전』에는 현재 중국에서 통용되는 성씨가 7천여 개라고 한다. 이러한 것을 보면 과거에 중국에서 많은 성씨가 사라졌지만, 한편으로는 점차적으로 새로운 성씨가 나타나고 있다고 추정할 수 있다.

왜 우리나라에는
성(姓)의 종류가 적은 것일까?

우리나라의 성의 종류가 적은 것은 새로운 성을 새로 만드는 것이 일반화되어 있는 대부분의 국가와 달리 법률에 의해 새로운 성의 사용을 규제하고 있는 것도 하나의 이유이다.

'성불변의 원칙'은 우리 민법의 가장 두드러진 특색으로서 세계에서도 그 유례가 드물다. – 한국민족문화대백과사전 '성씨' 중에서

그러나 이러한 법률적 규제는 1909년 새 민적법(民籍法)을 시행한 이후의 일이니 그 이전에도 사용되는 성의 종류가 많지 않았음은 법률적 규제만으로 성의 종류가 적은 이유를 설명하기에 부족하고 오히려 성을 사용해온 방식에 대한 우리의 관습에서 그 이유를 찾는 것이 타당할 것이다. 먼저 우리의 성씨의 역사와 사용 방식을 간단히 살펴보자.

지난 2006년 MBC에서 방영되었던 TV 드라마 '주몽'을 본 사람들은 다음과 같은 이름들을 들어보았을 것이다. 해모수와 유화의 아들 주몽, 주몽의 아들 유리, 부여의 왕 금와, 금와의 아들 대소, 소서노의 남편 우태, 소서노와 우태의 아들 온조와 비류.
독자들이 느꼈는지는 모르겠으나 고구려 · 백제 건국 초기에는

성을 사용하지 않았다. 신라도 시조 혁거세에 '박'이라는 성을 붙였으나 이는 후대 사가에 의해 붙여진 것으로 추정되고 있다.

우리나라에서 성은 삼국시대 후반부터 지배계급을 중심으로 사용된 것으로 보인다. 그러나 후백제의 시조 견훤의 아버지가 아자개, 아들이 신검으로 불리는 것을 보면 통일신라 후반기까지도 성의 사용이 일반화되지는 않은 것 같다.

우리나라의 성의 보급과정을 한국민족문화대백과사전 '성씨' 항목과 『한국의 성씨와 족보』에 있는 내용의 일부를 알기 쉽게 각색하면 다음과 같다.

고려를 설립한 왕건은 국가건립에 도움을 준 호족(세력이 강한 집안)들에게 그들이 기반을 둔 지역을 본관으로 한 성(姓)을 하사하였다. 성을 하사받지 못한 호족들은 스스로 자기가 사는 지역을 본관으로 성을 만들어 사용하였다. 세력이 점점 커져 다른 지역으로 분가하게 된 집안은 새로운 성을 만들거나 본관을 새로 정하였다. 이후 평민들도 지배 계층을 흉내 내어 성을 사용하기 시작했다. 같은 조상이면서 성을 달리하기도 하고, 부의 성을 따르기도 하며 모의 성을 따르기도 하였다. 또한 혈연적인 관계가 전혀 없는 성을 사용하거나 성을 바꾸기도 하였다.

처음에 본관은 곧 신분의 표시이기도 하였으므로 주로 지배층에서 사용되었다. 이후 세금이나 병역 등 백성을 관리하기 위한 목적으로 호적제도가 도입되면서 일반 주민도 호적에 본관을 기재하게 되었다. 성이 없는 천민층도 사는 지역인 본관을 호적에 기입했다. 압구정 돌쇠, 잠실 먹쇠 등과 같이 본관과 이름만 기재된 것이다.

인구 증가에 따라서 새로운 촌락이 계속적으로 발생함으로써 본관이 세분화되고 다양해졌다. 명문대족은 그 본관을 명예롭게 생각하였지만, 섬이나 역·진 또는 향·소·부곡을 본관으로 한 사람들은 기회만 주어지면 그 본관으로부터 벗어나려 하였다.

조선시대에 들어와 가문을 중시하는 풍토가 강화되면서 시골에 사는 사람은 출세를 위하여 성과 본관을 바꾸는 경우가 많았다. 16세기부터 성을 바꾸는 행위는 극히 드문 반면 본관을 바꾸는 경우는 많았다. 왜냐하면 성보다는 본관에 따라 성씨의 우열과 가문의 품격에 차등을 두었기 때문이다.

1894년 갑오경장을 계기로 종래의 신분 계급이 타파되면서 성이 없는 사람들이 새로 성씨를 취득하였고 위조족보가 대량으로 나오게 되었다. 그 결과 성이 없거나 유명하지 않은 성을 가진 사람들이 다투어 기존의 대성명문을 자신의 조상으로 삼아 대성들의 인구는 급격히 증가하였고, 매우 드문 성·본관이나 이름이 높이 드러난 조상을 확보하지 못한 성씨들의 인원은 오히려 감소하였다.

이러한 추세는 누구나 다 성과 본을 갖게끔 하는 새 민적법(民籍法)이 1909년 시행되면서 더욱 뚜렷해졌다. 어떤 지방에서는 본인의 희망에 따라 호적 담당 서기나 경찰이 마음대로 성을 지어주기도 하였다. 노비의 경우는 상전의 성을 따르기도 하였다. 많은 사람들이 김·이·박 등 주위의 대성을 모방하여 성을 정함으로써 종전의 대성 명문들의 인원은 더욱 늘어갔다.

이제 독자들은 우리나라에서 사용되는 성이 많지 않은 이유를 추측할 수 있을 것이다.

첫째, 중국을 모방하여 한 글자로 된 한자(漢字) 성이 사용됨으로써 성으로 쓸 수 있는 한자의 종류가 많지 않았다. 물론 두 글자로 된 성을 사용하는 집안도 있으나 대부분 하나의 글자로 된 성을 사용했다.

둘째, 옛날에는 성이 단독으로 쓰이는 것이 아니라 본관과 함께 사용되어 본관이 다르면 집안이 서로 다른 성씨였다. 같은 '김씨'라도 '김해 김씨'나 '경주 김씨'와 같이 서로 다른 성씨였다. 그러나 지금은 생활 속에서 성이 단독으로 쓰임으로써 '김씨'는 모두 같은 성씨로 보는 것이다.

셋째, 많은 사람들이 혈연관계와 상관없이 널리 퍼져 있는 성을 사용했다.

외국은 성을 어떻게 사용할까?

"주먹 쥐고 일어서." 난데없이 이게 무슨 말일까?

기억하고 있는 사람들도 있겠지만 이것은 지난 1990년에 상영되었던 케빈 코스트너 주연의 '늑대와 춤을(Dances with Wolves)'에 나오는 인디언이 된 백인 여자의 이름이다. 이 영화는 남북전쟁 중이었던 1863년을 배경으로 미군이었던 던바(케빈 코스트너 분) 중위가 부대와 떨어져 있다가 자연과 더불어 살아가는 인디언에게 동화되는 과정을 그리고 있다. 영화 속에서 던바 중위가 인디언들이 사는 부락에서 아름답고 강인한 백인 여성을 만나 그녀의 이름을 물었을 때 그녀는 인디언 말로 대답했는데, 그 뜻이 '주먹 쥐고 일어서'였다.

극장 스크린에 그녀의 이름이 번역되어 나올 때 극장 안의 사람들이 '우하하' 하면서 크게 웃는 것을 들었던 기억이 난다. 그 이름은 어려서부터 인디언들과 함께 생활한 그녀가 인디언 아이들의 놀림에 굴하지 않고 주먹 쥐고 당당하게 대응하는 모습을 보고 족장이 지어준 것이다.

그 밖에도 영화 속에 나오는 인디언들의 이름은 다음과 같다. 족장 '열 마리 곰', 전사 '머리에 부는 바람', 그리고 평원의 통나무집에서 혼자 기거하며 가끔씩 문 앞에 찾아와 어슬렁거리는 늑대 한 마리와 지냈던 던바 중위에게 주어진 이름, '늑대와 춤을'.

앞에서 얘기한 영화를 보면 1860년대까지도 인디언들은 성을 사용하지 않았음을 추정할 수 있다. 지금은 그들도 미국 사회에 동화되어 성을 사용하겠지만, 아직까지도 성의 사용이 일반화되어 있지

않은 나라가 많다. 또한 성을 사용하는 나라도 그 사용방식이 우리
와는 다르다. 성을 사용하는 나라에서는 대부분 성을 가족을 나타내
는 표시로 보고 있다.

일본에서는 부부가 혼인할 때 서로 협의하여 어느 한쪽의 성을 따르되,
이혼하면 본래의 성으로 돌아갈 수 있다. 러시아의 경우는 어느 한쪽의 성을
선택하여 함께 사용하거나, 결혼 전의 각자의 성을 그대로 지닐 수도 있다.
이탈리아, 스위스, 오스트리아, 독일, 브라질 등지에서는 원칙적으로 아내는
남편의 성을 따른다. 영국이나 미국에서도 법률상의 의무는 아니지만 아내
가 남편의 성을 사용하는 것이 관습이다. 중국에서는 부부가 같은 성을 쓰든
각기 다른 성을 쓰든 상관없다. 대만의 경우는 아내는 자기의 성 위에 남편
의 성을 덧얹어 사용하는 복성(複姓)을 원칙으로 하고 있다. – 자료: 한국민
속문화대백과사전 '성씨'

새로운 성(가족의 이름)을
사용할 수 있게 하자

해외여행을 할 때 사람들은 외국의 입국신고서 성명을 쓰는 난에
다음과 같이 되어 있는 것을 본 적이 있을 것이다. Family
Name______, Given Name______(Family Name 대신에 Surname,

또는 Last Name이라고 쓰여 있기도 하다). 어쨌든 위와 같이 되어 있는 입국신고서를 받으면 우리는 Family Name(가족명)에 성을 쓰고 Given Name에 이름을 쓴다.

그런데 무심코 가족명 란에 쓴 성이 우리의 가족을 나타낼까? 만약 가족을 나타낸다면 왜 어머니의 성은 다를까? 어머니와 할머니는 우리의 가족이 아닐까? 왜 우리는 가족들의 성이 다를까?

그 이유는 성이 가족의 구성원을 나타내는 대부분의 국가와 달리 우리나라에서는 관습적으로 성은 부계혈통을 표시하는 것이었고 현재는 그것이 법으로 규정되었기 때문이다.

1910년 5월에 완성된 민적부(民籍簿) 작성 때만 하여도 우리나라 사람으로서 성씨가 없는 사람이 있는 사람의 1.3배에 이르렀다고 한다. 여기에서 성이 없는 사람이 있는 사람의 1.3배라면 대략 성이 있는 사람이 43.5%, 없는 사람이 56.5%가 된다. 조선 후기에 이르러 신분이 타파되면서 성이 없던 사람들이 성을 가지게 되었는데도 1910년에 성이 없는 사람이 절반을 넘었다는 것은, 명문가의 여성 외에 일반 여성들의 경우 정식 이름이 없이 아명이나 그냥 안성댁, 파주댁 등으로 불린 것이 아닌가 하는 추측을 가능하게 한다.

우리나라에서 성이 부계혈통만을 표시하는 것이 진보적 여성단체가 양성쓰기 운동을 전개하고 호적폐지 운동을 추진하게 된 하나의 계기가 되었다. 결과적으로 호적 대신에 가족관계등록부가 신설

되었고 자녀가 모의 성을 따를 수 있는 길을 열어놓았다.

대법원 홈페이지에서 '새로운 가족관계등록제도 주요 내용'을 보면 새로운 법률의 역사적·사회적 의의를 개인의 존엄과 양성평등의 헌법 이념을 구체화할 수 있게 된 것에 두고 있다. 호적 폐지에 대한 논의는 접어두고 민법의 변화된 내용을 성에 대한 것을 중심으로 살펴보자.

우선 자녀가 부 또는 모의 성을 따를 수 있게 했는데 이는 과거의 중국의 제도와 같다. 그런데 이것 또한 성이 가족명의 역할을 하지는 못한다. 여전히 자녀의 성은 부 또는 모의 성과 다르게 된다. 어떻게 보면 이는 자녀 성의 사용에 대한 남녀의 대립관계를 그대로 유지시킨 것에 불과하다.

한편으로는 2008년부터 시행된 민법은 세계 어디에서도 찾기 힘든 새로운 형태의 성에 대한 사용방식을 만들었다. 새로운 민법에 따르면 자녀가 있는 여성이 새로 결혼할 경우 법원의 허가를 득하여 자녀의 성을 새 남편의 성을 따를 수 있게 하였다. 물론 친부가 법원의 결정에 참여할 수 있는 길도 없다. 이 경우 자녀는 아무런 관계가 없는 성을 따르게 된다. 즉, 모의 성도 아니고 친부의 성도 아니고 가족명도 아닌 전혀 관계가 없는 성을 따르게 되는 것이다.

이는 자녀 개인의 권리를 침해하는 것이다. 만약 아이가 성년이 되어 스스로 친부의 성으로 다시 고치고자 한다면 어떻게 해야 하는가?

현재로서는 이것이 불가능하지만 차후에 가능해진다 해도 자신의 의지와 상관없이 바뀌어버린 성에 대한 사회적 부담을 자신이 져야 한다. 가족명을 따르는 외국의 경우에도 모가 아이를 데리고 재혼할 경우 모는 새로운 집안의 성을 따르지만 아이는 자신과 혈연관계가 있는 이전의 성을 그대로 유지하는 경우가 많이 있다.

일부 여성계에서 주장해왔던 양성쓰기 운동에 대해서도 생각해보자. 이 경우 부, 모, 자녀의 성이 모두 달라진다. 한 집안은 같은 성을 쓰는 외국인의 눈에는 이상하게 보일 것이다. 물론 외국인이 어떻게 생각하는가는 중요하지 않다. 우리나라에서는 부와 모의 성을 합쳐 새로운 성을 만들어 자녀에게 부여한다고 하면 그만이다. 그런데 이와 같은 것이 성의 개념이 될 수 없다는 것은 양성쓰기 운동을 주장하는 사람들도 잘 알고 있을 것이다.

박이라는 성을 가진 아버지와 김이라는 성을 가진 어머니 사이에 태어난 '박김'이라는 성을 가진 사내아이와 다른 집안의 '최이'라는 성을 가진 여자 아이가 성장하여 결혼하면 그 아이에게 '박김최이'라는 성을 지어주면 될까? 나중에 '박김최이'와 '강조손임'이 결혼하면 그 자녀의 성은 어떻게 되는 것일까? 아니 몇 세대 뒤의 일이 아니라도 '박김'과 '김이'가 결혼하면 자녀의 성은 '박김김이'가 되는 것일까? 아니면 김은 동성이니까 '박김이'라고 해야 할까? 만약 같은 김이라도 본관이 다르다면?

결국 양성쓰기 운동을 지속하자면 자녀의 성은 부와 모의 성을 적당히 조합해서 만들자고 해야 할 것이다. 그런데 이것이 무슨 성인가? 한 집안에 부, 모, 자녀의 성이 다르고 그 자녀가 성장해서 결혼하면 또 자신의 자식과 성이 달라진다. 결국은 우리나라에서 성의 개념은 형제의 개념밖에 지니지 못할 것인데 그것 또한 같은 성이 많을 것이니 의미가 없다('김이' 성을 가졌다고 형제라고는 할 수 없지 않은가?).

이러한 것을 보면 양성쓰기 운동은 우리나라의 성이 부계혈통만을 표시해온 관습에 대한 반발로 시작되었겠지만 결국은 새로운 성을 쓰자는 운동이 아니라 자녀의 이름에 모의 성을 반영하자는 운동이 될 수밖에 없다.

이름에 모계의 성을 반영하는 경우는 서양에서 종종 볼 수 있다. 서양에서 이름이 세 단위로 이루어진 경우 차례대로 First Name, Middle Name, Last Name이라고 한다. 이때 First Name은 개인에게 주어진 이름이고 Last name은 성을 의미한다. Middle Name은 경우에 따라 다른데 일반적으로 결혼한 여성의 경우 결혼 전에 사용한 성을 의미한다. 그런데 이 경우도 결혼 전에 사용한 Family Name을 의미하는 것이지 모계의 성이라 할 수 없다. 다만 자녀의 이름을 지을 때 Middle Name을 만드는 경우 어떤 의미를 가진 단어나 조상 중에 유명했던 사람의 이름을 넣기도 하고 모의 집안이 유명할 경우 모계의 성을 넣기도 한다.

Middle Name이 있는 경우에도 생활 속에서는 미국의 35대 대통령 존 F. 케네디(John F. Kennedy)와 같이 이니셜로만 나타나는 것이 보통이다. 케네디와 결혼했으나 케네디 사망 후 그리스의 선박왕 오나시스와 재혼했던 재클린의 이름이 재클린 케네디 오나시스(Jacqueline Kennedy Onassis)인 것을 보면 Middle Name이 어떤 용도로 사용되는지 추측할 수 있을 것이다.

기존의 부계혈통만을 나타내는 성의 사용법에 반발하는 여성들이 있고 일부 여성계에서 주장하는 양성쓰기 운동에 문제점이 있다는 얘기를 했다. 그럼 도대체 어떻게 하자는 것이냐고 묻고 싶은 독자들이 있을 것이다.

필자가 말하고자 하는 바는 양성쓰기 대신 가족명을 사용할 수 있게 하자는 것이다. 여기서 가족명은 영어의 Family Name을 직역한 것이고 실제로는 집안의 이름 또는 가문의 이름이 적합할 것이다. 줄여서 '가명(家名)'이라고 하면 좋겠는데 우리가 흔히 '거짓 이름'의 뜻으로 사용하는 '가명(假名)'과 혼동될 여지가 있다. 그렇다고 '가문명(家門名)'이라고 하자니 그것도 '거짓 문명'의 느낌도 나고 하니 그냥 '가족명(家族名)'을 집안의 이름 또는 가문의 이름이란 뜻으로 사용하기로 하자. 어떻게 보면 집안을 중시했던 과거와 달리 가족을 중시하는 현대사회에서는 이 이름이 더 적합할지도 모르겠다.

어쨌든 가족명을 사용할 수 있게 하자는 얘기는 새로운 성을 쓸 수 있게 하자는 말이고, 이것은 곧 "성에 관해 규제하고 있는 '민법

제781조'를 폐지하자"는 이야기다. 그런데 가족명을 사용하게 하자는 것이 아니고 사용할 수 있게 하자고 말하는 것은 무슨 이유일까?

그 둘은 엄연히 다르다. '사용하게 하자'는 것은 법률로 성의 사용 방식에 대해서 또 다른 규제를 가하자는 것이고 '사용할 수 있게 하자'는 것은 성의 사용 방식을 법률이 규제하지 말도록 하자는 것이다.

이러한 주장에 대해 혹자는 관습을 파괴하는 것이라고 비난하고, 여성계 일부에서는 다른 형태의 남성 중심의 성을 사용하는 것이라고 비난할지도 모르겠다. 전자에 대해서는 뒤에 자세히 살펴보기로 하고, 먼저 후자에 대해 생각해보자.

현대사회에서 성을 사용하는 것은 세계적인 추세다. 가족명을 사용하고 있는 일본이나 서양에서 가족명이 주로 남성 가문의 이름으로 사용되는 것은 사실이다. 대부분의 여성이 결혼할 경우 이전의 성을 버리고(Middle Name도 자손에게 전해지는 성이 아니다) 남편 집안의 성을 따른다. 그러나 대부분의 국가에서는 이것이 법률에 의해 강제로 규정되는 것은 아니다. 따라서 여성은 자신의 성을 그대로 유지할 수도 있고, 자신의 성을 가족명으로 삼을 수도 있으며, 남편과 상의하여 새로운 가족명을 만들 수도 있다. 다만 사회 관습적으로 대부분 남편의 성을 따르는 것이다.

그런데 성을 사용하지 않는 경우라면 몰라도 후손에게 성이 이어진다면 남성이나 여성 어느 한쪽의 성만을 물려줄 수밖에 없는 것이 사실이다. 결국은 어느 한쪽을 선택해야 하는데 지금까지의 사회가 남성 중심으로 이루어져 왔으므로 부의 성을 따른 것이다.

앞으로 뛰어난 여성들이 많이 나온다면 모의 성을 따르는 경우도 생기지 않겠는가? 성의 사용에 대한 법률적 규제를 없애자는 얘기는 여성에게 남편의 성을 따르라는 이야기가 아니다. 결혼해서 자신의 성을 사용하건, 남편의 성을 사용하건, 새로운 성을 함께 만들어 사용하건, 중요한 것은 마음대로 할 수 있게 하자는 것이다. 이럴 경우 여성계에서 성을 없애자는 주장이 아니라면 가족명을 사용하는 것에 반대할 이유는 없다고 본다.

관습은 성씨에 대하여 법으로 규제하지 않았다

이제 성의 사용방식에 대해 규제하고 있는 민법 제781조를 폐지하자는 것이 그동안 성이 부계혈통을 나타내온 관습을 파괴하는 것이 아닐까라는 의문에 대해 생각해보자.

우선 민법 제781조를 폐지하자는 것은 새로운 성을 사용할 수 있게 하자는 것에 가장 큰 목적이 있음을 밝혀둔다. 새로운 성을 사용하는 것이 진정 관습에 위배되는가? 아니다. 새로운 성은 수시로 만들어져 왔다. 이것에 대해 앞에 서술한 우리 성씨의 역사를 이해한 사람은 이미 알고 있겠지만 다시 한 번 간략히 정리해 보자.

과거 우리 역사를 보면 새로운 성의 사용이 허용되어 왔다. 아니, 성의 사용에 대해 국가가 규제하지 않았다고 하는 말이 맞다. 비록 아주 많은 수는 아니지만 현재 우리가 전통적으로 사용하고 있는 성도 과거 선조들이 만든 것이다. 다만 성으로 사용할 수 있는 한자의 수가 많지 않아 같은 글자를 써도 본관을 달리함으로써 서로 다른 집안임을 나타냈다.

한자를 잘 모르는 평민은 주변의 흔한 성을 사용했을 것이고 호적이 도입됨에 따라 국가에 의해 살고 있는 지역 이름을 딴 본관이 주어졌다. 성이 없던 사람은 개별적인 신분 상승이나 사회적 변화에 따른 신분 해방으로 점차 성을 취득해왔으나 기존의 성을 사용하는 경우가 많았다. 또한 나라에 공을 세운 집안에 왕이 새로운 성을 하사하는 경우도 있었다.

다음의 사례를 보면 지역명을 사용하지 않은 본관도 있었고 성을 새로 만드는 하나의 방법도 알 수 있다.

효령 사공(司空)씨 : 진나라 때 가행이라는 사람이 사공이란 벼슬을 하고 벼슬 이름으로 성씨를 하사 받아서 사공씨가 시작되었다. (중략) 고려 충숙왕때 사공중상이 공을 세워 효령군(孝令君)에 봉해지자 후손들이 그를 1세 조상으로 하고 본관을 효령으로 하였다.

고려 고종 때 제갈홍과 제갈형 두 형제가 복성인 제갈씨(諸葛氏)를 한 자씩 나누어 형은 칠원 제(諸)씨로, 아우는 남양 갈(葛)씨로 성을 사용했다. - 자료: 성씨정보 웹사이트

위의 자료에서 효령 사공씨를 보면 벼슬이름이 성이 되고 시호로 본관을 삼은 것을 알 수 있다. 한편 절강 시(施)씨와 같이 우리의 지명이 아닌 중국의 절강(浙江)을 본으로 사용하는 경우도 있다. 이와 같은 것을 보면 과거에는 성과 본의 사용이 자유로웠음을 알 수 있다.

다만 조선 중기 이후 족보 발행이 일반화되면서 가문의 역사를 중시하는 분위기가 형성되었을 것이고, 가문의 족보를 떠나 새로운 성을 만드는 경우는 그리 많지 않았을 것이라고 추측할 수 있다. 그러나 이때도 성이 없는 자가 족보를 가짜로 만들었다는 것을 보면 국가가 직접적으로 성의 사용에 대해 규제하지 않았음을 알 수 있다.

이와 같이 성과 본의 사용이 자유로웠던 우리나라가 법률에 의해 '자는 부의 성과 본을 따른다' 고 규정하여 새로운 성씨를 만들 수 있는 길을 봉쇄한 것은 1909년 일본이 내정을 간섭하고 있을 때 도입한 민적법 이후의 일로 추정된다.

일반적으로 본관이 다르면 서로 다른 집안으로 인식하는 우리의 관습에 따라 같은 글자의 성을 사용해도 본관과 합해진 성씨를 하나의 집안명(집안의 이름)이라고 생각하면 우리의 집안명의 종류는 그 수가 급격히 늘어난다.

2000년 통계청 성씨 자료를 분석한 웹 사이트 '성씨정보' 에 따르

면 김(金)씨의 경우 348개의 본관이 있는 것으로 나온다. 이(李)씨는 275개, 박(朴)씨·최(崔)씨는 각각 159개, 정(鄭)씨가 136개의 본관을 가지고 있다. 상위 5개의 성이 1077개의 본관을 가지고 있는 것이다.

그런데 한자는 다르지만 발음이 같은 성씨를 고려하면 한글로 같은 성의 서로 다른 본관의 수는 더욱 늘어난다. 이(異·伊)씨의 경우 각각 5개·3개, 정(丁·程)씨의 경우 각각 22개·14개의 본관을 가지고 있다. 이러한 것은 사용 비율이 낮은 성도 마찬가지로 노(盧·魯·路)씨의 경우 각각 52개·23개·4개의 본관이 있고 사(史·謝·舍)씨의 경우에도 각각 19개·3개·2개의 본관이 있다.

어쨌거나 성과 본관의 창설이 자유로운 이러한 역사가 있는데 새로운 성을 사용할 수 없도록 규제하고 있는 현행 법률이 관습이라고 주장할 것인가? 오히려 과거의 관습에 의하면 현재 새로운 성씨가 여럿 만들어졌을 것이다.

대통령을 지내면 대단한 가문이니 아예 성을 새로 만들거나 그 후손이 최소한 본관 정도는 바꾸었을 것이다. 성씨에 대한 자료를 보면 경찰서장이나 군수 정도를 지내면 충분히 새로운 본관을 창설할 자격이 있다. 그렇지 않더라도 시골에 살다가 강남에 이사한 경우 자신의 본을 강남, 대치, 압구정 등으로 바꿀 수도 있었다. 즉, 과거에는 지금처럼 본에 대해 법률로 규제하지 않아 누구라도 자신만의 가문명을 만들 수 있었다. 만약 현재도 왕이 존재한다면 삼성이나 현대와 같은 기업을 설립한 가문에 삼성·현대 같은 새로운 성을 하사하였을지도 모른다.

기존의 성씨와
가족명과의 차이

　기존의 성씨는 비록 부계혈통만을 표시해왔지만 가문에 큰 인물이 나면 새로운 성씨를 창설해왔다(앞으로 새로운 본관을 만드는 것을 포함하여 '창성'이라는 용어를 사용할 것이다). 그리고 과거에 큰 인물만 창성한 것이 아니라 평민들도 나름대로 창성을 해왔다. 조선시대에도 자유로웠는데 현대의 민주사회에서 일반인이 창성할 권리를 갖는 것은 너무도 당연하다. 창성을 하는 것은 새로운 가족명을 만드는 것과 다름없다.

　다만 기존의 성씨제도는 남성 위주로 발달해서 여성의 성씨에 대해서는 무시해왔다. 즉, 가문의 형성에 여성의 역할이 고려되지 않았다.

　현대 사회에서 삼성이란 기업을 생각해 보자. 만약 삼성의 설립자 집안이 '삼성'이라는 가족명을 쓰고자 한다면 어떨까? 이 경우 과거의 관습에 의하면 삼성 건립자의 부계 혈통만 이 성을 쓸 수 있다. 그러나 가족명의 개념에서는 삼성가에 시집가는 여성도 삼성이라는 성을 쓸 수 있다(물론 본인의 결정이다).

삼성 건립에 있어서 설립자의 역할이 가장 중요했다. 그러나 삼성 가문을 유지·발전시키는 데는 건립자의 혈통뿐만 아니라 삼성가에 들어온 여성들의 역할도 중요하다. 여성들의 중요성이 인정받고 있는 현 시대에서 가족명을 함께 공유할 수 있게 하는 것은 당연하다.

가족명을 쓰는 것은 가문의 명예를 중시했던 기존 관습에도 부합한다. 다만 가문의 개념에 여성도 함께 하자는 것일 뿐, 기존의 성씨를 쓰건 새로운 개념의 가족명을 사용하건 그 집안 자손들의 혈통은 부와 모 모두의 피를 이어 받는 것은 동일하다.

혹시 가족명을 쓰면 남성 집안이 아니라 여성 집안의 가족명을 따르는 사람이 생길 거라고 걱정하는 사람이 있을지도 모르겠다. 결론적으로 그러면 어떠랴. TV 드라마 '주몽'에 나오는 소서노와 같이 한 나라를 설립한 인물이면 그녀 집안의 가문명을 사용하는 것이 오히려 자랑스러울 것이다. 자료를 살펴보면 과거에도 성을 임의로 변경하거나 모계의 성을 따른 경우가 나온다.

물론 현행 민법에도 특별한 경우 모의 성을 따를 수 있는 조항이 있다.

민법 제781조 1항: 자는 부의 성과 본을 따른다. 다만, 부모가 혼인 신고시 모의 성과 본을 따르기로 협의한 경우에는 모의 성과 본을 따른다.

제781조 2항: 부가 외국인인 경우에는 자는 모의 성과 본을 따를 수 있다.

제781조 3항: 부를 알 수 없는 자는 모의 성과 본을 따른다.

그러나 개정된 민법도 결국은 성의 사용방식에 대해 법률로 규제하고 있는 것이다. 이제는 성을 자유로이 사용할 권리를 국민에게 돌려주는 것이 좋지 않을까?

관습은 법으로 규제하는 것이 아니다

국어사전에서 관습을 찾아보면 '어떤 사회에서 오랫동안 지켜 내려와 그 사회 성원들이 널리 인정하는 질서나 풍습' 이라고 나온다. 앞에서 얘기한 바와 같이 우리도 예전에는 성씨의 사용 방식에 대하여 법으로 규제하지 않았다. 다만 우리 사회가 유지 발전하는 과정에서 부계혈통의 성씨를 사용하는 것이 사회적 풍습으로 인정받아 온 것이다. 그런데 사회가 변하면 관습도 변한다. 사회 구성원들의 의식이 변하기 때문이다. 관습은 법으로 규제할 대상이 아니다.

우리의 관습도 시대에 따라 변해왔다.

부모님이 돌아가신 뒤 치르는 상(喪)을 생각해보자. 과거에는 3년상이 기본이었다. 효를 강조하는 집안에서는 부모님 묘소 옆에 움막을 짓고 3년간 시묘살이를 하는 경우도 있었다. 시묘살이는 그렇다

쳐도 요즘에 3년상을 지키는 경우가 얼마나 되겠는가? 또한 3년상을 지내지 않았다고 뭐라고 하는 사람이 누가 있겠는가?

상례의식도 많이 간편해지고 자신의 종교에 따라 다양한 형태로 변했다. 장례 방식도 매장에서 화장(火葬) 위주로 바뀌고 요즈음에는 수목장도 많은 관심을 받고 있다. 이러한 변화는 바로 사회 변화와 사회 구성원들의 의식 변화에 따른 것이다. 관습이란 사회 변화에 따라 발전적으로 변화하는 것이다.

한편 관습은 법으로 강제하지 않는다고 갑자기 사라지는 것이 아니다.

제사를 지내는 것을 생각해보자. 제사는 유교문화가 도입된 조선시대에 정착되었다. 현재 법으로 조상님의 기일에 제사를 지내야 한다고 강제하지는 않지만 대부분의 국민들은 제사를 존중하고 있다. 물론 제사의 방식·절차·대상 등이 변하고 있다. 또한 종교에 따라 추모식으로 대체하기도 한다. 그러나 그것도 시대의 변화에 따른 자연스러운 것이다.

설과 추석 같은 명절도 고향에 찾아가야 한다고 법으로 강제하지는 않는다. 그래도 우리는 명절을 부모님과 함께 지낸다.

이름의 경우를 살펴보자.

조선시대에 이름에 대한 법적 제한은 없었으나 대부분 한두 글자로 된 한자명(漢子名)이나 두세 글자의 고유어로 된 이름을 가지고 있었다.

일제강점기에 민적법이 도입되면서 모든 사람들이 한자(漢字)로 된 이름을 등재하게 되었고, 그것이 호적법으로 승계되면서 호적에 성명이 한자로 표기할 수 없는 경우를 제외하고는 한자로만 등재되었었다.

이후 1994년이 되어서야 호적의 성명 란에 한자와 한글이 함께 등재될 수 있었다(1994년 9월 1일부터 시행된 호적법 시행규칙 제70조 2항). 아직까지 출생신고서에서 본란(본관을 적는 곳)은 원칙적으로 한자로만 등재된다. 그렇지만 이름을 한자로 지어야 한다고 법률로 강제하고 있지는 않다.

민적법이 도입된 이후 우리의 고유어로 된 다양한 이름들이 사라지게 된 것을 안타까워 한 서울대학교 국어운동학생회에서 지난 1967년에 시작한 '고운 이름 뽑기' 대회를 시점으로 본격적으로 한글이름 짓기 운동이 벌어졌다. 그 이후 한글로 된 좋은 이름들이 많이 사용되기는 하지만 우리의 대부분은 법적 규제 때문이 아니라 아직도 통용되고 있는 사회적 관습 때문에 두 글자로 된 한자 이름을 사용한다. 관습은 쉽게 바뀌지 않는 것이다.

앞으로 이름에 대한 사람들의 의식이 어떻게 변할지는 모르겠다. 어떻게 변하든 그 변화는 사회구성원들이 인정할 만한 것이 관습으로 자리 잡게 될 것이다. 관습은 쉽게 변하지는 않지만 관습의 변화를 법으로 막아서도 안 된다.

왜 새로운 성을 사용할 수 있게 하자고 주장할까?

그 이유는 대부분 중복되는 성과 사용할 수 있는 이름의 한계 때문에 서로 다른 개성을 가진 사람들이 동일한 이름으로 불리고 있기 때문이다.

필자가 재직하고 있는 대학의 학번 운영 시스템을 보면 맨 앞에 입학연도가 주어지고 다음에 학부 고유번호가 붙고 마지막으로 학부나 학과 신입생의 성명을 가나다 순으로 정리하여 001번부터 차례대로 학번이 부여된다.

신입생이 250명 정도 되는 학부는 일부 교양과목에 한해서 250명의 학생을 50명씩 5개의 반으로 분반하여 강좌를 개설하는 경우가 있다. 즉, 1번부터 50번까지 1반, 51번부터 100번까지 2반… 식으로 할당하는 것이다.

이 경우 1반에 가보면 대부분이 김씨다. 학생의 이름을 부르다 보면 같은 이름이 있는 경우가 흔하다. 필자는 어쩔 수 없이 1번 김나리, 2번 김나리라고 부른다. 이와 같은 사례는 이씨가 많은 반을 가도 동일하게 발생한다. 1번 이은미, 2번 이은미.

그런데 학생의 입장은 어떨까? 김나리 하면 2명이 동시에 반응을 보인다. 도대체 우리의 이름은 개인의 독자성을 반영하고 있는가? (조선시대 같으면 '압구정 김씨', '흑석동 김씨' 라고 불렀을지도 모른다. 서양에서 Mr., Miss 다음에 가족명을 부르는 것과 같다.)

이것은 한 학급 내에서 발생하는 문제이고 사회에서는 더욱 자주 동일한 이름을 쉽게 볼 수 있다. 김철수란 이름을 생각해보자. 과연 누구를 말할까?

서울시 전화번호부를 보면 수많은 사람들이 김철수라는 이름을 사용하고 있다. 김철수라는 이름은 어느 특정한 개인을 지칭하는 것이 아니라 김철수란 이름을 사용하는 사람들의 집합명사처럼 느껴진다(우리나라에서 이름만으로는 특정인을 찾기가 어렵다).

결국은 특정한 사람을 표현하기 위해서 어느 교회 목사 김철수, 어디 사장 김철수, 무슨 대학교 김철수 교수와 같이 이름에 다양한 호칭을 덧붙여서 사용한다. 그러다 보니 특별히 사회적으로 내세울 만한 자리를 가지고 있지 못한 사람들은 자신의 이름만으로 자신을 나타낼 수 있는 방법이 없다.

이름은 대상에 특별한 의미를 부여하는 행위이다. 강아지 하면 일반적인 강아지를 의미하지만 자신이 키우고 있는 특별한 강아지에게는 고유한 이름을 붙여준다.

자신이 키우는 강아지에게 메리라는 이름을 지어주었는데 나중에 옆집 강아지도 메리라고 불리는 것을 알았다면 여러분은 어떤 느낌이 들겠는가? 아마 이름을 바꾸고 싶지 않겠는가?

동물에게도 이럴진대 하물며 사람은 어떻겠는가?

이름은 유행을 따르는 편이다. 그래서 같은 이름을 여러 사람이 같이 사용할 수도 있다. 그러나 자신의 집안을 나타내는 개성 있는 성이 있다면 그것만으로도 다른 사람과 차이를 둘 수 있다. 가족명을 새로 만들 것인지 아닌지는 사회 구성원들에게 맡길 일이지 정부가 규제할 일은 아니다.

중국의 경우도 동일한 이름이 많아 새로운 성을 만들 수 있는 길을 열어놓았다. 물론 중국은 이전부터 자녀의 성으로 부나 모의 성 가운데 하나를 자유로이 선택할 수 있었다. 그런데 한 가정에 한 자녀만 허용되면서 친가와 외가 사이에서 손자, 손녀에게 서로 자신의 성을 물려주려고 하는 문제가 발생하였다. 중국 정부는 이러한 문제와 성의 종류가 적은 것을 해결하기 위하여 2007년부터 부와 모의 성을 조합해서 새로운 성을 만들 수 있게 하였다.

앞에서 얘기한 우리의 양성쓰기 방식과 같으니 여러 세대 지속되기는 힘든 방식이지만 중국 정부는 새로운 성을 많이 만들 수 있다는 것에 기대를 하고 있다. 실제로 중국에서 기존에 주로 쓰이는 1600개의 성을 조합하면 256만 개의 새로운 성이 구성된다.

중국의 성씨 제도를 도입한 우리나라에서 (부부가 같은 성을 사용할 수도 있고, 자녀의 성으로 부나 모의 성 가운데 하나를 자유로이 선택할 수 있게 했던) 중국보다 더 심하게 부의 성만을 쓸 수 있게 규제해 온 것이나, 일본에 의해 민적법이 도입된 우리나라에서 성의 변경이 자유로운 일본과 달리 독자적인 성을 만들 수 없게 만든 것을 보면 우리나라 관료들은 규제를 정말 좋아하는 것 같다.

서양과 우리의
성명 사용방식

서양 사람들의 이름을 보면 성도 다양하고 이름의 사용방식도 아주 자유롭다.

미국인의 성을 일부만 살펴보면 스미스(Smith: 대장장이), 카펜터(Carpenter: 목수)와 같이 직업에서 따온 성이 있고, 프렌치(French: 프랑스 인), 스콧(Scot: 스코틀랜드 인)과 같이 자기 조상의 유래를 나타내는 것도 있으며, 존슨(Johnson: 존의 아들), 피터슨(Peterson: 피터의 아들)과 같이 누구의 자손임을 표시하는 것도 있다. 유래야 어떻든 성으로 사용되면 하나의 집안을 나타내는 고유명사로 인식된다.

몇몇 유명인사의 성을 좀 더 살펴보자. 직전 미국 대통령의 성은 부시(Bush)로 덤불이란 의미를 가지고 있고, 마이크로소프트 사의 설립자의 성 게이츠(Gates)는 성문의 복수형태다.

이들의 전체 이름(full name)을 살펴보면 다음과 같다. 직전 미국 대통령 조지 부시의 이름은 'George Walker Bush' 다. 그의 아버지(미국 41대 대통령)의 이름은 'George Herbert Walker Bush' 다.

마이크로소프트 사의 설립자 빌 게이츠의 본명은 'William

Henry Gates'고 그의 아버지와 할아버지의 이름도 'William Henry Gates'다.

자, 이제 그들의 이름을 가지고 미국에서 이름이 어떻게 사용되는지 그 일면을 살펴보자. Middle Name이 없는 우리 식으로 말하면 조지 부시의 아버지도 조지 부시다. 즉, 두 사람의 이름은 같다. 외국에서는 Middle Name을 사용하여 'George W. Bush'와 'George H. W. Bush'와 같이 두 사람을 구별한다.

빌 게이츠의 경우 빌(Bill)은 윌리엄의 애칭인데 그와 아버지, 할아버지의 이름이 동일하다. 이 경우 손자 빌이 태어나기 전에는 아버지와 할아버지는 각각 William H. Gates, Jr.와 William H. Gates, Sr.(또는 William H. Gates)로 구별하여 부른다. 여기에서 Jr.과 Sr.은 각각 연소자를 뜻하는 junior와 연장자를 뜻하는 senior의 약자이다. 집안에 세 명 이상이 같은 이름을 사용하는 경우는 차례대로 1세, 2세, 3세라는 호칭이 부가된다. 즉, 우리가 알고 있는 빌 게이츠는 '윌리엄 게이츠 3세(William H. Gates Ⅲ)'이고 그의 아버지는 '윌리엄 게이츠 2세'가 되는 것이다.

그런데 행정문서 상으로도 이렇게 이름이 바뀌는지 일반적인 호칭에서만 차이를 두는 것인지는 모르겠지만, 여기서 알 수 있는 한 가지는 외국에서는 이름의 사용방식에 법적 제약이 없다는 것이다 (우리나라는 동일 호적 내에 동일한 이름을 등재할 수 없다. - 호적예규 제651호).

혹자는 외국의 경우 자신의 이름을 줄여 애칭을 사용하는 등 다양한 형태로 이름을 사용하는데 우리의 경우는 너무 일률적이라고 말하기도 한다. 그러나 우리 조상들도 이름을 중요하게 생각하고 다양한 이름을 사용해 왔다. 적어도 양반들에게는 그랬다. 자신만의 가문을 나타내기 위하여 본관을 바꾸기도 했고, 호적에 올라있는 이름 외에도 자신의 개성을 나타내는 자와 호를 사용했다.

'김정희' 하면 누구를 의미하는지 잘 모른다. 그러나 '추사 김정희' 하면 많은 사람들이 조선시대 추사체를 만든 김정희를 떠올릴 것이다. 자료에 의하면 김정희는 500여 개의 호를 사용하였다고 한다. 명망 있는 여성들은 사임당, 난설헌과 같은 당호를 사용했다. 높은 관직에 오른 사람에게는 죽은 뒤에 왕이 내린 충무, 문정과 같은 시호를 붙여 특정인을 나타냈다. 이름을 사용하는 방식에 법적 규제는 없었다.

현재 우리도 특별한 경우에 새로운 성을 만들 수 있다. 부모를 알 수 없는 사람이거나 외국인이 귀화할 경우 법원의 허가를 얻어 성과 본을 창성할 수 있다. 그런데 이 경우에도 대부분 기존에 많이 사용하는 성을 사용하고 본관은 연고지로 정하고 있다.

지난 2006년 10월부터 그해 연말까지 서울가정법원에서 허가한 국적취득 외국인 창성 허가 성본(姓本)을 분석한 결과를 보면 모두 110명이 11개의 창성 허가를 받았다. 많은 사람들이 선택한 성을 살펴보면 김씨 51명(46.4%), 이씨 15명(13.6%), 박씨 14명, 최씨 11

명 순이었다. 이 네 개의 성을 선택한 사람이 91명으로 전체의 82.7%가 된다. 귀화한 외국인들이 선택한 본은 한양이 96명으로 가장 많았다.

위에 나오는 귀화 외국인의 창성 실태를 보면 몇 가지 내용을 알 수 있다.

첫째, 새로운 성을 만드는 것이 자유롭다 해도 사회적 관습을 쉽게 벗어나지 않는다는 것이다. 즉, 우리나라에 없는 새로운 성을 사용하기보다는 오히려 주변에 많은 사람들이 사용하는 성을 선택한다(우리나라에서 김·이·박·최 등 네 개의 성을 사용하는 인구의 비율은 49.6%이다).

둘째, 본관의 의미가 더욱 퇴색되었다는 것이다. 필리핀에서 온 사람도 한양 김씨, 베트남에서 온 사람도 한양 김씨라면 이들은 전통적 의미의 동성동본일까?

그런데 이렇게 본관의 의미가 퇴색된 데는 본관을 인정하는 방식에 대한 법원의 행태도 한몫하고 있다. 이전에는 본관을 자유로 만들 수 있게 해서 독일 출신이면 독일 이씨 등도 만들 수 있었으나, 2004년부터는 국내 친족이 있는 경우는 국내 친족의 본을, 그렇지 않은 경우는 법원소재지로 본을 부여하는 방식을 취하고 있다.

결국 서울가정법원에 창성신청을 하는 경우 대부분 한양이란 본을 부여받는 것이다. 우리의 사법당국은 외국인은 모두 같은 집안이라고 보고 있는 것일까? 아니면 본관이 아무런 의미가 없다는 것을 이미 알고 있는 것일지도 모른다.

정부의 역할은 이름을 짓는 것에 간섭하는 것이 아니다

한편으로는 법원은 점차 이름에 대한 개인의 권리를 인정하고 있다.

2005년 11월에 대법원에서 "개인의 이름은 헌법이 보장하고 있는 인격권과 행복추구권에 해당하기 때문에 개명 허가 여부를 결정할 때는 '사회적 혼란'보다 '개인의 주관적인 의사'가 중시되어야 한다"는 판례가 나온 뒤로는 개명허가신청이 대부분 받아들여지고 있는 것이다.

판례(대법원 2005.11.16. 2005스26 결정)의 내용을 좀 더 살펴보면 이름이 바뀌어도 주민등록번호는 그대로이므로 개명으로 인한 법률관계의 불안정이 크지 않고, 개인보다 사회적·경제적 이해관계가 훨씬 더 큰 법인의 상호변경은 자유롭게 하는 점을 지적하고 있다.

최근에 와서 법원은 한자 성의 한글 표기 방식에 대해서도 개인의 자기결정권을 일부 인정하고 있다.

호적예규를 보면 호적에 성씨는 1994년 9월 이전에는 한자로만 기재해왔으나, 이후 한글을 함께 적을 수 있도록 되었다. 그런데

1996년 10월 이후 성씨의 한글 표기에 있어 두음법칙을 일률적으로 적용해 정부는 류·림·라 등으로 기재된 성을 유·임·나 등으로 고쳤다(자기들 마음대로 말이다).

그에 대해 일부 류·림·라 등을 사용해왔던 사람들이 개별적으로 소송을 제기해 2007년 9월부터 원래의 한글 표기방식을 다시 사용할 수 있게 되었다. 법원이 2007년 8월에 "일상생활에서 본래 소리 나는 대로 사용해 온 사람에게까지 두음법칙을 강제하는 것은 헌법상 기본권인 인격권 또는 자기결정권을 침해할 소지가 있다"고 판단해 두음법칙의 예외를 인정하는 개정예규를 시행한다고 밝힌 것이다. 이제 한자로 같은 柳자를 사용하더라도 유나 류, 둘 중 하나를 쓸 수 있게 되었다.

다른 한편으로는 법원이 이름에 대하여 새로운 규제를 만드는 경우도 있다.

한글 이름 짓기 운동이 벌어진 후 다음과 같은 이름이 등장했다. '박차고나온노미새미나', '윤하늘빛따사로움온누리에' 등, 이와 같이 긴 이름이 등장하자 법원은 1993년 2월에 이름자(성은 제외)가 5자를 초과하는 문자를 기재한 출생신고는 수리하지 않는다는 호적예규를 만들었다.

물론 공식 문서상에 기재되어 사용되는 이름의 길이를 어느 정도 제한하려는 의도는 이해가 되는 부분도 있다. 그러나 외국인의 경우 예외로 할 수 있는 단서를 붙인 것을 보면 서류 기재상의 문제 때문이라기보다는 기존의 이름에 대한 관습을 벗어난 새로운 형태의 이름을 사용하는 것을 규제하려는 의도가 숨겨진 것으로 보인다.

법원이 밝힌 제한 사유는 다음과 같다. "이름은 그 사람을 특정하여 주는 공적인 호칭으로서 다른 사람과의 관계에서도 상당한 이해관계를 가지게 되므로 난해하거나 사용하기에 현저히 불편을 초래하는 것은 쓸 수 없다고 판단되므로……"(호적예규 제651호) 이와 같은 것을 보면 그 당시 국민의 이름에 대한 자기결정권에 대하여 법원이 허가권을 행사할 수 있다고 생각하는 것 같다.

그런데 '박차고나온노미새미나'의 경우를 생각해보자. 그 이름을 가진 사람이 생활 속에서 전체 이름으로 불리지 않을 거라는 것은 쉽게 예측할 수 있다. 아마 '박차고', '나온놈', '새미나' 등으로 불릴 것이다. 그런데 이와 같이 공식이름과 일상에서 사용되는 이름이 다른 것을 법으로 막을 이유는 없다. 과거에도 아명이나 자 등으로 주변 사람들에게 호적에 등재된 이름과 다른 이름을 사용했고 요즘에도 연예인들이나 문인들은 예명을 사용하는 경우가 많다.

다만 서류상의 문제일 뿐인데, 그 이름을 짓게 된 배경을 보면 이해가 되는 면이 있다. 딸만 여럿 있는 박 씨 집안에서 아들을 낳자 아버지는 박차고 나온 놈이 기특했고 누나들은 그놈이 샘이 났다. 그래서 지은 이름이 '박차고나온노미새미나'다. 얼마나 재미있는 이야기인가? 그 일을 기록에 남기고 싶어 호적에 그 이름을 등재하고자 하는데 막을 이유가 무엇인가? 다만 지나치게 이름이 길어 서류 기재상의 한계가 있다면 어쩔 수 없겠지만 말이다. 그러나 외국인이 한국 국적을 취득할 때 30자가 되는 이름을 등재한 경우도 있다.

관습을 벗어났다고?

앞에서 얘기한 바와 같이 관습은 법원이 결정하는 것이 아니라 사회구성원들이 발전적으로 변화시켜 나가는 것이다. 이러한 이름이 사회적 동의를 얻게 되면 유사한 이름들이 유행할 것이고 그렇지 않으면 자연히 도태될 것이다. 만약 그러한 이름이 사회생활을 하는 데 불편하다면 개명하면 되지 않겠는가? 개명을 하든 그 이름을 계속 쓰든 개인의 권리이지 법원이 간섭할 일은 아니다.

개명에 따른 (여러 공식서류상 이름의 불일치에 의한) 부담이 있다면 그것도 개인이 감당할 몫이지 정부가 걱정해줄 일은 아니다. 이름에 대한 관습이 변하면 사회도 그에 맞춰 합리적으로 변할 것이다. 즉, 본명이 '박차고나온노미새미나'이지만 사회에서는 '박차고'로 사용된다면 호적 이외의 서류에는 '박차고'를 사용할 수도 있을 것이다. 두 이름이 동일인을 의미하는지는 주민번호가 밝혀줄 것이다. 어차피 다른 이름의 경우도 이름만으로는 특정 개인을 식별할 수 없다.

법원이 국민의 자기결정권을 존중한다면 특정한 이름을 사용할 수 없게 규제할 것이 아니라 어떻게 하면 그러한 이름을 등재하게 해줄 수 있을까를 먼저 고민해야 한다. 정부의 역할은 개인이 이름을 짓는 것에 간섭하는 것이 아니라 개인의 이름을 등록받아 법적으로 관리해주는 것에 있다.

성명에 대한
자기결정권을 보장하자

지난 2008년부터 호적이 사라지고 개인별 '가족관계등록부'가 작성되었다. 그에 따라 본적의 개념이 사라지고 개인별 등록기준지의 개념이 도입되었다. 모의 성을 따를 수 있는 길이 열리고 여자가 재혼한 경우, 전 남편의 것을 따랐던 아이의 성을 현 남편의 성으로 고칠 수 있게 했다. 대법원은 이러한 변화로 개인의 존엄성과 양성평등의 헌법이념을 구체화할 수 있게 되었다고 했다.

그러나 양성평등의 문제는 논외로 하더라도 성과 이름의 사용방식에 대한 법적인 규제는 대부분 살아있다. 필자가 주장하는 바는 헌법 정신에 따라 개인의 인격권과 이름에 대한 자기결정권을 보장하는 방향으로 "성명에 대한 법적 규제를 최소한의 제한 외에는 철폐하자"는 것이다.

대한민국 헌법 제37조 1항: 국민의 자유와 권리는 헌법에 열거되지 아니한 이유로 경시되지 아니한다.

최소한의 제한이란 이름에 특수문자 등을 사용하는 것에 대한 규제 정도만 두자는 것이다. 성명에 대한 자기결정권을 보장하라는 것에는 개정된 민법에서와 같이 재혼한 모가 이미 사용하고 있는 전 남편 자녀의 성을 일방적으로 변경하게 해서는 안 된다는 부분도 담겨 있다. 미취학 아동이야 그렇다고 해도 이미 공적인 서류에 이름이 올라간 취학 이후 아동의 경우 성이 변경될 당사자의 의견을 반영할 길을 열어놓아야 한다.

본질적으로 성명은 개인의 고유권한이다. 법학자들 사이에서도 출생 시점에 갓 태어난 아이가 스스로 이름을 지을 수 없어 부모가 대신 명명권을 행사하였으므로 적어도 한 번은 본인의 의사에 따라 이름을 바꿀 수 있게 하여야 한다는 의견이 어느 정도 받아들여지고 있는 것으로 알고 있다.

이름에 대한 법적인 규제를 모두 없앤다고 해도 대부분의 사람들은 기존의 이름을 사용할 것이고 앞으로도 관습적으로 이어진 현재의 이름의 형태를 유지할 것이다. 왜냐하면 이름의 변경에 따른 부담은 본인이 져야 하고 관습은 쉽게 바뀌는 것이 아니기 때문이다.

그래도 다양한 이름을 사용할 수 있는 길을 열어놓아야 한다. 관습은 쉽게 바뀌지는 않지만 더 나은 방향으로 나갈 수 있는 길을 법이 막아서는 안 되기 때문이다. 기존의 형태가 나을지 새로이 등장하는 형태의 이름이 나을지는 국민이 선택하는 것이다.

우선 가족관계등록부에 '본관' 란을 없애는 것을 검토해보길 제안한다. 본관을 없애자고? 흥분하지 마시라. 본관을 없애자는 것이 아니라 정부 문서에 기록된 본관이 아무런 의미가 없다는 것이다. 전통 있는 가문은 본관을 족보에 유지하면 된다. 과거에는 이러한 본관이 의미 있게 사용되었는지는 몰라도 현재 호적상에만 올라있을 뿐 일상생활에서 아무런 의미가 없는 것이 현실이다. 또한 과거 본관의 개념은 현재 본적(등록기준지)의 개념이었다.

> 고려시대의 본관도 조선시대의 그것과 같이 현재의 본적과 같은 의미를 지녔다. 군현 구획의 개편과 폐합이 이루어지면서 조선 초기까지 존재하였던 주읍 이외의 본관은 대부분 사문화되었고, 일반 민중들은 현 거주지에서 편호됨으로써 초기 지리지에 없던 새로운 본관이 많이 생기게 되었다. 그러한 사실은 17세기 이후의 울산·대구·단성 등의 호적대장에서 확인된다. – 민족문화대백과사전 '본관' 중에서

과거 경주 김씨, 안성 김씨라고 하면 각각 경주에 사는(또는 본적이 있는) 김씨, 안성에 사는 김씨라는 개념이다. 옛날 호적이 처음 도입되었을 당시 주소 체계가 현재처럼 발달하지 못해 다소 범위가 큰 지역명을 사용하였을 뿐이다. 현재라면 압구정 김씨, 상계 김씨와 같이 동네 이름을 사용했을 것이다. 그런데 과거 농업사회에서는 같은 집안이 주로 같은 곳에 거주했기 때문에 지역명과 성이 합쳐서 하나의 집안을 나타냈지만 지금은 그렇지 않다. 압구정에 사는 김씨라고 모두 같은 집안은 아니다.

실은 전통적인 경주 김씨라고 해도 모두가 같은 집안으로 볼 수는 없다. 민적법이 도입될 당시 경주에 사는 성이 없던 많은 사람들이 경주 김씨로 성을 바꾸었을 것이다. 그렇지만 전통 있는 집안은 족보가 다르다고 할 것이다. 그렇다. 자신의 혈통을 보다 명확히 하

고자 한다면 지금처럼 족보를 그대로 유지하면 된다.

'본관'란을 없애자는 얘기는 족보를 없애자는 얘기가 아니다. 서로 다른 나라에서 온 외국인들의 많은 수가 한양 김씨와 같이 되는 아무런 의미가 없는 본관을 정부 문서에서 없애자는 것이다.

그래도 본관이 중요하다고 생각한다면 가족명에 본관을 드러내는 방법을 생각해보자. 앞의 김나리 같은 경우 '경주 김나리', '안성 김나리'와 같이 표기하면 된다. 어떻게 이렇게 할 수 있을까?

방법은 간단하다. 가족명(성)에 본관인 '경주'를 등록하고 개인의 이름을 '김'자를 첫 글자로 써서 짓거나 가족명에 '경주 김'이라고 등록하고 개인의 이름을 지으면 된다. 드러나지도 않는 본관보다 이러한 방법이 훨씬 낫지 않을까?

그런데 예전부터 전해진 본관은 현재 별 의미가 없다. '경주 김나리(혹은 경주김 나리)'는 경주에 가본 적도 없을지 모른다. 전통을 따르자면 현재 자신이 거주하고 있는 동이름을 따서 '압구정 김나리'라고 하는 것이 옳다.

이렇게 지역명을 가족명으로 하는 것을 상상해보니 성에 대한 규제가 없었던 옛날에 본관을 바꾸는 경우가 왜 많았는지 이해가 된다. 만약 '강남 김나리'와 '강북 김나리'가 있다고 하자. 현재 강남이 강북보다 경제적으로 부유한 사람이 많다는 것은 일반적인 인식이다. 이 경우 '강북 김나리'가 강남으로 이사 오면 '강남 김나리'로 바꾸고 싶어 하지 않을까? 옛날에는 본관이 계층을 의미하기도 하였기 때문에 보다 나은 지역으로 본관을 바꾸었던 것이다.

그런데 법으로 본관을 바꿀 수 없게 된 지금은 왜 아무도 그것에 관심이 없을까? 역으로 생각하면 지금은 본관이 아무런 의미가 없기 때문이다. 거주 이전이 자유로운 현대사회에서 거주지가 신분을 나타내는 것도 아니고 설사 그렇다 해도 주소지에 이미 강남 사는지 강북 사는지 나와있기 때문이다. 물론 역사적 유래가 깊은 본관을 가지고 있는 집안은 자신의 본관을 바꿀 이유도 없고 다른 사람이 자신과 동일한 본관으로 바꾸는 것이 싫어 본관을 법으로 바꾸지 못하게 한 것에 만족했을 것이다.

어쨌든 지역명을 딴 가족명은 별 매력이 없다. 그렇다면 이런 방법은 어떨까? 수많은 김나리 가운데 한 명의 직계 조상이 '추사 김정희'라면, 가족명을 '추사'로 하고 이름을 짓는 것이다. 이 경우 '추사 김나리'는 다른 김나리와 구별이 되고 자신의 가족명에 긍지를 가질 수도 있다. 혹시 남학생 중에 '추사 아무개'가 있다면 "혹시 추사 김정희 집안이냐" 하면서 조금이라도 더 관심을 가져줄 것 같다.

충무공 이순신의 직계 후손은 가족명을 '충무'라 하고 이름에 '이' 자를 첫 글자로 쓴다면 자신의 집안에 더욱 자부심을 갖게 될 것이다. 집안을 중시했던 전통에 비춰보면 오히려 이러한 방법이 낫지 않을까?

한편으로는 성과 이름에 보다 다양한 형태가 등장하는 것을 상상해본다. 구름, 하늘, 바람과 같은 한글 가족명이 생기고 한글과 한자를 조합한 멋진 이름이 등장하는 것이다. 성이 뒤에 나오는 서양식이면 멋진 구름, 착한 구름, 예쁜 구름 등도 가능하고 불릴 때는 "구름 씨" 하면 되겠지만 우리식으로도 다양한 이름이 가능하다.

'구름' 집안에서 큰 인물이 되라고 아들에게 고구려 시조인 주몽의 이름을 붙여주고 딸에게 소서노라는 이름을 붙여줄 수도 있다. 즉, '구름 주몽', '구름 소서노' 가 되는 것이다. 일상적으로 부를 때는 '주몽', '소서노' 처럼 이름만 독립적으로 불릴 수도 있다. 한편으로는 한자로 된 가족명에 한글 이름을 붙일 수도 있다. 가족명이 '현대' 인 집에서 '빛나리' 란 이름을 붙이면 '현대 빛나리' 가 된다.

한자가 도입되기 이전엔 고유어로 된 이름이 사용됐다. 동부여 금와왕의 본명은 '금빛개구리' 였을 것이다. 한자가 도입되면서 지배층을 중심으로 한자식 이름을 사용했으며 조선시대에 양반들은 본명 외에도 한자로 된 호를 지어 사용하고 평민 남자들에게도 한자식 이름이 보급되었다. 노비들의 이름은 고유어로 지었는데 도야지, 언년이와 같이 천한 느낌의 이름이 사용됐다. 이러한 우리의 역사 때문인지 한글 사용이 보편화된 지금도 한자식 이름이 주로 사용된다.

그러나 금난새, 박한별, 이슬기처럼 고운 우리말 이름도 눈에 띤다. 한글과 한자 모두 우리 문화의 일부다. 한글도 멋있지만 한자식 이름도 운치 있는 것이 많다. 어느 한쪽만을 주장하지 말고 둘을 조합해서 사용하는 것도 괜찮을 것이다. 춘향이 대신 '봄내음'도 좋지만 '봄향기'도 좋지 않은가?

앞의 인디언식 이름을 다시 생각해보자. 서술방식의 이름은 우리에겐 맞지 않지만 한자식으로 쓴다면 '늑대와 춤을: 화랑무(和狼舞)', '주먹쥐고 일어서: 권장기(拳掌起)', '열마리 곰: 십개웅(十個熊)', '소리 내는 나뭇잎: 발성엽(發聲葉)' 등과 같이 나름대로 우리식 이름이 될 수도 있다. 물론 한자식이 원래의 뜻을 그대로 표현할 수도 없고 한자가 예전처럼 보편화된 것은 아니어서 사용될 가능성은 희박하지만 문화의 다양성을 수용하는 의미에서 생각해 본 것이다.

이름에 대한 규제를 없앨 때 이름 기재 문자수의 제한도 없애거나 충분히 늘려주어야 한다. 중국의 경우 이름의 문자수를 6자 이내로 제한하고 있지만 그곳은 그래도 하나의 문자 자체가 의미를 가지고 있다. 『동국이상국집』을 지은 이규보의 호 '백운거사(白雲居士)'를 우리말로 풀면 '흰 구름에 거하며 노니는 선비'로 띄어쓰기를 빼고도 열두 글자나 된다. 우리의 고유의 성은 한 글자나 두 글자로 이루어져 있어서 새로운 성을 두세 글자로 제한하는 것을 고려해볼 수도 있으나 이전의 성을 그대로 사용하려는 귀화 외국인에게 우리식을 강요할 수는 없다. 창씨개명의 고통을 겪은 우리가 아닌가.

그렇다고 외국인에게만 예외로 하는 현 방식은 역차별일 수도 있다. 성의 글자 수에 제한을 두면 한자식 '청풍'은 되나 우리말 '맑은바람', '하늬바람', '높새바람' 등은 안 된다.

문자수의 제한을 안 두어도 대부분은 관습을 따를 것이므로 크게 걱정할 필요는 없다. 만약 긴 성이 불편하다면 스스로 고칠 것이다.

본관란을 없애고 한자로 병기하는 것을 강제하지 않는다면 긴 이름을 기재할 공간은 충분하다. 또한 출생신고서에서 한자를 병기하는 것을 의무화하지 않는다면 보다 다양한 한글이름이 사용될 수도 있을 것이다.

가족명 사용에 따른 변화

가족명을 사용할 경우에 "삼성, 현대와 같이 지면에서도 이미 '삼성가', '현대가'라는 용어가 나올 정도로 유명한 가족명이나 '추사', '충무'와 같은 특정한 의미를 지닌 가족명을 누구나 쓸 수 있도록 해야 하는가?"라는 문제가 생길 수도 있다.

물론 아무나 사용하지 못하도록 할 수 있는 방법은 있다. 가족명을 상표권처럼 등록하면 된다. 그러나 원칙적으로 특정한 가족명의 사용에 대하여 제한을 두면 안 된다. 제한 자체가 규제이고 자유로

이 이름을 사용할 권리를 침해하기 때문이다.

가족명의 사용을 제한 할 경우 가족을 어디까지 인정할 것인가 하는 복잡한 문제도 발생한다. 더욱이 사용이 제한된 가족명 자체가 하나의 특수계급을 나타낼 수도 있다. 헌법 제11조 2항에 나오는 "사회적 특수계급의 제도는 인정되지 아니하며, 어떠한 형태로도 이를 창설할 수 없다"라는 정신에 따라서도 특정한 가족명도 누구든지 사용할 수 있도록 자유이용권을 보장해야 한다. 과거에도 성의 자유사용권을 제한하지는 않았다. 김·이·박씨라 해도 모두 왕족은 아니었다.

가족명의 사용이 개인의 의사에 따라 자유로워질 경우 우리의 혈통 중심의 사고에도 변화가 생길 것이다. 오래전에 TV에서 가업이 2~3대밖에는 전해지지 않는 우리나라와 비교하여 가업을 오랫동안 이어오는 일본의 전통을 소개하는 프로그램을 본 적이 있다. 일본에서 10대째 우동을 만드는 집, 5대째 두부를 만드는 집 등을 소개했다.

그런데 거기에서 간과하고 있는 점이 있었다. 10대째 우동을 만드는 집에서 10대라는 의미가 우리가 생각하는 혈통이 아니라는 점이다. 즉, '다나카 우동' 주인에게 두 명의 아들이 있는데 한 명은 의사가 되었고 한 명은 교수가 되어 자식 중 아무도 가업을 계승하려고 하지 않는다고 하자. 우리 같으면 가업이 끊기는 것이다. 그런데 일본에서는 가게 종업원 중에 성실하고 그 가게를 이어가려는 사람이 있다면 주인이 그 종업원의 성을 '다나카'로 바꾸게 하여 가게를 물려준다. 성을 바꿈으로써 가족이 되는 것이고 설립자가 만든 '다나카 우동'은 계속 이어지는 것이다. 이와 같이 가족의 개념이 변할 경우 핏줄을 중시하여 입양을 꺼리는 우리의 의식도 변화할 것이다.

해외명품 브랜드를 보면 거의 모두가 가문의 이름이다. 이 경우 그 가문의 명성을 유지하려는 구성원들의 노력과 의지가 더욱 고조될 수 있을 것이다. 우리도 성만 보면 가문을 알 수 있는 여건이 된다면 이른바 '노블리스 오블리제'의 실현이 더욱 중시 될 것이다.

지난 2011년 1월 9일에 KBS에서 방영된 '100년의 기업'이라는 프로그램에서 9대째(277년) '카라쿠리 인형(톱니바퀴와 태엽으로만 움직이는 나무 자동인형)'을 만드는 '타마야 쇼베이' 가문의 이야기가 나왔다. 거기에서 대를 잇는 장인은 모두 '타마야 쇼베이'라는 같은 이름을 사용한다. 현재의 타마야 쇼베이는 그 이름에 중압감을 느낀다고 한다. 그 가문의 이름이 가지는 277년간의 신뢰를 느낄 수 있었다.

성의 사용이 자유로워질 경우 그에 따른 의식과 관습의 변화를 두려워하는 사람들도 있을 것이다. 그러나 두려워하지 마라. 과거 오랫동안 성의 사용이 자유로운 상태에서 지금의 사용 방식이 형성된 것이다. 관습은 쉽게 바뀌지 않는다. 성의 변경이 자유로운 미국으로 이민 간 한국인들도 대부분 전통적인 성을 그대로 사용하고 있다. 다만 새로운 성이 나타나고 가족명이나 또 다른 형태의 사용방식이 보편화될지는 국민이 결정할 문제이지 법이 결정할 문제는 아니라는 것이다. 개인의 이름을 결정할 권리는 그 이름을 사용할 주인이 가져야 한다.

마지막으로 독자들에게 묻고 싶다. 여러분은 자신의 이름의 주인이 국가라고 생각하는가?

화폐의
액면단위변경 방안

지난 1962년부터 사용된 우리나라 화폐의 액면단위인 '원'은 경제 규모가 급격히 증가한(달러로 환산한 1인당 국민소득을 살펴보면 2010년 현재 1962년에 비해 약 200배 증가하였다) 현 시점에서 보면 그 가치가 지나치게 낮아져 있다. 일상적인 생활 속에서 버스나 지하철을 타는 비용도 현재의 '원' 단위로는 세 번째 자리의 숫자가 필요하다. 급여일에는 대부분의 경우 통장에 일곱 번째 단위의 숫자까지 찍힌다. 지면에서 쉽게 접하는 억이라는 단위에는 0이 여덟 개 들어가고 국가예산보다 적은 100조는 0이 열네 개나 들어간다.

또한 우리의 기준화폐단위인 '원'이 선진국뿐만 아니라 우리나라보다 경제적으로 뒤떨어진 국가의 기준화폐단위보다도 그 가치가 현저히 낮다(대략 중국의 1위안은 170원, 태국의 1바트는 36원, 필리핀의

1페소는 25원). 이에 따라 우리나라의 현 화폐단위인 '원' 대신에 좀 더 가치가 높은 새로운 화폐단위의 필요성이 점점 절실해지고 있다.

우선 새로운 단위를
보조화폐 단위로 사용하자

이러한 이유로 2004년 후반기부터 한동안 화폐의 액면단위변경 (리디노미네이션)이 논의되었다. 2005년 들어 구체적으로 현재의 단위와 새로운 단위가 1천 대 1의 비율을 갖도록 하는 것까지 거론되었으나, 화폐단위의 변경에 따른 물가의 자극이나 경제적 혼란을 고려하여 그에 대한 논의가 중지되었다.

그 대신 지폐의 크기와 색상·도안만 변화하는 새로운 화폐를 발행하는 것으로 결론이 나서, 2006년 새로운 5천 원권이 발행되고 2007년 들어 새로운 만 원권과 천 원권이 발행되었다. 이러한 새로운 지폐의 발행은 1983년부터 사용된 기존 지폐의 위조가 증가하는 시점에서 첨단위조방지 장치가 들어가고 규격도 국제규격에 맞춘다는 점에서 의미가 있었다. 그 후 수표 발행에 따른 비용 절감 등의 이유로 고액권의 필요성이 제기되어 2009년 6월에 처음으로 5만 원권이 발행되었다.

그런데 액면단위변경의 필요성은 앞으로도 계속 제기될 것이고,

그때마다 동일한(물가의 자극, 경제적 혼란) 문제점이 제기되는 일이 똑같이 반복될 것이다. 실제로 1천 대 1의 액면단위변경이 이루어질 경우, 달러의 가치에 익숙한 사람들은 별 거부감이 없을 수도 있으나 대다수의 시민들은 화폐의 가치가 1000분의 1로 낮아지는 것이 아닐까 하는 불안감을 가질 수 있다.

그러면 이러한 경제적 혼란을 최소화시키는 화폐단위의 변경 방안은 없을까?

그러한 방법으로 기준액면단위를 변경하기 이전에 새로운 단위를 일정 기간 보조화폐단위로 사용하는 것을 생각해보자. 즉, 현재의 천 원의 가치가 있는 화폐단위를 만들되 그 단위를 '원'의 보조단위로 사용하도록 하는 것이다. 차후에 그러한 새로운 보조단위가 기준단위가 될 것을 고려하여 그 명칭의 결정에 신중을 기하여야 하겠지만, 설명을 위하여 '환'이라고 명칭을 붙여보자(영어의 사용이 점차 일상화되어 가고 있는 시점에서 'K-달러'라고 할 수도 있을 것이다).

일단 천 원권 대신에 '1환'짜리 지폐를 발행하되 기준화폐단위로는 '원'을 그대로 사용하는 것이다. 당연히 '1환'짜리 지폐 10장을 은행에서는 만 원권으로 교환해주어야 한다. 기준화폐단위는 변함이 없으므로 정부 문서나 신문, 급여액, 은행 예금, 영수증 등에 나타나는 화폐액의 공식적인 표시는 '원' 단위로 표시된다. 생활 속에서는 1천 원짜리 지폐나 1환짜리 지폐로 동등하게 버스나 지하철을 사용할 수도 있고 빵이나 과자 등도 사먹을 수 있으므로 일반 시민들이 경제적 혼란을 겪을 이유는 없다.

이러한 보조단위를 사용하면 그 단위는 생활 속에서 쉽게 사용될 것이다. 특히 일반 소비자를 상대로 하는 업종에서는 소비자들에게 큰 숫자보다는 작은 숫자로 가격을 표시하려 할 것이다. 식당에서는 메뉴에 '김치찌개 4500원' 대신에 '김치찌개 4.5환', '삼계탕 8천 원' 대신에 '삼계탕 8환' 이라고 적어놓는다. 미용실에서는 '파마 3만 5천 원' 대신 '파마 35환' 이라고 광고한다. 편의점이나 대형 마트에서도 판매가격을 2350원 대신 2.35환이라고 표시한다. 가정주부도 가계부를 적을 때 '원' 단위보다는 '환' 단위가 편리함을 느낀다. '원' 단위를 사용할 경우 '학원비 150,000' 이라고 적어야 할 것을 '환' 단위를 사용하면 '학원비 150' 이라고 적는다.

이와 같이 시민들이 생활 속에서 새로운 화폐단위의 편리함에 익숙해진다면 차후에 기준액면단위의 변경을 자연스럽게 받아들이게 될 것이다. 물론 기준단위를 '환' 으로 바꾸게 되면 '환' 의 100분의 1에 해당하는 또 다른 보조단위의 동전을 발행해야 할 것이다.

대부분의 국가는 두 종류 이상의 화폐단위를 사용한다. 중국은 위안(元), 지아오(角), 펀(分)의 단위를 가지고 있다. 달러를 사용하는 국가에서는 달러의 100분의 1의 가치를 갖는 '센트' 라는 단위를 보조단위로 사용한다. 그 밖의 화폐단위를 사용하는 국가에서도 대부분 기준단위의 100분의 1에 해당하는 보조단위를 가지고 있다. 유럽에서는 일정 기간 동안 자국 통화와 유로화를 병행해서 사용했다.

일반적으로 두 종류 이상의 화폐단위를 사용하는 국가에서는 기준화폐단위의 가치가 보조화폐단위의 가치보다 높다. 이들 국가와 차이점이 있다면 우리의 경우 일시적으로 보조단위인 '환'의 가치가 기준단위 '원'보다 높은 것인데 그것이 무슨 문제가 되는가? 생각을 바꾸면 방법이 생긴다.

지난 2007년 발행된 새로운 천 원권과 만 원권의 유통 초기에 야간에 택시기사들이 두 지폐를 혼동하는 경우가 종종 있었다고 한다. 기존의 천 원권과 만 원권의 색상은 보라색과 초록색 계열로 서로 대비색의 관계를 가져 액면의 인쇄를 보지 않아도 구별이 쉬웠다. 그러나 새로운 지폐의 경우 파란색과 초록색 계열로 인접한 색상이기 때문에 뇌에서 그 색의 차이를 무의식적으로 구별하기가 쉽지 않았다(두 지폐에 대해 사람들이 익숙해지기 전이었다). 이 경우 액면의 금액을 봐야 하는데 1000원과 10000원의 경우 0의 숫자가 3개인지 4개인지 세야 하는 어려움이 발생했던 것이다.

앞으로 새로운 십만 원권이 발행될 경우에도 기존 지폐와 쉽게 구별되지 않는다면 0이 몇 개인지 세야 하는 어려움이 추가로 발생할 것이다. 누군가는 백화점에서 800000원이라고 표시된 옷을 80000원으로 잘못 봤다고 한다. 충분히 있을 수 있는 일이다(확실히 알려면 0이 몇 개인지 세어야만 한다). 만약 새로운 화폐단위가 사용된다면 0의 숫자는 현저히 줄어 이러한 혼동을 하는 경우도 감소할 것이다.

책을 마치며

누군가 나서서 말하지 않으면 세상은 너무 늦게 변한다

이 책의 주제들은 아주 오래전부터 생각했으나 여러 가지 이유로 세상에 말하지 못하고 있었다. 한편으로는 '내가 말하지 않아도 세상은 더 나은 방향으로 변할 것이다' 라는 생각으로 위안을 삼기도 하였다. 그러나 누군가가 나서서 말하지 않으면 변화하는데 너무 오랜 시간이 걸린다. 그 결과 이전의 상태에서 생긴 부정적인 영향이 아주 오랫동안 지속된다.

과거에 우리의 민법에 '동성동본금혼' 규정이 있었다. 이 책에 있는 성씨에 대한 이야기를 읽지 않아도 그러한 규정이 얼마나 불합리한 것인지는 많은 사람들이 잘 알고 있었을 것이다. 그렇지만 해방

후 52년 가까이 된 1997년 7월이 돼서야 헌법재판소에서 위의 규정이 헌법에 불합치하다는 판결을 내렸고, 그에 따라 1999년 1월부터 '동성동본금혼' 조항이 법적 효력을 상실하였다(그럼에도 불구하고 그 조항은 민법에 그대로 남아 있다가 2005년이 돼서야 삭제되었다).

그런데 아직까지도 법으로 동성동본의 혼인이 금지되어 있는 걸로 알고 있는 사람들이 제법 있는 것 같다. 최근에 라디오에서 청취자가 이런 고민을 얘기하자 진행자가 맞장구를 치는 경우도 있었다.

사람들의 의식을 바꾼다는 것이 쉽지 않은 또 다른 예로 이름의 영문 표기법을 들 수 있다. 지난 2000년 7월에 국어의 로마자 표기법이 새롭게 바뀌었다. 예를 들어 대전과 부산의 영문 표기법을 각각 'Taejon'에서 'Daejeon'으로, 'Pusan'에서 'Busan'으로 바꾼 것이다. 이러한 것은 'ㄱ'과 'ㅋ', 'ㄷ'과 'ㅌ', 'ㅂ'과 'ㅍ'의 영어 표현을 구별했다는 점에서 의의가 있다. ('g'가 영어권에서 'ㄱ'보다는 주로 'ㅈ'과 유사하게 발음된다거나 'ㅓ' 발음을 영어권에서 잘 사용하지 않는 'eo'로 표기하는 것 등에 문제를 제기하는 사람들도 있다. 그러나 한글을 영어로 완전하게 표현할 수는 없다.)

국어의 로마자 표기법이 바뀌면서 인명의 영문 표기방식이 성과 이름의 순서로 띄어 쓰고, 이름은 붙여 쓰는 것을 원칙으로 하였다. 다만 이름의 음절 사이에 붙임표(-)를 쓰는 것을 허용하였다. 즉, '민용하'의 경우 'Min Yongha'나 'Min Yong-ha'로 쓸 수 있다는 것이다. (이름의 경우 전체가 하나의 의미를 지니기에 붙여서 사용하는 것이 맞다. 서울의 경우 ‘Seoul’ 이지 ‘Seo Ul; 서 울’ 이 아니다. 그러나 영어권에서 성명의 순서는 이름 다음에 성이 나온다. 영어권에서 성을 먼저 사용하려면 성 다음에 콤마를 사용하면 된다.)

인명에 대한 새로운 로마자 표기법의 규정에도 불구하고 국가에서 발행하는 여권조차도 계속해서 이름을 한 글자씩 띄어 쓰다가 2006년에야 붙여 쓰는 것을 원칙으로 하였다.

이름의 영문 표기법이 바뀐 지 10년이 지난 지금도 신용카드를 보면 대부분 이름을 한 글자씩 띄어 쓰고 있다. 심지어 카드를 신청할 때 ‘손진현’ 이라는 필자 이름의 영문명을 ‘JINHYEON SOHN’ 으로 신청했는데 ‘SON JIN HYEON’ 으로 나오는 경우도 있었다. 친절하게도 성을 로마자 표기법에 맞춘다고 마음대로 바꾼 것이다. 그런데 이름을 붙여 써야 하는 건 왜 몰랐을까?

이러한 것은 카드사뿐만이 아니다. 연구논문을 싣는 국내 학술지조차 일부에서 필자의 영문명을 ‘Jinhyeon Sohn’ 으로 해도 자기들 마음대로 ‘Jin-Hyeon Sohn’ 이나 ‘Sohn, Jin Hyeon’ 심지어 ‘Son, Jin Hyun’ 으로 바꾸는 경우도 있었다. 영어권에서는 Jinhyeon, Jin-Hyeon, Jin Hyeon은 각각 서로 다른 이름이다.

이러한 것을 보면 잘못된 관습이 얼마나 고치기 힘든지를 알 수 있다. 그런데 더욱 심각한 것은 올바르지도 않은 표기 방식을 요구히는 곳이 있다는 것이나(로마자 표기법에 의하면 붙임표를 사용하는 경우에도 붙임표 뒤의 글자는 소문자로 시작해야 한다). 이름과 같은 고유명사는 이름의 주인이 사용하는 방식을 인정해야 한다. 설사 스펠링이 이상해 보여도 함부로 바꾸면 안 되는 것이다. 축구선수 호날두(포르투갈 출신)와 호나우두(브라질 출신) 모두 표기로는 'Ronaldo'인데 이것을 우리가 'Honaldu'나 'Honaudu'로 바꾸면 되겠는가?

한편, 문화체육관광부에서는 로마자 표기법을 재검토해서 합리적으로 수정하고 새로운 표준안이 마련되면 주민등록증과 여권 영문 이름에 사용하는 것을 의무화하는 방안을 검토하고 있다고 한다. 여기에서 또다시 권위적인 사고를 느낄 수 있다. 합리적으로 수정하는 것은 좋다. 그러나 이름에 수정안의 사용을 강제하는 것은 올바른 일이 아니다.

한국의 자랑인 피겨스케이터 김연아의 경우 영문명으로 'Yu-Na Kim'을 사용하는데 외국에서 주로 '유나 킴'으로 불린다. 애초부터 영문표기를 우리의 로마자 표기법에 맞추었으면 좋았겠지만 이미 'Yu-Na Kim'은 하나의 브랜드다. 해외 저널에 논문을 실은 교수들의 경우도 마찬가지다. 이름을 띄어 쓰건 붙임표를 사용했건 간에 이미 사용한 영문명이 자신의 브랜드인 것이다. 개인의 이름 사용방식까지도 간섭하려는 사고방식은 언제쯤 고쳐지려나 모르겠다.

다시 말하지만 개인의 이름의 권리는 본인이 가지고 있다. 극단적으로 한글 이름과 영문 이름이 완전히 다르면 어떤가? 우리는 외국인이 한국에 와서 자신의 원래 이름과 전혀 다른 한글 이름을 사용하는 건 좋아하지 않는가?

이와 같이 누군가 나서서 얘기하지 않으면 잘못된 관습과 사고방식이 쉽게 고쳐지지 않는다는 생각이 이 글을 쓰게끔 유도했다.

더욱이 사병에 대한 보상 문제의 경우 오래전에 간접적으로 정치권에 방안을 전달했었고, 일부 언론매체에서는 사병의 봉급현실화를 주장하는 다른 이들의 글을 싣기도 했다. 또한 대부분의 사람들이 사병에 대한 보상의 현실화에 공감하는 것 같았다. 그럼에도 불구하고 별다른 변화가 없었다. 사병에 대한 정당한 보상을 실현 시킬만한 세력이 없었던 것이다. 국방부 외에 누가 앞장서 추진하겠는가?

그런데 국방부는 남녀 갈등을 유발시킬 수 있는 가산점제도에만 매달리고 있다. 결국의 국민의 공감을 얻어 여론의 힘으로 사병에 대한 정당한 보상을 실현시킬 수밖에 없다는 결론에 도달했다. 이러한 것이 이 책을 써야 하는 또 하나의 이유가 되었다.

사병에 대한 보상은 즉각적으로 이루어져야 한다

본서에서 제안한 방안들을 고집할 생각은 없다. 그러나 사병에 대한 보상 문제만큼은 제안한 방법 이상으로 보상해주어야 한다.

이 문제는 공감만 하면 되는 것이 아니다, 청년들이 나서서 정당한 권리를 실현시켜야 한다. 사병으로 입대하는 청년들은 참으로 순박한 사람들이다. 그래서 자신의 권리를 주장하기보다는 국가가 재정적으로 어려워 그러려니 하고 그냥 받아들인다. 필자 또한 자신의 이익을 얻기 위해 개인적으로 나서거나 집단적으로 행동하라고 부추기고 싶지는 않다. 그러나 사병에 대한 정당한 보상을 요구하는 것은 개인의 이익을 얻기 위한 것이 아니다. 그것은 대한민국을 정의로운 나라로 만들기 위한 첫걸음인 것이다.

대한민국의 미래를 책임질 청년들에게 말해주고 싶다. 선거 때 후보들에게 사병의 보상 문제에 대한 입장을 물어보자. 그래서 답변이 정당하다고 생각되는 후보에게 표를 찍어주자. 그리고 사병에 대한 정당한 보상을 추진하는 정치인이 있다면 정치 후원금 만 원씩을 보내자. 현역 군인들만 모두 동참해도 50억 원이 된다. 아마도 최소한 다음 대선 이후에는 정당한 보상이 이루어질 것이다.

그러나 다음 대선까지 기다리기에는 너무 늦다. 지금도 경제적으로 힘들어하는 청년들이 너무나 많기 때문이다. 따라서 병역을 이행한 사람들에 대한 정당한 보상을 곧바로 추진해야 한다. 그러려면 국방부가 나서야 한다. 그런데 사병을 값싼 자원으로만 여기는 국방부로 하여금 어떻게 나서게 만들 수 있을까?

간단한 방법이 있다. 국회의원들이 다음과 같은 법을 만들면 된다. 그 법을 가칭 '공무원 보수에 관한 법'이라고 하고 내용에 "한 조직의 최대 연봉을 최소 연봉의 10배 이내로 한다"는 규정을 담아버리자. 물론 연봉에는 기본급과 수당 성과급 등 모든 급여를 포함해야 한다. 아마 군대 이외에는 문제가 없을 것이다. 이렇게 하면 국방부는 그 법이 시행되기 이전에 사병의 보수를 최대한 올리려고 노력할 것이다.

실제로 이런 일이 발생하기 전에 국방부가 나서길 바란다. 그리고 국회에서는 사병에 대한 보상에 군에 대한 어떠한 전제 조건을 붙이지 말아야 한다. 즉, "군의 효율적 운용을 전제로 한다"와 같은 것을 달지 말자는 것이다. 군이 효율적이지 못한 것은 사병 때문이 아니다. 일단은 급한 것부터 처리하고 군의 개혁문제는 시간을 충분히 가지고 논의하기 바란다.

자신들만의 이익을 생각하지 말자

조세제도에 관한 부분을 읽으며 필자가 부자들 편에서 말하고 있다고 생각하는 독자들도 있을 것이다. 어쩌면 그럴지도 모른다. 세금문제에 대해선 부자들을 공격하는 것이 정의로운 것처럼 얘기하는 사람들이 많기 때문에 그랬을 것이다. 만약에 사회분위기가 세금을 못 내는 저소득 계층을 비난했다면 필자는 그들의 입장을 말했을 것이다. 필자가 원하는 것은 부자와 가난한 사람을 편 가르지 말자는 것이다. 부자들도 가난한 사람들도 모두 대한민국 국민이다.

조세구조의 공평성과 정부혜택의 수혜에 대한 공평성이 성실하게 납세하려는 의지와 양의 상관관계가 있다는 실증연구도 있다. 세금을 많이 내는 사람들에게도 그에 합당한 대우를 해주는 사회분위기를 만들어야 한다. 원칙적으로 돈을 번다는 것은 남들이 원하는 것을 제공하고 그 대가를 받는 것이다. 따라서 많은 돈을 번다는 것은 더 많은 사람들에게 그들이 원하는 것을 제공해주고 있다는 것이다(물론 정당한 거래여야 한다).

이 책을 마칠 즈음에 신용카드 공제제도가 폐지되는 것에 반대하는 서명운동이 벌어지고 있다는 언론의 보도가 있었다. 원래 신용카드 공제제도는 도입 당시에 2011년까지만 운용하기로 되어 있었던 것이다. 납세자연맹은 현재의 세율 수준에서 공제받을 세금을 1조 2천억 원 정도로 추정하고 있다(필자가 제안한 사병에 대한 보상을 위한 금액의 3분의 1이 넘는다).

납세자연맹에서 신용카드 공제제도 폐지에 대해 반대하는 것은 나름대로 의미가 있는 일이다. 그러나 서민에 대한 혜택을 없애는 것이기 때문에 반대한다는 것은 조금은 무리가 있다. 진짜 어려운 사람은 세금을 아예 못 낸다. 그리고 소득이 많을수록 세율이 높아 공제의 혜택이 크다. 100만 원 공제 받을 경우 한계세율이 10%인 사람은 10만 원의 혜택을 받고, 세율이 30%인 사람은 30만 원의 혜택을 받는다. 더욱이 앞에서 얘기했듯이 모든 봉급생활자가 그 혜택을 받는 것도 아니다. 다만, 공인영수증 발행이 완전하게 생활화되지 않은 현 시점에서 우선은 공제한도를 300만 원에서 200만 원으로 줄이는 것은 어떨까?

납세자연맹이 납세자 일부만을 위한 공제제도의 유지에 힘쓰기보다는 시민 전체를 위한 조세제도의 개선에 힘썼으면 좋겠다. 종교단체에 대한 헌금에 기부금 공제를 주는 것은 종교를 가진 사람들만을 위한 혜택이다. 세금 공제를 해주면 믿고 공제가 없으면 믿음이 사라지는 것인가?

정부가 끝까지 재원이 부족해 사병에 대한 보상을 해줄 수 없다고 한다면, 납세자 연맹과 종교단체 등에서 신용카드 공제제도와 종교단체에 대한 기부금 공제를 없애서 마련된 재원으로 사병에게 보상해주라고 나서는 것은 어떨까? 어떤 것이 더 정의로운 것인지 한번 생각해보자.

공정한 사회를 만들기 위한 방안들을 강구해야 한다

정의로운 사회를 만들기 위해서는 국민을 규제하기보다는 정부부터 규제해야 한다. 서두에서 말했던 코리아리서치센터의 조사에서 정부의 고위직 인사가 불공정하다는 응답이 74.5%로 나왔다고 한다. 대법관, 법무부 장관, 검찰총장, 국세청장, 경찰청장 등 법의 권위를 세우고 법을 집행하는 사람들이 위장전입을 했던 사실을 어떻게 받아들여야 할지 모르겠다. 대한민국은 법을 무시하는 사람이 대우받는 나라인가? 앞으로 인사청문회 대상자의 임용요건을 제한하는 법이라도 만들어야 할 것 같다.

물론 한 번의 잘못으로 평생 굴레를 씌울 수는 없다. 그러나 불법의 내용에 따라 일정기간 고위공직자 임용에 제한을 두는 것도 공정한 사회를 만들기 위한 좋은 방법이 될 것이다. 즉, 불법적인 병역기피는 평생(이런 사람은 고위공직자를 꿈도 꾸지 말란 얘기다), 부동산 투기나 다른 편법적인 목적의 위장전입은 10년(차츰 기간을 늘리자), 그 외에 소득세 미납 같은 것은 5년 동안 고위직에 임용할 수 없다는 법을 만들자.

그러면 고위 공직자를 꿈꾸는 이들은 최소한 해당기간 동안만이라도 자신과 주변을 관리하게 될 것이다. 실수로 세금 한 번 안 냈다고 너무 가혹한 처사가 아닌가 할 수도 있겠지만, 능력을 인정받는다면 청문회 대상이 아닌 자리도 있지 않겠는가?

한편, 이명박 내각의 군 면제 비율이 24.1%로 일반 국민의 평균 면제 비율 2.4%의 10배라는 기사가 있었다(뉴시스, 2010.10.28). 내각의 범위를 어디까지로 보았는지는 모르겠으나 장관급만 살펴보면 더 높아지지 않을까 싶다. 이명박 정부 초기내각의 경우 여성을 제외한 장관의 33.3%가 병역면제자라고 한다. 상당히 높아보이나 김대중 정부와 노무현 정부 초기내각에서 여성을 제외한 장관의 병역면제자 비율이 각각 33.3%와 26.3%였던 것을 보면 그다지 큰 차이가 없어 보이기도 한다. 최근 3년간 병역 면제 비율이 2.3%이나 50대의 병역 면제 비율이 33%였다는 기사를 보면 조금은 이해가 되는 부분도 있다.

그러나 국무총리, 감사원장, 국정원장, 대통령실장 등 정부의 주요 부처의 수장들이 모두 군면제자들이었다는 것은 문제라 할 것이다. 더욱이 장관, 국회의원, 지방자치단체장들과 같은 사회지도층의 아들이나 손자들의 병역 면제 비율이 일반인들에 비해 월등히 높다는 것은 심각한 문제이다. 차제에 장관들의 병역 면제자 비율을 아예 법률로 제한하는 것은 어떨까?

일단은 일반 국민의 평균 면제 비율의 5배 이내로부터 시작해서 차츰 2배 이내로까지 줄이는 것이다. 대통령의 임명권을 제한하는 거라고? 맞다. 일반 국민을 규제할 생각부터 하지 말고 권력을 제한할 방법부터 만들자는 것이다.

권력을 가진 사람들뿐만 아니라 일반 시민들의 생활 속에서도 부정이 만연해있는 것 같다. 리베이트 받는 교장, 의료비를 허위 청구하는 병원과 의원, 허위 진단서를 발급해주는 의사, 연구비를 횡령하는 교수, 실업급여나 정부의 지원금 부정 수급, 면세유 부정 유출 등 이루 다 말할 수 없는 다양한 형태의 부정행위가 자행되고 있다. 이러한 것은 최근의 문제만이 아니다. 아주 오래전의 신문 기사들을 살펴보라. 똑같은 사례들을 쉽게 찾을 수 있을 것이다. 왜 이런 일이 근절되지 않을까? 이런 일들을 막을 수는 없을까?

우리 사회에 부정행위가 만연하는 이유 가운데 하나는 부정행위에 대한 도덕적 감각이 무뎌졌기 때문이 아닐까 싶다. 물론 그렇게 되는 것에는 정부 고위층이나 사회적·경제적으로 힘 있는 사람들의 부정이 큰 역할을 했을 것이다.

『괴짜경제학』이라는 책을 보면 사람들의 행동을 변화시키기 위한 인센티브로 경제적·사회적·도덕적 인센티브를 말하고 있다. 정의로운 사회를 만들기 위해서는 이 세 가지가 적절히 조화를 이루어야겠지만, 이미 사회적으로 비난을 받고 있는 사람들이 정부 고위층에 임명되는 상황에서 시민들에게 사회적·도덕적 인센티브를 말하기는 힘들 것이다. 그렇지만 일상적으로 발생하는 부정의 대부분이 경제적 이득을 목적으로 한 것인 만큼 경제적 인센티브가 사람들의 의식과 행동을 변화시키는 데 큰 역할을 할 수 있을 것이다.

즉, 경제적 이득을 목적으로 부정을 저지르는 경우 오히려 경제적으로 커다란 손실이 발생하도록 제도화하자는 것이다. 정부의 지원금을 부정으로 받은 경우 고의성 정도에 따라 2~5배 정도를 과태료로 부과하고, 뇌물을 받은 경우는 뇌물액수의 5배 정도를 추징금으로 부과하는 것이다. 구체적으로 예를 들면 의료비의 경우 허위청구건수와 허위청구금액이 일정비율(실수로 볼 수 있을 정도) 이내이면 2배의 과태료를 부과하고, 어느 하나라도 그 비율을 초과하는 경우 5배의 과태료를 부과하는 것이다.

원칙을 중시하는 사회를 만들자

궁극적으로는 원칙을 지키는 사람이 혜택을 받고 부정한 일을 한 사람이 불이익을 받는 사회를 만들어야 한다. 그러기 위해서는 먼저 법을 지키는 사람들만 손해 보는 제도를 개선해야 한다.

농지법을 생각해보자. 농지의 취득은 기본적으로 농업인만이 할 수 있다. 그러나 주말 체험 영농의 목적인 경우 일정 규모(1000㎡) 미만의 농지를 취득할 수 있다. 그런데 이 경우에도 본인 또는 가구원이 1년 이내에 30일 이상 직접 농사를 지어야 한다.

자, 이제 여러분이 (투자 목적이든 주말농장 목적이든) 농지를 취득하고 싶다고 하자. 여러분이 법을 지키는 것을 중시하는 사람이라면 대다수가 절대로 농지를 구입할 수가 없다. 1년에 30일 동안 농사를 지으려면 겨울을 제외하고 거의 매주 농지가 있는 곳에 가야 하기 때문이다. 그런데 법을 우습게 아는 사람이라면 농지를 구입하고 적당히 농사를 짓는 것처럼 꾸밀 것이다. 실제로 국회 청문회에서 많은 정부 고위직 후보들이 이런 불법을 저지른 것으로 의심받았다.

지난 2008년 감사원 감사에서 2006년에 직접 벼농사를 짓지 않는 17만 명이 '쌀 직불금'을 부당하게 수령해 간 사실이 적발되었다. 논의 경우에만 농업인이 아닌 사람이 농지를 가지고 있는 경우가 최소한 17만 명이 된다는 얘기다. 밭의 경우까지 포함하면 엄청나게 많은 사람들이 법을 어기고 있을 것이다. 이와 같이 법을 어기게 유도하는 제도를 정비해야 한다.

차라리 농업인이 아니어도 위탁 영농을 시킬 경우 일정 규모까지 농지를 취득하거나 소유할 수 있게 하자. 다만, 임차 영농인을 보호하기 위하여 농지의 임대료에 대한 합리적인 제한을 만들 수는 있다.

이와 같이 지킬 수 있는 법을 만들어야 한다. 농지법 같은 것도 적당히 규정을 어길 수 있다는 것을 사전에 충분히 알았을 것이다. 그런데도 불구하고 법을 그렇게 만든 이유를 알 수가 없다. 어쩌면 정치인들이 법을 지키려는 순진한 사람들을 배제하고 약삭빠른 자신들의 이익만을 위해서 그랬을지도 모른다.

우리나라의 국회의원 선거에는 정당지지율과 의석수의 괴리를 보정하기 위해 비례대표제가 일부 가미되어 있다. 그런데 비례대표 후보자의 순서를 정당에서 일방적으로 정하고 있다. 그에 따라 전문가 영입이라는 애초의 취지보다는 당에 대한 헌금 액수나 계파에 따라 비례대표를 선정하는 바람에 후보의 자질이 문제가 되는 경우가 있다.

지역구 의원의 경우에 상향식 공천이 논의되고 있는데 비례대표의 경우에도 당원이나 시민의 의견이 반영되어야 한다고 본다. 즉, 후보추천은 당에서 하더라도 후보의 당선 순위는 당원과 시민이 참여하여 결정하도록 하자는 것이다(후보의 수는 각 당의 현재 비례대표 의원 수의 2배수와 같이 일정하게 정하면 된다).

법을 지키지 않는다고 모든 경우 강력하게 처벌할 수는 없다. 그렇지만 어떤 경우이든 사회적 요구에 의해 만들어진 법을 지키도록 유도해야 한다.

동네의원의 처방전 발급문제를 생각해보자. 지난 2000년 의약분업이 실시되면서 의료법 시행규칙에 처방전을 2부 발급하도록 명시되어 있다. 즉, 환자보관용 처방전도 발급하도록 되어 있는 것이다. 그런데 의약분업이 실시된 지 10년이 지난 지금도 동네의원의 대다수가 환자보관용 처방전을 발급하지 않고 있다. 환자보관용 처방전을 발급하는 문제는 의약품의 오남용을 방지하자는 의약분업의 기본취지에 핵심적인 사항인데도 말이다.

환자보관용 처방전을 발급하지 않는 경우에 신고하면 포상금을 주고 과태료를 부과하는 방식을 사용하면 쉽게 고칠 수 있을지도 모른다. 그런데 꼭 경제적 이득을 주어야만 신고하는 것은 아니다.

다음과 같은 방법을 생각해보자. 환자가 처방전을 2부 발급 받지 못했을 경우 간단히 전화로 국민건강보험공단에 신고할 수 있게 만들자. 신고자의 진료 사실여부는 공단에서 쉽게 알 수 있을 것이다. 신고가 들어오면 병원에 사실여부를 확인한 후 신고내용이 사실인 경우 기본진찰료에서 5천 원 정도를 뺀 의료수가를 지급하는 것이다. 물론 신고자에 대한 포상금은 없다.

보상도 없는데 누가 신고하겠느냐고?

아마도 개인적인 이득은 없지만 처방전 발급 규정을 어긴 의원에 대한 도덕적 책임을 묻고 싶고 사회적인 의료비 부담을 줄이고자 하는 사람들이 있을 것이다. 신고에 대한 부담을 줄이기 위해 의원의 피해도 5천 원으로 만든 것이다. 만약 환자보관용 처방전 발급문제가 사회적인 이슈가 된다면 신고하는 사람은 급격히 증가할 것이다.

한편, 국가재정에 피해를 입히는 공무원이나 전문가들에게 책임을 묻는 방안을 만들어야 한다. 국민의 세금으로 만들었으나 사용실적이 거의 없는 공항의 애기나 이용률이 예측치의 절반도 안 되는 고속도로 애기가 종종 들려온다. 인천공항철도의 경우 2007년과 2008년의 이용객이 예측치의 7% 내외였다. 이와 같은 민자 사업의 경우 최소 운영 수입을 보장하기 위하여 정부의 세금이 투입되는 경우가 허다했다. 이런 일이 발생하는 가장 큰 원인이 잘못된 수요 예측이다. 그런데 예측을 잘못한 기관이나 개인에게 책임을 묻는다는 것을 들어본 적이 없다.

물론 뇌물을 받고 고의적으로 예측결과를 조작했다면 처벌과 함께 손실에 대한 보상을 요구해야 한다. 그러나 단순히 예측오류라고 한다면 어떻게 해야 할까?

예측 능력이 부족했다고 감옥에 보낼 수는 없는 일이다. 그러나 실제값과 20~30% 이상 차이가 나는 예측치는 예측이 아니다. 따라서 이런 경우에는 예측을 한 기관이나 연구 책임자를 적어도 한 5년 정도는 정부 업무에 참여할 수 없게 만들어야 한다.

그렇게 하면 전문가 인력이 부족해질 거라고? 아니다. 그 정도의 차이가 나는 예측은 아무나 할 수 있다. 그런 사람들은 전문가가 아니라 이권의 주변을 어슬렁거리는 사람들일 가능성이 높다. 오히려 그런 사람들이 배제되어야 강호에 있는 진정한 전문가들이 나설 것이다.

우리 사회의 불합리한 면들이 너무 많아 모든 것을 일일이 지적하고 개선방안을 얘기하려면 이 책을 도저히 마칠 수 없을 것 같아 이제 마무리를 해야겠다. 객관적으로 보면 필자는 이 책에서 얘기하고 있는 주제들의 전문가가 아니다. 즉, 국방·조세·교육·경제·행정·역사·사법 분야의 전문가가 아니라는 얘기다. 그래서 책의 내용 가운데 일부 사소한 오류가 있을 수도 있다. 만약에 그렇다면 독자들의 양해를 바란다. 그렇지만 설사 오류가 있다고 해도 독자들은 필자가 이 책에서 말하고자 하는 바를 이해하리라고 생각한다.

우리는 우리가 사는 대한민국을 좀 더 자유롭고 정의로운 나라로 만들기 위하여 함께 노력해야 한다. 마지막으로 필자는 이 책에서 제시한 방안들보다 더 나은 방안들이 많이 나오고 그러한 것들이 실행되기를 희망한다.

참고문헌

들어가는 말

대한민국국기법 시행령(2008.07.17), 법제처.

대한민국헌법(1987.10.29).

마이클 샌델(Michael J. Sandel), "정의란 무엇인가"(이창신 옮김, 2010, 김영사). 아리스토텔레스의 정의 p. 263, 선택의 자유 p. 360.

"국민 10명 중 7명 '우리사회 불공정'"(2010.09.10), 동아일보.

"청소년 10명 중 8명 '우리사회 불공정'"(2011.02.01), 파이낸셜뉴스.

"여성 신년인사회에 참석한 이명박 대통령, 여성가족부·여성특보 약속 지키려 서둘렀다"(2011.01.16), 여성신문, 1118호.

[1] 사병에게 최소한의 경제적 보상은 해 주어야 한다

국방부, "국방통계연보[1]–2006"(2006.11).

국방부, "2009회계연도 예산 및 기금운용계획 개요"(2009.01).

기획재정부, "민생안정·미래도약을 위한 2010년 예산·기금안 주요내용"(2009.09.28).

대한민국 국방부, "2011년 국방예산안 규모와 쓰임새"(2010.11).

대한민국 국방부, "2010 국방백서"(2010.12).

보건복지부, "2009년 국민기초생활보장 수급자 현황"(2010.11).

재경부 공적자금관리위원회, "공적자금관리백서"(2010.08).

"비전 2030 인력 활용 방안"(2007.02.06), 동아일보.

"군복무가산점제 부활하나… 4월 목표 추진"(2011.01.10), 경향닷컴.

"올해 공무원 보수 5.1% 인상"(2011.01.04), 행정안전부 보도자료.

"사병월급을 현실화하라"(2002.09.18), 한겨레21, 제427호.

"내년 예산안 309조 6000억원"(2010.09.29), 동아일보.

"사병 복무단축정지! 장군들 숫자부터 줄여라"(2009.12.07), 디시엔뉴스, 조현상.

"개혁의 무풍지대, 장교인건비 분야 '안보' 명분 삼아 기득권 철옹성 쌓아"(2009.12.17), 오마이뉴스.

"역대정부 대북지원 8조 8184억… 어디에 얼마나"(2008.09.30), 동아일보.

"기초생보자 13억짜리 토지 매입… 건강보험 부정수급자 백태"(2010.10.06), 헬쓰코리아뉴스.

"부모는 기초생활수급자, 자녀는 외국유학생"(2009.03.17), 국민일보 쿠키뉴스.

"연 2조씩 세금먹는 군인·공무원 연금"(2006.10.27), 매일경제.

“노동부 ‘일자리 창출’ 현금성 지원 사업 예산 현 정부 출범 후 34조 원”
(2007.10.15), 동아일보.

“중소기업 살리자, 5년간 30조 밑 빠진 독에 돈 붓기?”(2008.01.19), 동아
일보.

“논문-특허 1건 못낸 연구에 5조 퍼주기”(2008.10.06), 동아일보.

“정부 추가경정예산 30조 잠정 결정… ‘현금-공공근로’ 3조~4조 지원,
일자리나누기 5조 책정”(2009.03.05), 동아일보.

“4대강 살리기 8조 늘려 22조 2002억 투입”(2009.06.09), 동아일보.

“국고보조금 지급 ‘주먹구구’ 매년 1조 7800억씩 잠잔다”(2009.12.05),
동아일보.

“쌀 100만 톤 남아도는데 농가 70%는 한 평생 벼농사만”(2010.03.24), 매
일경제.

“5년간 20조 쏟은 저출산대책 실패 왜?”(2010.06.08), 매일경제.

“공무원 연금, 더 내고 덜 받는다”(2009.12.31), 세계일보.

“복무 33년 초과 시에도 기여금 계속 납부… 국방부, 군인연금법 개정안
입법예고”(2011.01.11), 파이낸셜 뉴스.

“39조 허튼 데 쓰고 정부 덩치만 키웠다”(2006.09.13), 매일경제.

“이익 낸 공기업에도 습관성 재정지원”(2008.11.21), 동아일보,.

“쌀 직불금 1683억 비경작자에게 지급”(2008.10.02), 동아일보.

“정부가 줄줄 흘리는 세금, 쌀 직불금뿐 아니다”,(2008.10.15), 동아일보.

“구멍 뚫린 ‘보조금 어망’ … 69억 샜다”(2009.05.01), 동아일보.

“이명박, ‘줄푸세’로 예산 연간 20조 절약”(2007.11.26), 경향신문.

“병무청은 병역특례가 비리 온상 되도록 뭐 했나”(2007.04.30), 동아일보.

“전의경-산업기능요원 2012년 이후 폐지”(2007.02.06), 동아일보.

“병역특례 2016년까지 4년 연장한다… 행정인턴 폐지”(2010.10.14), 헤럴

드경제.

“대한민국 남자에게 주어진 병역의무, 남녀차이 인정해 ‘합헌’”(2010.11.26), 메디컬 투데이.

“사병월급 30만 원은 돼야 군대 바뀐다”(2004.11.28), 오마이뉴스.

“노무현 ‘1년 내 행정수도 입지 선정’”(2002.12.08), 오마이뉴스.

“군 의무복무기간 18개월이면 충분”(2006.12.23), 오마이뉴스.

“군 50만명 수준 감축 등 ‘국방개혁 2020’ 백지화”(2010.09.23), 경향신문.

“북한 안정화 작전위해 사병 복무기간 늘리나”(2010.10.07), 경향닷컴, 오혜란.

“정부, ‘복무기간 24개월 환원’ ‘군 가산점 부활’ 제안”(2010.12.06), 노컷뉴스.

“육군 사병 복무기간 ‘21개월 동결’ 최종 결론”(2010.12.21), 문화일보.

“실전 대비 배치됐다는 연평도 해안포 살펴봤더니… 90mm 해안포 녹슬고 기름 줄줄”(2010.11.29), 동아일보.

“군 함정으로 물놀이? 기강해이 도를 넘었다”(2010.07.06), 경향신문, 사설.

“유난히 군 면제 많은 MB정부 안보불감증 치유 해 낼까”(2010.04.29), 매일경제.

“군복무 가산점 인정의 해법”(2011.01.19), 대전일보, 이윤환.

“공무원 채용시험 군가산점 2.5% 적용해보니 9급 합격자 339명 중 남자 67명 증가”(2011.01.12), 동아일보.

“징병검사 질 개선, 군의관 재량 축소”(1992.10.24), 연합뉴스.

“병사용 진단서 발급 문제점 있다”(1993.01.29), 연합뉴스.

“병무행정 전 과정 투명해야”(2008.04.11), 국방일보.

“병역특례 정원 수천만 원에 뒷거래”(2007.05.04), 동아일보.

“前차관–前경호실장 아들 병역특례 복무비리 확인”(2007.07.27), 동아일보.

“병역면제 정신질환자가 교사·공무원?”(2008.10.10), 매일경제.

“병역면제 꿈꾸는 요지경 세태 추적”(2006.12.28), 일요신문.

“해외여행 갔다가 무소식… 병역 관리 구멍”(2010.10.11), CBS.

“장기대기자 2만 8653명 병역면제”(2008.09.28), 동아일보.

“월드컵 16강… ‘병역 면제’ 또 논란”(2010.06.24), 연합뉴스.

“남아공 월드컵 16강 진출, 화두는 병역면제”(2010.06.23), 이데일리.

“정권 바뀌면 대체복무도 재검토?”(2008.07.04), 동아일보.

국군체육부대 http://www.sangmu.go.kr

공적자금관리위원회 http://www.pbfunds.go.kr

대한민국 국방부 http://www.mnd.go.kr

보건복지부 저소득층 복지정책 http://team.mw.go.kr/blss

지만원의 시스템클럽 http://www.systemclub.co.kr

최저임금위원회 http://www.minimumwage.go.kr

[2] 정직한 사람이 손해 보는 조세 및 지원제도

국세청, “세금에 대한 오해 그리고 진실”(2006.10).

국세청, “2007 국세통계연보”(2007.12).

국세청, “한눈에 보는 국세 통계”(2010.03, 국세청 통계기획팀).

그레고리 맨큐(N. Gregory Mankiw), “맨큐의 핵심경제학”(김경환·이종석 옮김, 제2판, 2001, 교보문고).

유시민, “대한민국 개조론”(2007, 돌베개).

종합부동산세(2011.01.01), 법제처.

"한국 지하경제 규모 최대 250조원 OECD 회원국 중 가장 높은 수준" (2008.01.18), 동아일보.

"가구 고급화 발목 잡는 '특소세' 전봇대" (2008.02.06), 동아일보.

"각국 근로소득세 납세자 비율"(2006.04.19), 동아일보.

"내년 양도세–종부세 어떻게 바뀌나"(2008.12.08), 동아일보.

"법인세, 홍콩수준 인하"(2009.02.10), 조선일보.

"황당한 기부금 영수증 장사" (2007.07.03), 동아일보.

"기부금명세 철저분석–부당공제 중점관리"(2007.12.03), 디지털세정신문, 오상민.

"120평 사는 의사가 100만 원도 못 번다고?"(2005.11.29), MBC 〈PD 수첩〉.

"수임료 79억 받고 1억만 신고한 변호사"(2006.01.12), 동아일보.

"고소득 자영업자의 업종별 탈루율"(2009.10.20), 뉴시스.

"작년 변호사 등 전문직 탈루율 37.5%"(2010.11.26), 연합뉴스.

"백용호 "지하경제비율 낮추면 20조 추가세원 확보""(2010.03.23), 머니투데이.

"현금영수증 발급 의무 위반 신고 증가 · 포상사례"(2010.09.28), 국세청 보도참고자료.

"2009 세제개편안"(2009.08.26), 동아일보.

"2010 세제 개편안"(2010.08.24), 동아일보.

"중소 가맹점 신용카드 수수료율 3.3~3.6%에서 2.0~2.15%로 인하"(2010.04.27), 매일경제.

"높은 상속세 '불법과의 동거 '부른다"(2006.05.15), 매일경제.

"정재은 신세계 명예회장 지분 7천억 2세 증여"(2006.09.08), 매일경제.

"차명 주식거래로 5643억 차익… 양도세 1128억 안내"(2008.04.18), 동아일보.

“상속세가 무섭다”(2008.05.27), 이코노미스트, 938호.

“가업 승계하자니 세금 낼 돈 없고, 보유주식 팔아 내자니 경영권 걱정”(2009.03.28), 동아일보.

“삼성 8000억 사회환원… 반감기류 없애기 종합처방”(2006.02.27), 세계일보.

“상속세 인하 ‘유보’ 신용카드 공제 ‘축소’”(2009.07.27), 헤럴드경제.

“전직 국회의원들에게 23년간 1094억 지급”,(2010.10.29), 오마이뉴스.

“월 소득 450만 원 중산층도 무상교육”(2010.09.16), 연합뉴스.

“이상한 보육비 지원”(2007.02.02), 동아일보.

“보육료 지원 기준, 야속하기만 합니다”(2009.06.15), 경남도민일보.

“저출산 극복과 거리 먼 정부지원금”(2010.06.10), 매일경제.

“등 돌린 자식 탓에 지원도 못 받아”(2007.05.08), 동아일보.

“146만 원 vs 0원, 치매노모 모시고 싶어도 지원금 때문에…”(2010.12.11), 동아일보.

“양육수당 확대 ‘없던 일로’ 결식 아동 급식비 ‘0원’”(2010.12.12), 경향신문.

“기초수급자서 차상위층 올라가면 급여혜택만 7개 사라진다”(2010.12.13), 동아일보.

“교육–의료비 지원 날아갈라 일 안하는 한국”(2010.09.30), 동아일보.

“건강보험 진료비 1인 22억!”(2010.09.12), 세계일보.

“녹십자, 혈유병 치료제 급여제한 철폐 수혜”(2011.01.03), 아시아경제.

“한국인 40대 이상 절반이 무증상 뇌경색”(2010.08.16), 메디컬한국.

“아파트 분양받으려 ‘가짜 입양’ 까지”(2008.03.24), 동아일보.

“강남 · 서초 보금자리는 ‘로또 분양’… 분양가 900만 원대 확정”

(2010.12.30), 경향신문.

"불법으로 동탄신도시 분양받아"(2008.08.25), 경기도민일보.

"부적격자에게 아파트 분양 다수 적발"(2007.02.09), 연합뉴스.

"4년치 세금을 몰아서 내라니"(2005.10.21), 동아일보.

"스웨덴 부유세 폐지"(2008.01.04), 매일경제.

"기업천국 발칸 이유 있는 변신"(2008.01.08), 매일경제.

"이대법원장 변호사 시절 수임료 5천만 원 신고누락"(2007.01.04), 동아일보.

"이택순 경찰청장 내정자 오피스텔 임대소득세 안 내"(2006.02.06), 동아일보.

"환노위, 이만희 '증여세·병역 의혹' 집중 추궁"(2008.03.10), 뉴시스.

"7대 대기업−500여 개 업체 '면세숲' 변칙거래 세금 2조 원대 빼돌려"(2008.02.19), 동아일보.

"환란 금 모으기 때 대기업까지 가세 세금 도둑질"(2009.08.14), 동아일보.

"금거래소 6월 윤곽… 부가세·개별소비세 감면"(2010.04.29), 이데일리.

"금으로 선체 만든다? 기상천외 금 밀수 실태"(2010.10.27), 머니투데이, 정용화.

"금거래 양성화, 세금이 걸림돌"(2010.10.29), 머니투데이, 정용화.

"2012년 금현물시장 개장… 양성화 단초될까?"(2011.01.07), 머니투데이, 정용화.

"유인촌의 이유 있는 일본 국채 투자"(2008.02.26), 머니투데이, 임동욱.

국세청 현금영수증서비스 http://www.taxsave.go.kr

기초노령연금 http://bop.mohw.go.kr

보건복지부 http://www.mohw.go.kr

서울특별시 여성이 행복한 도시 http://women.seoul.go.kr

[3] 교육에 대한 단상

서울특별시교육청 공무원 행동강령(2009.03.06).

"교사 촌지는 '3만 원 이상'"(2010.01.12), 매일경제.

"'초등교장 돈 요구·성희롱' 학교운영위 전원 분노의 사퇴"(2010.10.18), 동아일보.

"촌지 없어지긴커녕 갈수록 노골화"(2011.02.09), 동아일보.

"檢, 학교발전기금 9000만 원 횡령 초교 교장 기소"(2010.12.22), 파이낸셜뉴스.

"매와 씨름한 '씨름 꿈나무'"(2007.07.30), 동아일보.

"수원 초등생, 유도부 코치에 수십대 맞고 입원"(2009.12.18), 연합뉴스.

"파주 축구부 초등생 사인 체벌 인한 뇌출혈"(2010.10.07), 연합뉴스.

"이런 '대안체벌'은 어떨 것 같습니까"(2011.01.08), 동아일보.

"체벌교사 구제한 교육부 소청심사위, 주부 네티즌 발끈"(2009.02.26), 국민일보 쿠키뉴스.

"성추행·자퇴강요까지… 문제교사 백태"(2010.07.05), 연합뉴스.

"'오장풍' 교사, 해임 처분 불복… 재심 요구, 소송도 전망"(2010.11.10), 경향닷컴.

"빗나간 모정, 성적조작 교사 복직 논란"(2010.06.20), 뉴시스통신사.

"미성년자 성폭행 교사 예외없이 중징계"(2010.04.06), 중앙일보.

"여고생 성폭력 교육공무원의 '환생'?"(2010.11.04), 뉴시스통신사.

"경희대 음대에 대체 뭔 일이 있었나"(2010.12.14), 뉴시스통신사.

"서울대 '음대 교수 폭행 정황 상당수 확보'"(2011.02.11), mbn.

"10조 쌓아 둔 대학들의 재정 떼쓰기"(2011.01.24), 서울신문.

"대학 속 보이는 이수학점 축소… 일부 사립대 '취업·졸업 편의'"

(2008.04.01), 경향신문.

"졸업학점 축소, 방송대에서는?"(2009.02.20), 한국방송대학보.

[4] 대한민국은 규제공화국인가

계량에 관한 법률(2008.02.29), 법제처.

계량에 관한 법률 시행령(2008.02.29), 법제처.

구자현(1998), "프랑스혁명이 탄생시킨 미터법", 과학동아, 149호, 134-139.

국가표준기본법(2008.02.29), 법제처.

국가표준기본법 시행령(2008.2.29), 법제처.

국제단위계 해설, 표준과학연구원.

대통령비서실, "있는 그대로, 대한민국" (2007.06, 지식공작소).

동아원색세계대백과사전 (1992) 서울, 동아출판사.

박종일(2001), "SI 단위의 개요", 대한설비공학회 2001 하계학술발표대회 논문집, 92-105.

법정계량단위 정착업무 추진현황 및 참고자료(2007.06.25), 산업자원부 (표준품질팀).

손진현(2008), "법정계량단위와 생활계량단위의 공존방안", 한국콘텐츠학회논문지, 제8권 9호, 187-193.

이종봉(2004), "조선후기 도량형제 연구", 역사와 경제, 제53권, 41-76.

정락훈(2001), "SI 단위의 올바른 이해와 활용", 대한설비공학회 2001 하계학술발표대회 논문집, 60-70.

브리태니커 세계 대백과사전(1993), 서울, 브리태니커 · 동아일보.

한국민족문화대백과사전(1991), 서울, 한국정신문화연구원.

Thomson, A and Taylor, BN (2008) *Guide for the use of the international System of units* (NIST Special Publication 811 · 2008 Edition). National Institute of Standards and Technology. Washington, D.C. U.S. Government Printing Office.

"노사분규 못 견뎌 기업 떠나고 과도한 규제에 공장 설립 포기"(2006.09.19), 매일경제.

"한국 시장진입 환경 175개국 중 116위"(2007.08.25), 동아일보.

"한국 경제자유 35위… 4단계 하락"(2011.01.14), 서울신문.

"전봇대 아직 덜 뽑혔다"(2010.01.19), 이투데이.

"한국 기업환경개선 아직 갈 길이 멀다"(2010.11.04), 한국경제, 사설.

"올해 1156개 규제개혁, 투자 · 일자리 · 국민편의 초점"(2011.01.27), 뉴스토마토.

"금은방 60% 'g' 대신 '돈' 쓴다"(2007.11.07), 세계일보.

"1973년 중동전 여파 1차 오일쇼크가 시발점"(2010.09.27), 인터넷한국일보.

"오늘부터 차량 10부제 운행, TV 2시간 단축"(1991.01.17), 연합뉴스.

"승용차 등 특소세 징수 크게 증가"(1991.03.11), 연합뉴스.

"승용차 등 고급소비재 출고량 계속 증가"(1991.04.09), 연합뉴스.

"승용차 · 휘발유 판매 계속 호조 보여"(1991.05.09), 연합뉴스.

"특별소비세 징수액 크게 늘어"(1991.06.07), 연합뉴스.

"유류 소비 크게 증가"(1991.07.09), 연합뉴스.

"일부 기관장 10부제 해당 일에 다른 차 이용"(1991.03.07), 연합뉴스.

"10부제 운행 18일부터 전면 해제"(1991.02.16), 연합뉴스.

"1가구 2차량, 취득·등록세 2배"(1993.09.28), 연합뉴스.

"1가구 2차량 중과세 '구멍'"(1994.05.22), 한겨레.

"1가구 2차량 중과세 실효 못 거둬"(1994.11.20), 연합뉴스.

"30세 이상 사업소득자, 1가구 2차량 중과세 제외"(1995.10.02), 연합뉴스.

"미혼 소득자 1가구 2 차량 중과 대상 제외"(1995.11.25), 연합뉴스.

"이것도 '1가구 2차' 인가"(1996.11.05), 세계일보.

"행정분야 새해부터 달라지는 것"(1998.12.31), 연합뉴스.

"국민 라이프스타일 못 따라가는 낡은 토지규제"(2007.05.04), 동아일보.

"의사 변호사 등 16개 전문자격 소지자… 정규직으로 자동전환 안 된다"(2007.04.20), 동아일보.

"대학 시간강사 해고 '쓰나미'"(2009.09.07), 아시아경제.

"시간강사·연구원 2년 이상 계약 가능"(2009.12.23), 서울신문.

"싱가포르, 삼성전자 모셔간다"(2006.07.15), 동아일보.

"대전시 대형마트 입점제한 2020년까지 최종확정"(2007.11.29), 동아일보.

"5년에 1조원 쏟아 부은 전통시장 지원 결과는…"(2010.10.31), 동아일보.

"대전시 2013년부터 백화점 입점 허용"(2009.01.22), 뉴시스통신사.

"SSM 규제법 일단 약발… 지속이 문제"(2011.01.03), 경향닷컴.

"대형마트-SSM 허용기준 강화"(2010.11.11), 전북중앙신문.

"세계로 뻗는 유통업계; 신성장동력 글로벌서 찾는다"(2011.01.21), 이투데이.

"고속도 최고속도 시속 120km로 시내도로는 10km 낮추기로"(2009.09.09), 세계일보.

"경부고속도 양재~천안 제한속도 시속 110km 상향"(2010.08.31), 연합뉴스.

"하이패스 통행속도 30km로 제한… 오히려 사고 늘어"(2010.10.12),

YTN뉴스.

"최중경 청문회, 투기 의혹 놓고 논란"(2011.01.01), 연합뉴스.

"건설지원 대책 이후 집값 움직임은?"(2008.10.23), 동아일보.

"새 주택보급률 마련… 보급률 100% 안 돼"(2008.12.31), 동아일보.

"집값 당분간 급등-폭락 가능성 낮다"(2010.12.02), 동아일보.

"전세금 93주 연속 상승"(2011.01.25), 동아일보.

"수도권 79개 지역 주택수급 조사"(2009.08.01), 동아일보.

"현 정부 5년간 노동부 일자리 예산 12조… 실업자 더 늘어"(2007.09.21), 동아일보.

"규제 개혁의 상장 '대불산단 전봇대'"(2008.01.19), YTN뉴스.

"日 규제 푸니 해외진출 기업들 U턴"(2007.10.08), 동아일보.

"오바마 '멍청한 기업규제들 뿌리뽑겠다'"(2011.01.20), 조선닷컴.

"광우병 PD수첩 무죄… 일부 허위보도는 인정"(2010.12.02), 매일경제.

"PD수첩 광우병 보도 2심서도 무죄, 법원 '일부 허위는 인정'"(2010.12.02), 뉴스엔.

"PD수첩 광우병 판결내용 까겠습니다. 정운천 전 장관, 이제 좀 부끄럽습니까"(2010.12.07), 오마이뉴스.

"촛불재판 어떻게… '야간집회금지 헌법불합치' 끌어내"(2010.05.13), 경향닷컴.

"'미네르바 무죄' 그 후"(2011.01.09), 파이낸셜뉴스, 권순영.

"냉방온도 제한에 쪄 죽는 고객들"(2010.07.28), 노컷뉴스.

"백화점, 난방온도 20°C 이하로 제한"(2011.01.24), 연합뉴스.

"비즈니스 프렌들리에 대해서"(2008.01.09), 매일경제, 매경포럼, 조현재.

"KT는 MB정권의 낙하산 집합소?"(2011.01.28), 시사코리아.

"'낙하산 인사' 근절… 日 감시기구 강화"(2011.01.27), 경향닷컴.

국립중앙박물관 http://www.museum.go.kr

국토해양부 http://www.mltm.go.kr

네이트 백과사전 http://100.nate.com

다음 백과사전 http://enc.daum.net

지식경제부 http://www.mke.go.kr

표준과학연구원 http://www.kriss.re.kr

[5] 성(姓)도 법으로 규제해야 하는가

김연(2006), "한국의 성씨제도의 변천", 가족법연구, 제20권 1호, 221-248.

김인겸(2005), "개명허가의 기준", 대법원 판례해설 2005년 하반기, 통권 제58호.

민법(2009.08.09), 법제처.

손진현(2007), "성씨에 대한 소고", 선문대학교 사회과학논집, 제10권, 163-181.

윤진수(2007), "개명허가의 요건", 가족법연구, 제21권 2호, 85-120.

원정식(2000), "중국: 성씨와 종족", 역사비평 2000년 겨울호, 통권 53호, 185-198.

이수건, "한국의 성씨와 족보"(2003, 서울대학교 출판부).

한국민족문화대백과사전, 한국정신문화연구원, 1991.

호적예규제651호(2003.06.23), "이름의 기재문자와 관련된 호적사무처리지침".

"중국 최대의 성씨는 王씨… 약 9300만 명"(2007.04.24), 연합뉴스.

"희한한 중국인들의 성씨"(2009.07.06), 주간무역.

"동·서·남·북, 상·하·좌·우… 중국 성씨 '없는 게 없네'"(2010.10.06), 경향신문.

"중국, 친·외가 '성씨 사움'… '양성쓰기 허용'"(2007.06.13), 한겨레.

"대법, 개명허가 때 개인의사 중시해야"(2005.11.23), 동아일보.

"柳·羅·李 씨 '류·라·리'로 쓸 수 있다"(2007.07.30), 동아일보.

"귀화 성씨 442개 호적등본에 수록"(2003.01.19), 매일경제.

"독일 이씨·은평 김씨 아세요"(2004.12.07), 매일경제.

"외국인도 '金·李·朴·崔' 씨 선호"(2007.02.04), 연합뉴스.

"사람 이름이 무려 30자라고?"(2011.01.18), 스포츠칸.

"일본 카라쿠리 인형에서 본 장인정신"(2009.10.09), 뉴스천지, 조영조.

"[일본] 선진로봇기술의 단초를 목격하다!, 카라쿠리 인형 장인 '타마야 쇼베이'"(2011.01.09), KBS 〈100년의 기업〉.

국가법령정보센터 http://www.law.go.kr

네이트 백과사전 http://100.nate.com

다음 영화 http://movie.daum.net

대법원 http://www.scourt.go.kr

대한축구협회 http://www.kfa.or.kr

미국의 통계조사국 http://www.census.gov

미국의 2000년 성씨 분석 http://www.census.gov/genealogy/www/data/2000surnames/index.html

법제처 http://www.moleg.go.kr

성씨정보 http://www.surname.info

일본의 성씨 http://www2s.biglobe.ne.jp/~suzakihp/index40.html

통계청 http://www.kostat.go.kr

HISTORIA(ICT 역사 학습 사이트) http://historia.tistory.com

[6] 화폐의 액면단위변경 방안

"우리나라 화폐 발달사"(2005.04.19), 세계일보.

"23년 만에 바뀌는 새 화폐 어떻게"(2005.04.19), 세계일보.

"5만 원-10만 원권, 2009년 상반기 나온다"(2007.05.03), 동아일보.

한국조폐공사 http://www.komsco.com

Daum 금융 http://finance.daum.net/exchange

책을 마치며

국립국어원, "로마자 표기법"(2000.07).

농지법(2010.11.18), 법제처.

선대인, "프리라이더"(2010, 더팩트). 한국의 귀신 공항들과 텅빈 도로들 p. 217.

스티븐 레빗(Steven D. Levitt)·스티븐 더브너(Stephen J. Dubner), "괴짜경제학 플러스" (안진환 옮김, 2007, 웅진지식하우스). 경제적, 사회적, 도덕적 인센티브 p. 37.

심석무(1999), "조세공평성이 성실납세익지에 미치는 영향에 관한 실증적 연구", 한남대학교논문집, 제29집, 213-238.

의료법 시행규칙(2011.02.10), 법제처.

"〈초점〉 동성동본 금혼 위헌 결정 의미와 경과"(1997.07.16), 연합뉴스.

"헌재, '동성동본 금혼조항 효력없다'"(1999.12.19), 연합뉴스.

"〈사법부 60년사〉 변화 이끈 획기적 판결"(2010.01.17), 뉴시스.

"국어 로마자 표기법 16년만에 바꿨다"(2000.07.05), 성남일보.

"'김' 표기 'Kim · Gim' 혼선 없앤다"(2009.06.25), 세계일보.

"국회 입법조사처, 사병급여 현실화 절실"(2011.01.14), 머니투데이.

"직장인 '13월의 보너스' 1조 2000억원 날아갈 판"(2011.02.10), 중앙일보.

"靑, 위장전입 알았지만 자녀교육 관련은 묵인"(2010.08.16), 동아일보.

"정권 발밑에 무너지는 '공정한 사회'"(2010.08.23), 동아일보, 김순덕 칼럼.

"내각 군 면제 비율 24.1%, 일반국민의 10배"(2010.10.28), 뉴시스.

"유난히 군 면제 많은 MB 정부"(2010.04.18), 매일경제.

"[이명박-노무현-김대중 초기내각 해부] MB 내각 아들 병역면제율, 국민 평균보다 5배 높아"(2008.03.12), 서울신문.

"재산은 국민 평균보다 3배 많고···병역면제 비율 6배 높아"(2010.05.15), 인터넷한국일보.

"교장 '검은돈 비리' 무더기 적발"(2010.03.30), 매일경제.

"인천지역 병의원 30곳 의료비 허위청구로 행정처분"(2010.10.20), 뉴시스.

"멀쩡한 183명에게 장애인 혜택, 허위진단서 떼어준 의사 구속"(2010.10.26), 동아일보.

"연구비 횡령 교수 · 공무원 등 142명 적발"(2010.09.30), 세계일보.

"실업급여 부정수급 급증··· 실파라치 활동도 눈에 띄네"(2010.11.19), 헤럴드경제.

"복지부, 기초생활수급자의 부정수급액 환수 조치 중"(2010.10.06), 메디컬투데이.

"리베이트 처벌 '악' 소리 나게"(2010.04.15), 매일경제.

“2006년 ‘비경작’ 17만명 쌀 직불금 받아”(2008.10.15), 동아일보.

“쌀직불금 부정수령..애꿎은 소작농에 불똥”(2009.07.29), 연합뉴스.

“비례대표인가 비밀대표인가”(2008.04.15), 매일경제.

“환자단체, ‘동네의원, 처방전 2매 발행의무 지켜라’”, (2010.11.01), 메디파나뉴스.

“세금 44억 날린 구리시 공무원 멀쩡, 왜”(2011.02.10), 중앙일보.

“정부 부실한 수요예측 예산 낭비 초래”(2009.08.12), 경기신문.

국립국어원 http://www.korean.go.kr